数学教学拾贝集

胡素芬 著

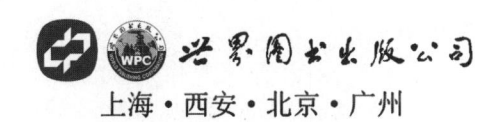

世界图书出版公司
上海·西安·北京·广州

图书在版编目(CIP)数据

数学教学拾贝集 / 胡素芬著. —上海：上海世界图书出版公司，2019.9
ISBN 978-7-5192-6572-4

Ⅰ.①数… Ⅱ.①胡… Ⅲ.①中学数学课-教学研究-初中 Ⅳ.①G633.602

中国版本图书馆 CIP 数据核字(2019)第 163241 号

书　　名	数学教学拾贝集
	Shuxue Jiaoxue Shibei Ji
著　　者	胡素芬
责任编辑	吴柯茜
封面设计	张亚春
出版发行	上海世界图书出版公司
地　　址	上海市广中路 88 号 9-10 楼
邮　　编	200083
网　　址	http://www.wpcsh.com
经　　销	新华书店
印　　刷	上海景条印刷有限公司
开　　本	787mm×1092mm 1/16
印　　张	17
字　　数	290 千字
版　　次	2019 年 9 月第 1 版　2019 年 9 月第 1 次印刷
书　　号	ISBN 978-7-5192-6572-4/G·538
定　　价	65.00 元

版权所有　翻印必究
如发现印装质量问题，请与印刷厂联系
（质检科电话：021-59815625）

序　　言

　　我有幸认识了胡素芬老师，阅读了她的部分书稿，也通过直接的面谈交流，或多或少了解了她的一些教学理念。我被像她这样的一线教师的敬业精神所感动；被她在日常教学中记录教学体会的研究态度所吸引；也很欣赏她对教学中存在的现实问题的分析以及相应采取的教学策略，因而想把胡老师的课堂实践经验与她的体会、思考介绍给大家，希望能给老师们在课堂教学中提供参考，或由此获得启发。

　　课堂教学并非简单地传授知识，教师也不只是知识的传递者，教书是为了育人，一切要紧紧环绕素质教育为核心，以学生为中心，以育人为终极目的，全面照顾各层次学生的需求。课堂教学必须严格遵守科学的规律，同时又必须符合学生的认知规律。怎样把课堂变成"学习的共同体"？怎样创造以"学"为中心的教学？怎样具体落实"以学定教"？怎样的教学设计是优秀高效的？怎样去"倾听"学生、"理解"学生？很多问题都需要教师们去思考与解决。

　　胡素芬老师在多年的教学实践中，以坚持不懈的精神，深入研究、理解并掌握初中数学课堂的规律，并针对学生的思维发展规律，挖掘数学知识的内涵，有层次又有联系地给学生提供合适的精神食粮。她在课堂教学中，时刻注意从现象中抓住本质，突出对数学思想方法的培养，时而又广采博览、引经据典、别出心裁，以引导学生感受数学的魅力，体会数学的强大实用价值。她经常通过学生点评、即时小结和课堂小结等多种互动交流方式促使学生进行反思和提炼，在学生自主讲题之后对各种解题方法进行自我评价和互相评价，借助多解归一的教学环节，以使学生跳出"就题论题"这个泥潭，上升到"以题论法"的阶段，进一步迈向"以题论道"的境界。

　　本书汇集了胡素芬老师执教以来的部分课堂实录与案例分析，我们从中可以感受到胡老师的质朴与务实精神,全心全意地投入数学教学之中,时刻替学生着想,设身处地,换位思考,这是真正的"工匠精神"。她认真面对每一堂课、每一道题,以至每一个学生,深入钻研,精益求精,精雕细刻,不断地发现问题,寻找症结,苦思冥想,以求抓住关键,提出策略,设计最好的应对方案,达到完美的教学效果。

我们长期奋战在一线的数学教师,一边体验课程改革过程中的各种复杂状况,一边摸索着新的教学方式;一边在"分数指挥棒"和素质教育的夹缝中舞蹈,一边将自己的教育教学理念转变为日常的教育教学行动;一边坚守"立德树人"的教学底线,一边积极进行课堂设计和课后反思。胡素芬老师就是千千万万数学教师中很有代表性的一员。

衷心希望本书能推动我国的基础教育课程改革,特别是推动综合实践活动、数学与生活、数学与社会等新课程的健康实施。衷心希望本书能有助于我国的教育工作者进一步看清那些应该做的、可能做的和必须做的事情,有更多的一线教师积极思考、积极探索、积极地投入到教育事业中去。

唐瑞芬

2019 年 5 月

前　言

　　我国基础教育课程改革已经进入了一个新的历史阶段,中国学生发展核心素养体系已然提出。这就要求作为一线教学教育工作者的普通教师,需要以核心素养为指引提炼数学的大概念,要挖掘数学学科在培育学生核心素养中可能和应该发挥的价值和作用,为学生健全人格的塑造做出应有的贡献;需要以核心素养为指引和依据来选择学习内容;需要设计保证核心素养目标得到落实的教学过程和教学方法;需要设计与核心素养培育的教学目标和方式相适应的评价标准和评价方法。

　　教育是慢的艺术,所以教育变革要取得成效更需要一个较长的周期。但是当今社会的节奏越来越快,对教育者的要求也越来越高。两者之间存在着矛盾如何调和? 答曰:阅读、思考、写作。无论是古代的孔子,近代的苏霍姆林斯基、陶行知,还是现代的朱永新、李镇西等教育家,都特别强调阅读在培养学生过程中的重要性。子曰:"己所不欲,勿施于人。"想让孩子们爱上阅读,教师就要手不释卷;想让孩子们能够规范数学表达,教师就要笔耕不辍。在阅读中思考,在思考中阅读。只要教师爱上阅读,当前面临的许多教育问题便可以迎刃而解;只要教师善于思考,许多教学困境便可以顺利走出。在 20 多年的教育教学生涯中,我抽出一切时间进行阅读、认真思考,并且积极写作记录下自己的心得体会。常反思和勤记录是我这么多年的一线教育教学工作得以顺利开展的重要保障。在此期间,通过不断开放课堂、梳理案例,不断在实践中反思、在反思中实践,我逐步形成了自我管理和课堂教学的风格及特色。从参与翁昌来老师和张怡校长的课题,到自己独立申报和主持一个市级课题和一个区级课题,在不断积极发现问题、分析问题、研究问题和解决问题的过程中我也不断地努力提高自己的研究能力。

在朋友们的督促、鼓励和帮助下,经过半年多的努力,终于完成了《数学教学拾贝集》一书的编辑、整理工作。

本书中的文章大多是从我公开发表的论文中选出来的,选择时考虑了以下几个方面的要求。

(1) 实用。文章内容对新入职的青年教师的课堂教学实践与研究有一定帮助。

(2) 有效。每篇文章都真实地记录了我在听课或者自己上课的过程中的体会。

(3) 客观。真实反映自己学习、研究和实践数学教育的心路历程,明确表达自己的教育教学观点,对题目的分析研究具有科学性的基础。

我选出的文章大致分为三类:一是教学案例,主要记录在课堂教学过程中给自己留下深刻印象的公开课和家常课以及课前准备和课后反思;二是解题研究,近6年来我一直任教初三毕业班,所研究的大多是复习课的教法和压轴题的解题策略,这部分内容摘录了我对中考题或一模、二模压轴题及典型试题的切入点和解题策略的研究和体会;三是教育随笔,主要记录我对生活实际和数学教育教学的联想和对比,感受数学教学的细节并将其细化和精致。

回顾自己从事教育教学工作的20多年,得到过许多专家老师的言传身教,除了前文提及的翁昌来老师和张怡校长,还有齐敏、徐颖、孙琪斌、陈佳林、刘达和马学斌等同行专家长期以来的支持和帮助,同时向倪丽辉、辛昌和胡昊康老师一并致谢!子曰:"己欲立而立人,己欲达而达人。"整理和出版本书也是希望与更多的师范生、青年教师和教育同仁等一起分享自己逐渐形成的教育观点和长期一线教学的经验。基于对数学教育教学的敬畏之心,深感自己对数学教育教学研究的局限和浅薄,恳请专家、学者和读者批评指正。

胡素芬

2019 年 5 月

目 录

第一部分 教 学 案 例

关注数学课堂设计　优化学生心理品质 …………………………………… 3
夹缝中的舞蹈——疲态下的教学策略初探 ………………………………… 10
问渠哪得清如许——小议启发学生思维的不同切入点 …………………… 18
教过了　教对了　教会了——从一道压轴题浅谈初三复习课的育人功能
　……………………………………………………………………………… 24
强调反思解释　优化学习品质 ……………………………………………… 32
上好压轴题的复习课之我见 ………………………………………………… 41
讲评课中学生交流素养的培养途径初探 …………………………………… 54
基于核心素养的初三复习课设计与思考——从单圆的动点问题的"变"与
　"不变"说开去 …………………………………………………………… 62
数学课堂上的热闹与安静 …………………………………………………… 71
例谈压轴题课堂教学的育人价值 …………………………………………… 80
小题大做——浅谈试卷讲评课中的两圆相切问题 ………………………… 88
"教了白教"的反思与矫正 …………………………………………………… 95
从提问与表达的公平公正谈数学优秀生的培养 …………………………… 102
"物体位置的确定"教学设计 ………………………………………………… 110
例谈概念课中的六个结合点 ………………………………………………… 117

第二部分 解 题 研 究

例说解题教学的复习课设计 ………………………………………………… 127
注重理性思考　促进数学思维 ……………………………………………… 135

例谈数学核心素养视角下的问题情境设计 …………………………… 144
改变条件　互换结论　拓展应用——对于一道选择题的讲评的变式反思
　　………………………………………………………………………… 151
切磋和琢磨——从 2016 年上海市中考数学卷第 25 题感悟提高数学复习
　　课的有效性 …………………………………………………………… 159
立足基础　强调发展——2017 年上海市中考数学卷特点分析和教学建议
　　………………………………………………………………………… 168
重视概念理解　彰显育人价值 …………………………………………… 173
再谈 2017 年上海市中考数学卷压轴题——压轴题讲题大赛有感 …… 183
斗转星移——从一道作图题浅谈转化思想 ……………………………… 191
陈题多解　回味无穷——以一题多解为载体，提升复习课中多解归一的
　　有效性 ………………………………………………………………… 197

第三部分　教 育 随 笔

从《射雕英雄传》到"比例线段和为 1" …………………………………… 211
例谈建模思想在初三数学复习课中的运用 ……………………………… 226
重视教学设计　促进课程改革 …………………………………………… 241
从"王者荣耀"到教学设计 ………………………………………………… 245
几何画板提高初三数学教学的有效性 …………………………………… 253

第一部分
教学案例

关注数学课堂设计　优化学生心理品质

数学学习的过程是学生独立思考的过程,是学生反复练习的过程,是学生领悟思想的过程。这三点都建立在学生良好的数学学习心理品质的基础上。在开展数学学科德育的研究过程中,我们主要就好奇与兴趣、专注与坚持、想象与创造、反思与解释等品质入手优化课堂设计。接下来以"分式"这节概念课为例谈一谈如何关注数学课堂设计,优化学生的心理品质。

一、好奇与兴趣

好奇主要是指对于某问题的专注;兴趣主要是指爱好。在数学教学中,基本是指学生探求新问题、寻找新方法的好奇心以及对数学问题的兴趣、解决问题之后的成就感是学习数学、学好数学、学会数学、享受数学的前提。

"分式"一课以春游的情景贯穿始终。新课伊始分别展示紫藤园和古猗园的春季美景照片,通过图片明媚的色彩和独特的构图,激发学生对于数学教学情景的猜测和好奇,从视觉上引起学生对本课的学习兴趣。

在数学学习的过程中,很多现实生活、生产中的实际问题可以用数学的方法解决时,可以丰富学生的想象力。本课的情景创设就能够把分式这一教学重点从春游的表象中抽离出来,观察到分式的本质——分母中含有字母,学生对数学概念的概括能力得到了培养和锻炼。

(1) 豫园距嘉定孔庙大约 43 km,大巴车的速度为 50 km/h,那么经过多长时间能从豫园到达嘉定孔庙(不考虑路上堵车等因素)?

(2) 到达嘉定孔庙以后,我们要步行前往紫藤园。如果步行 x m 用了 15 min,我们步行的速度约多少?

(3) 到达嘉定孔庙以后,我们要步行前往紫藤园。如果步行 100 m 用了 t min,我们步行的速度约多少?

(4) 紫藤园到南翔古猗园距离为 13 km,路上租借的摩拜单车速度为

v km/h,则需骑行多少时间到古猗园？

从情景设计上来看，上海市的代表景点——豫园与嘉定区的古老的览胜——孔庙、古猗园和紫藤园，皆以其典雅的建筑风格，隽永的楹联诗词，优美的花石小路闻名于世。而不同场景的转换，不仅能够唤起学生脑海中有关这些场所的记忆，而且通过照片展示的形式可以直观地反映这些景点色彩丰富，线条匀称和结构合理，引起学生从已有的生活经验得出的兴趣，激发已有生活经验与本课课题——分式之间关系的好奇。

从课堂设计角度看，根据路程公式创设春游的四个小问题，从数到字母，从字母在被除数位置到字母在除数位置，从一个字母到两个字母，从具体数值的计算到分式的概念引入流畅自然。这样的情景创设顺应中小学生对于数和式以及分式等数学概念理解的脉络，让学生感受到符合数式同源，有利于进一步探究问题过程中学生主动挖掘出数式通性的本质内容，让学生自觉自动地融入春游路上的实际问题情景，从情景中初步体会分式在实际生活中的价值。

应用生活和课内课外两个环节中依然沿用这个情景，通过建立路程、时间和速度三个量之间的数学模型，用文字语言、符号语言和分式问题的相关知识和方法继续刻画和解释现实世界的相关问题，构建数学与现实世界的桥梁，用新知识表达自己的观点。在课堂教学中增强数学的应用价值，激发学生的好奇，引起学生的兴趣，有利于学生逐步养成抽象概括，观察归纳的良好学习习惯，逐渐形成数学起源于生活，应用于生活的正确数学观。好奇与兴趣有利于学生形成主动性学习习惯。

二、专注与坚持

专注是一种状态，常指投入的注意力较高。坚持即意志坚强，坚韧不拔，有耐性。坚持侧重于时间维度，也就是说在长时间内不改变。在数学解题过程中养成的全神贯注、坚持不懈是学习数学、学好数学、学会数学、享受数学的关键。

"分式"一课的新课引入部分设置了 4 个问题，层层递进，有利于培养学生的专注的学习习惯。我在探究活动二中的例题设置了 3 个小问，相应配套的习题设置了 4 个小问，这些问题分别从分式有无意义、分式值何时为零两个维度培养学生的数学思维的多样性、严密性和灵活性。

探究活动二：根据表 1 给出的 x 的值填表。

表1

x	…	-2	-1	0	2	…
$\dfrac{x}{2}$	…		0			…
$\dfrac{2x-4}{x+2}$						
$\dfrac{x+1}{x^2-1}$						

例题：对于分式 $\dfrac{x+1}{x-6}$

(1) 当 x 取什么数时，分式无意义？

(2) 当 x 取什么数时，分式有意义？

(3) 当 x 取什么数时，分式的值是零？

习题：(1) 当 x _____ 时，分式 $\dfrac{1}{x}$ 有意义。

(2) 当 x _____ 时，分式 $\dfrac{1-x}{4x-8}$ 无意义。

(3) 当 x _____ 时，分式 $\dfrac{3x-5}{x-2}$ 值为零。

(4) 当 x _____ 时，分式 $\dfrac{2x^2-18}{x+3}$ 值为零。

坚持类似探究活动二的练习设置不仅可以引导学生从已知未知数 x 的具体数值带入不同的分式所得到不一样的答案中进行分类，从答案的表达形式上自主观察出分式无意义和分式有意义两类不同的情况，在分式有意义的情况下又可以分为分式的值为零和不为零两类，分类讨论的层次感增强，而且将研究这类问题的正向思维和逆向思维在这组探究活动中呈现出来，引导学生体会从表格到例题的两种不同方向的数学思维，有利于学生保持较高注意力的专注水平。另外，从学习时间这个维度可以适当增加一些对数学问题的思考时间，对于数学问题的思考、分析和研究不仅要求学生具有相对集中的注意力，而且有利于培养学生对于分式有无意义这一个问题研究的较长持久性。在课堂教学中有意识地在思维深度和持久性两方面衡量学生数学学习品质，有利于锻炼学生克服困难的决心，培养学生的自信和意志力，增强学生从数学学习中克服深度不够和无法持久而获得成功的体验，从中逐渐获得成功的快乐。专注与坚持有利于学生形成良好的意志力。

三、想象与创造

想象是一种特殊的思维形式,是人在头脑里对已储存的表象进行加工改造形成新形象的心理过程。创造,是指将两个或两个以上概念或事物按一定方式联系起来,主观地制造客观上能被人普遍接受的事物,以达到某种目的的行为。从数学德育的角度看,数学抽象、数学推理、数学建模的过程中均蕴含着想象与创造,也孕育着想象与创造。在数学解题过程中注重想象与创造是学习数学、学好数学、学会数学、享受数学的核心。

"数学是思维的体操,是智力的磨刀石。"数学教学不仅是传授知识,更重要的是培养学生的思维能力。数学思维能力是数学能力的核心,而创造性思维又是数学思维的品质,是未来的高科技信息社会中,具有开拓、创新意识的开创型人才所必须具有的思维品质。未来社会的竞争归根结底就是创造性思维的竞争,而创造性思维的实质就是求新、求异、求变。因此创新是教与学的灵魂,是实施素质教育的核心。想象与创造有利于学生逐渐形成创新力。

探究活动三:表2中 * 表示一个非零数但由于部分表格被污染看不清楚,你能说出"?"是一个怎样的代数式吗?

表2

x	…	-2	-1	0	1	2	…
?	…	0	*	*	无意义	*	…

面对表2,学生的反应不尽相同。有的学生根本无从下手,茫然无措。有的学生举手,说:"$\frac{x+3}{x-1}$。"还有学生举手说:"$\frac{x+2}{x+1}$。"教师问:"这两个分式符合题目要求吗?为什么?"班级中部分学生坚定地回答:"不对!"然后就听见七嘴八舌的回答:"$x=-2$ 时分式值为零,说明 $(x+2)$ 一定是分子。"

在强调生生对话和学生自我对话的意识指导下,教师应引导不同学生尽可能表达自己的观点和想法,并通过不断追问加深学生思考的深度。因此在这种情况下,教师要继续追问:"分子一定是 $(x+2)$ 吗?分子只能是 $(x+2)$ 吗?"个别学生犹豫道:"分子可以是含有 $(x+2)$ 这个因式的其他多项式吧!""第一个分式的分子没有 $(x+2)$ 这个因式,肯定不对。""那么第二个呢?""更加简单了,$x\neq 1$ 就是说分母应该是 $(x-1)$ 呀。所以第二个也是错的。""正确解答这类题目,需要我们关注什么?""关注分母为零就是分式无意义!"在交流过程中学生逐渐认识到一些结论:"关注分母不为零的基础上,分子为零才是分式的值为零!"

为内化学生对分式值为零和分式无意义等内容的理解,教师可以继续出示表3。"那么对于下面这一张表格,你能说出'?'是一个怎样的代数式吗?"

表3

x	⋯	-2	-1	0	1	2	⋯
?	⋯	*	无意义	*	*	0	⋯

通过对分式的全面分析和多角度研究有助于培养创新思维。因为这节课主要设计运用三个探究活动作为知识主线,引导学生大胆猜想,合情推理,实际上就是利用"想象力",它可以帮助学生打破常规,通过教师对于学生逆向思维的培养,能超越传统的习惯思维的束缚达到更高层次的思维从而透过现象看本质,而这样的创新思维一定是伴随着创造性的想象力同时发生的。在探究活动一和二的基础上学生已经形成了分式这一重要数学概念以及分式有无意义和分式何时为零的正确判断。但是在探究活动三这一环节中教师设置了表2,让学生填出符合条件的分式。根据当 $x=-2$ 时分式的值为零,学生可以推断分子含有代数式 $(x+2)$,根据 $x=1$ 时分式无意义,学生能够推断分母含有因式 $(x-1)$。接下来根据表中提示的数值分式的值都是非零数,学生顺理成章得出一系列答案:

$$\frac{x+2}{x-1}, \frac{3x+6}{x-1}, \frac{x^2-x-6}{x-1}, \cdots$$

通过提问、追问、反问等引导学生自主分析隐藏在表格中有关分子和分母的相关信息,把握课堂生成资源,进一步夯实分式的相关知识。探究活动三是在正向思维探究活动二的基础上创设了一个逆向思维的活动,有利于培养数学思维的多样性和严密性。由于这道题目答案不唯一,可以认为是一道简单的开放题。开放题的特征符合初中生处于身心发育的关键时期,认知能力迅速发展,自我意识和独立意识不断增强等心理特点。开放题需要学生通过对实际和数学知识的结合,在教师的指导和同学的交流上做出符合逻辑的推理,学会从多角度思考和探索问题,既丰富了自己的数学知识,又有助于培养创新独特的数学思维。这种答案不唯一的开放题不仅更加符合青少年独特的心理特征,而且能够激发学生求新求异的数学思维品质。

另外,在课堂实践环节中,通过教师引导部分特殊的代数式与整式相比较,分式这一名称就是一位学生类比"分数"的概念在课堂上自行提出来的。这一刻在场所有人都感受到了由想象引发创新的快乐。数学课堂上鼓励学生打破常规、大胆想象、积极创新,创造契机,引导学生感悟和体会,有利于学生在数学学习中获得成功的体验,逐渐养成良好的思维习惯和学习态度。想象与创造有利于学生逐渐形成创新力。

四、反思与解释

反思,原意指回头反过来思考的意思。作为哲学概念是借用光反射的间接性意义,指不同于直接认识的间接认识。解释,就是在观察的基础上进行思考,合理地说明事物变化的原因,事物之间的联系,或者是事物发展的规律。数学概念形成的过程就是不断反思的过程;定义研究对象、建立运算法则的时候,我们常常需要思考"为什么这样定义?为什么这样建立运算法则?"解释,既可以认为分析说明阐述和解说,又可以理解为说明含义原因或理由,是在获得充分证据的基础上利用已有知识进行合理思考。在数学解题过程中学会反思、学会解释是学习数学、学好数学、学会数学、享受数学的保障。

探究活动一:请用代数式 300,x,x^2-1,构造分式,比一比,看看哪个小组最快?构造的分式最多?

常见的数学概念课中,教师"一个概念三项注意"就把概念教学一带而过,节省下大量的时间做做练习,对对答案。然而概念是人们对客观事物在感性认识的基础上经过比较、分析、综合、概括、判断、抽象等一系列的思维活动,逐步认识到它的本质属性以后才形成的。数学概念尤其如此,学生要形成、理解和掌握基本的数学概念一定要经历实践—认识—再实践—再认识的不断深化的过程。因此数学概念教学往往不能一步到位,而是分阶段进行。而每一个阶段都应该由猜想、验证、解释和反思及部分构成,尤其是概念形成的初始阶段。

以探究活动一这一教学环节为例,在学生构造分式的时候,部分学生由于没能正确理解分式的概念,把 $\dfrac{x}{300}$、$\dfrac{x^2-1}{300}$ 也看作是分式。在学生互相评价的环节中,有学生指出所谓分式一定要求分母含有字母,所以上述两式应该属于整式范畴。在后期概念的辨析阶段,极个别学生对于 $\dfrac{x^2-1}{x}$ 是不是分式产生了困惑,针对这个现象,通过激烈的争辩和讨论又有同学紧扣分式的概念进行发言：分式只要求分母有字母,并不要求分子。所以无论分子中含有字母还是不含字母,只要分母中含字母就应该算分式。这样在探究活动这一个教学环节中,学生多次对于分式这一数学概念进行明确和辨析,利用学生的互相评价和多次反复对分式这一概念进行解释,利用学生的自我评价通过不断反思不断完善,促使自己对分式这一概念有全面正确的认识。引导学生及时小结、多次反思、反复修正,有利于促进学生对于数学知识的正确理解和全面掌握,有利于学生逐渐养成独立思考与合作交流有机结合的研究问题方式,有利于学生逐渐学会用数学的眼光观察世界、用数学的方法研究世界,最终能够使用数学的语言解释世界。通过优化课堂设计,将好奇与兴趣、专注与坚持、想象与创造、反思与解释等品质融入其中(图1),使越来越多的学生会因为喜欢数学课堂而走进喜欢数学、应用数学、享受数学的境界。

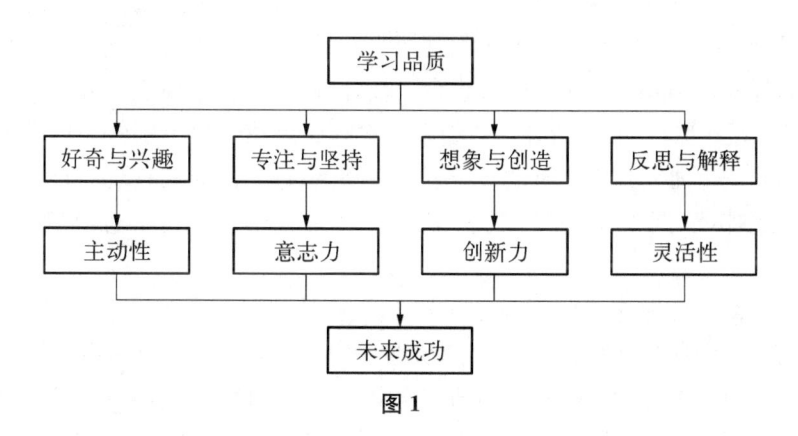

图 1

通过对课程标准的解读,对课程目标的认识,对课程实施的反思,对学生情况的了解,教师精心对每一节数学课进行课堂设计,真正做到不仅授数学之业,解数学之惑,更重要的是传授治学之道。

夹缝中的舞蹈
——疲态下的教学策略初探

每年4月底,上海市各区的二模考试陆续结束,离中考还剩不到两个月的时间。这段时间的复习是提高学生成绩的关键时期,各科都进入了紧张的冲刺复习阶段,不少数学老师反映部分学生没有学习的热情,没有"要考试了"的紧迫意识。在日常听课和执教的过程中常常出现的画面是:讲台上教师画图示范,下面学生无所事事;讲台上教师慷慨激昂,下面学生昏昏欲睡;讲台上教师点名提问,下面学生一脸茫然;讲台上教师例题变式,下面学生兴趣索然,更有甚者:眼在黑板,心在窗外。有细心的教师课后找学生个别谈心后发现,学生对此现象也无能为力。有的孩子说:"老师,最近一段时间,感觉自己学习总是提不起神。""课上了一半,我就想睡觉。""听着听着,我又想到其他方面去了。"

为什么会出现这样弥漫着挫败感和失望情绪的教学场景呢?苦苦思索后,笔者认为原因有两点:一是因为从课型的角度来看,试卷讲评课不像新授课那样吸引学生,没有情景引入,没有最近生长点的刺激,学生就无法对数学课感兴趣;二是因为部分学生已经学习疲劳。学习疲劳是指学习者由于学习过度或学习方法不当而产生的学习效率逐渐降低,并伴有渴望停止学习活动的生理和心理现象。在极度疲劳的状态下,则可陷入完全不能学习的状态即所谓的学习疲怠或学习疲劳症。学习疲劳可分为生理的和心理的两种。生理疲劳主要是肌肉受力过久或持续重复伸缩造成肌肉痉挛、麻木、乏力、手足发冷、动作失调、感觉失调、眼球发疼发胀、视力减退、食欲不振、面色苍白、头晕、腰酸背痛、打瞌睡、失眠等。心理疲劳是感觉器官活动机能降低、注意力涣散、思维迟钝、记忆衰退、情绪上躁动、忧郁、厌烦、易怒、学习效率下降。

针对学习疲劳障碍,我们知道造成学习疲劳障碍的原因是多方面的,而主要是在学习活动中,由于学习压力大,学习时间过长,不注意劳逸结合,睡眠时间不足,学习缺乏兴趣,不注意用脑卫生,等等。对此,我们应该经常找学生谈心,开导劝解,进行心理疏导,不仅关心学生上课的情况,还要关心学生课后作业完成情况,睡眠时间是否充足,等等。

然而,讲评课,即以评讲学生作业、练习、试卷为主要目的的课,是初三最后阶段不可缺少的重要课型。典型的讲评课是评讲阶段考试试卷的讲评课。如果说新授课是学习知识,复习课是巩固知识的话,那么讲评课则是通过对试卷的讲评实现对前两个阶段学习效果的评价。通过评价,确认正确的学习,纠正偏颇的学习,保证后续的学习。讲评课在课堂教学中的作用不可低估,尤其是在最后的备考阶段,讲评课已经成为课堂教学的主要形式。

针对作业试卷讲评课的特点,在课堂教学上我们还能做些什么?我们怎么做才能扭转乾坤,才能提高这一重要阶段的课堂教学效率?

一、制造学生争辩

在部分学生索然无味之际,教室中一定也有认真听讲的学生。有经验的教师可以利用概念题、多解题、定义域中是否可以取等号等小问题来引发学生的争辩。争辩一旦产生,学生就自觉地分成不同的派别,在说服与被说服的同时,他们的精神来了,思维的火花开始碰撞了,课堂气氛也活跃了。

让我们一起来看 2014 年上海市浦东新区二模卷第 18 题:在直角三角形 ABC 中,$\angle ACB = 90°$,$AC = \sqrt{2}$,$\cos A = \frac{\sqrt{3}}{2}$,如果将 $\triangle ABC$ 绕着点 C 旋转至 $\triangle A'B'C$ 的位置,使点 B' 落在 $\angle ACB$ 的角平分线上,$A'B'$ 与 AC 相交于点 H,那么线段 CH 的长等于_____。

教师引导学生先读题,再画图,很快就能求出此题答案是 $\sqrt{3}-1$。这时课堂上有一个学生举手说:"这道题目应该是两解题。"教师没有直接反对这位学生的意见,而是故作沉思状,徐徐问道:"从哪里看出来这是一道两解题?""只有旋转中心,没有说明旋转方向就应该有两解!"听课的学生中马上就有人举手答道。教师立即问所有学生是否赞成这个观点。对于这个观点,果然有人支持有人反对。教师微微一笑,要求学生开始争辩讨论,明确讨论的主题:一是这道题目到底一解还是两解?为什么?二是类似这道题目的旋转问题,满足什么条件可能产生两解?什么情况能够明确只有一解?教室里顿时响起了热烈的争辩声,虽然学生们争得面红耳赤,但是很快就达成共识,并回答道:"这道题目的确只有一解,因为题目中说'使点 B' 落在 $\angle ACB$ 的角平分线上',并没有说'使点 B' 落在 $\angle ACB$ 的角平分线所在的直线上'。"还有学生补充说:"画出图形在明确解的情况,画出的图形有两种可能,就可能产生两解,否则就只有一解。""对,不能只注意到'射线'或'直线'等词语,还是要画图。"于是图形运动"化动为静"的解题策略和"以图定解"的分类策略就由学生在争辩中自己归纳总结出来了,课堂气氛活跃了,理性思维激发了,讲评课的教学任务也落实了。

二、重构题目

有些题目做错的同学不多,但牵涉到通法通则的问题又一定要讲评,有经验的教师可以在备课时将题目进行拓展挖深,甚至改变部分条件,重构题目,达到吸引学生注意力的目的。

在讲评 2014 年上海市嘉定区、宝山区二模卷第 25 题第 3 问时,尽管没有仔细思考如何去证明线段 MN 扫过的区域形状是一个平行四边形,但是分析能力较强的学生基本都能猜出线段 MN 扫过的区域的形状是平行四边形,并顺利地求出它的面积,对于已经会做的题目他们不要听。对于分析能力较弱的学生由于时间关系等原因未能判断出 MN 扫过的区域的形状是什么,上讲评课时听老师的分析可能就不太起劲,也不要听讲。

此时有经验的教师会话锋一转,追加一问(4),即取 DF 的中点 K,连接 KL,求整个运动过程中线段 KL 扫过的区域的形状和面积(如图1)。

在学生微微愣住片刻后,教师接着引导学生画出多个运动瞬间的图形,观察图形(如图 2),并进行计算。

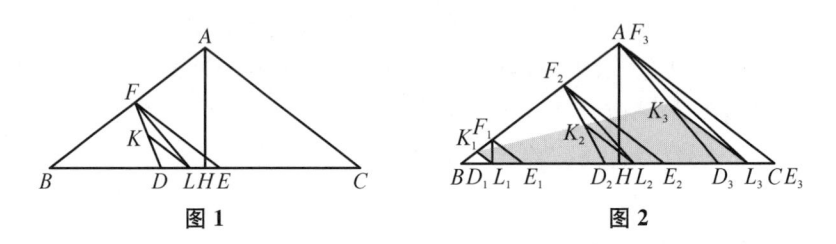

图 1

图 2

KL 是 $\triangle DEF$ 的中位线,$KL \parallel EF \parallel AC$,且 $KL = \dfrac{1}{2}FE$,而 KL 的长度在运动过程中随 EF 的变化而变化,因而 $K_1L_1 \neq K_3L_3$,又 $K_1L_1 \parallel K_3L_3$。由此判断 KL 扫过的区域的形状是梯形。接下来进一步计算出梯形的面积。

通过改变条件、增设问题等多种方法重构题目,旧题新讲,陈题再讲,小题大讲,能够提高讲评课的有效性。

三、质疑试卷

在部分学生昏昏欲睡之时,尤其是下午第一节课,睡倒一片。尤其在讲评填空题和选择题时,有的题目概念性较强,对学生思维要求不高,计算量不大,从难度上对学生来说没有挑战性,这时有经验的教师讲完分析过程和答案之后会对考卷提出质疑。这种质疑可以由教师主动提出,也可以由学生提出;可以质疑答案是否正确,也可以质疑解题方法最简单;可以质疑纯数学理论,也可以质疑是否符合生活实际。有经验的教师引导学生质疑,质疑试卷的某个答案是否正确,质疑某题目是否超出了考试要求,质疑某个现象是否符合生活实际。看到标准答案有可能是错误的,学生的兴趣高涨,自然而然地就将注意力拉回到课堂上。

例如 2012 年上海市黄浦区一模卷第 6 题:下列命题中,假命题是(　　)。

A. 一组邻边相等的平行四边形是菱形
B. 一组邻边相等的矩形是正方形
C. 一组对边相等且有一个角是直角的四边形是矩形
D. 一组对边平行且另一组对边不平行的四边形是梯形

毫无疑问,正确答案是 C。但这道题目考查四边形的概念比较多,而且要求选出的是假命题,所以考试的时候错误率比较高。有学生似懂非懂,心不在焉,此时不妨质疑答案是否正确,引导学生对每个命题进行思考,并且要求对正确的命题进行证明,对错误的命题举出反例。教会学生带着质疑的思想,用怀疑的眼光对待每一个命题。在一一分析之后,很快就能将这样一道易错的概念题讲评清楚。

四、加快节奏,加大信息量

针对初三学生的特点进行的复习教学,教师应采用"以点带面"辐射式教学方法,将知识梳理与题目训练有机的结合,用典型题目的讲解与强化训练巩固基础知识与考点,从而加大训练的信息量,加强学生对知识的纵横联系,类比归纳,帮助学生对复习内容再发现、再认识、再应用,从而使复习内容细致化、网络化。

例如 2013 年上海市静安区的二模卷第 6 题:如果 □ABCD 的对角线相交于点 O,那么在下列条件中,能判断 □ABCD 为菱形的是_____。

(A) $\angle OAB = \angle OBA$ (B) $\angle OAB = \angle OBC$

(C) $\angle OAB = \angle OCD$ (D) $\angle OAB = \angle OAD$

在考试的时候只要学生能够在草稿纸上画出草图,并且根据菱形的判定定理就能够很快地选出正确答案D。在讲评这道题目时如果课堂上气氛比较沉闷,有经验的教师会马上将节奏加快,将相关的信息量加大。教师可以要求学生快速口答菱形的所有判定定理,顺便拓展到正方形和其他特殊四边形的判定定理;教师可以开展接力问答要求学生将特殊四边形的性质定理和判定定理有机组合;教师可以进行"击鼓传花"进行相关线段长度、周长和面积的计算。在快节奏大信息的环节中,学生不仅体会了类似游戏的快乐,而且在不知不觉中将基础知识和基本技能复习了一遍。

五、故意出错,展开讨论

在课堂教学中,教师要根据试卷的重点、难点或学生容易出现思维障碍处甚至于计算的出错处,有针对性地设计错误点,引导学生去讨论,让学生来纠正,有利于保护学生创新意识,培养学生的探索能力。

当教室中各种疲态尽显之时,教师故意出错,以期学生能够发现错误、剖析错误,最后达到规避错误的目的。以2014年上海市黄浦区二模卷第25题的第1问为例。

如图3,在 $\square ABCD$ 中,$AB = 4$,$BC = 2$,$\angle A = 60°$。

(1) 求证:$BD \perp BC$;

(2) 延长 CB 至 G,使 $BG = BC$,E 是边 AB 上一点,F 是线段 CG 上一点,且 $\angle EDF = 60°$,设 $AE = x$,$CF = y$。

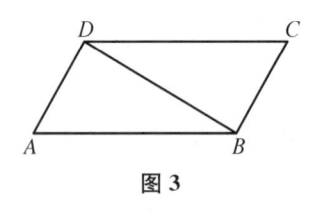

① 当点 F 在线段 BC 上时(点 F 不与点 B、C 重合),求 y 关于 x 的函数解析式,并写出定义域;

② 当以 AE 为半径的 $\odot E$ 与以 CF 为半径的 $\odot F$ 相切时,求 x 的值。

眼见教室里学生都昏昏欲睡,教师故意在黑板上写道:

因为 $AB = 4$,$BC = 2$,所以 $\tan\angle ABD = \dfrac{1}{2}$,$\angle ABD = 30°$。

又因为 $\angle A = 60°$,所以 $BD \perp BC$。

教师问道:"第1小问这样证明对吗?"安静片刻后教师再次问道:"如果你觉得对,能否说出每个步骤的理由?如果你觉得不对,为什么?怎样证明才对?"看见老师犯了一个如此低级的错误,马上有一部分同学迫不及待地举手,要求说明自己的观点。"第一步就错了,因为 $AB = 4$,$BC = 2$,所以

$\tan\angle ABD = \dfrac{1}{2}$。""为什么?""应用锐角三角比应该有个大前提,就是在直角三角形里面,这道题目要求证直角三角形,所以不具备用正切的条件。""说得好!这个方法不对,那么应该怎么证明才对?除了写在试卷上的答案,还有没有其他证明方法?"学生发现了教师的错误,还清楚地指明了错误的原因,大脑马上兴奋起来,积极思考如何求证第1问。没有几分钟,各种证明方法就出炉了,有的添高证明,有的添中线证明,课堂气氛有了明显的改善,课堂效率也明显提高。

六、学生互评

在诸多新的课程理念中,尤其是"改变课程评价过分强调甄别与选拔的功能,发挥评价促进学生发展、教师提高和改进教学实践的功能"和"建立学生自评为主,教师、家长共同参与的评价制度"这两段话告诉我们,建立符合素质教育思想的评价与评价制度,是新一轮课程改革的一项重要任务。要完成这项任务,就必须树立新的评价理念,对传统的评价形式做出比较大的变革。其中,学生的自我评价得到了前所未有的重视。

就学生个体而言,评价能够促进学生对自己的学习进行反思,有助于培养学生的独立性、自主性和自我发展、自我成长的能力,有利于提高学生的学习积极性和主动性。叶圣陶指出:"尝谓教而教各种学科,其最终目的在达到不复需教,而学生能自为研索,自求解决。"要达到这样的目的,必须使学生具备自我评价的能力,即能够按既定的目标和标准,对自己的学习进行自我检测,做出正确的评价,促进自己的学习。

学生自我评价的内容至少涉及三方面:学习内容、思考过程以及学习态度。例如在某一节讲评课上讲到一道综合题时就出现了如下场景:

在平面直角坐标系中,抛物线 $y = ax^2 + bx + 3$ 与 x 轴的两个交点分别为 $A(-3, 0)$、$B(1, 0)$,过顶点 C 作 $CH \perp x$ 轴于点 H。

(1) 直接填写:$a = $_____,$b = $_____,顶点 C 的坐标为_____;

(2) 在 y 轴上是否存在点 D,使得 $\triangle ACD$ 是以 AC 为斜边的直角三角形?若存在,求出点 D 的坐标;若不存在,说明理由;

(3) 若点 P 为 x 轴上方的抛物线上一动点(点 P 与顶点 C 不重合),$PQ \perp AC$ 于点 Q,当 $\triangle PCQ$ 与 $\triangle ACH$ 相似时,求点 P 的坐标。

对于最后一问按照常规讲解方法,引导学生画出图形,确定在对称轴左右两侧各有一解即可。

解：(1) 若点 P 在对称轴右侧（如图 4），只能是 $\triangle PCQ \sim \triangle CAH$，得 $\angle QCP = \angle CAH$。

延长 CP 交 x 轴于 M，所以 $AM = CM$，$AM^2 = CM^2$。

设 $M(m, 0)$，则 $(m+3)^2 = 4^2 + (m+1)^2$，所以 $m = 2$，即 $M(2, 0)$。

设直线 CM 的解析式为 $y = k_1 x + b_1$，则
$$\begin{cases} -k_1 + b_1 = 4 \\ 2k_1 + b_1 = 0 \end{cases}$$

解之得 $k_1 = -\dfrac{4}{3}$，$b_1 = \dfrac{8}{3}$。

所以直线 CM 的解析式为 $y = -\dfrac{4}{3}x + \dfrac{8}{3}$。

联立 $\begin{cases} y = -\dfrac{4}{3}x + \dfrac{8}{3} \\ y = -x^2 - 2x + 3 \end{cases}$，解之得 $\begin{cases} x = \dfrac{1}{3} \\ y = \dfrac{20}{9} \end{cases}$ 或 $\begin{cases} x = -1 \\ y = 4 \end{cases}$（舍去），所以 $P\left(\dfrac{1}{3}, \dfrac{20}{9}\right)$。

图 4

(2) 若点 P 在对称轴左侧（如图 5），只能是 $\triangle PCQ \sim \triangle ACH$，得 $\angle PCQ = \angle ACH$。

过 A 作 CA 的垂线交 PC 于点 F，作 $FN \perp x$ 轴于点 N。

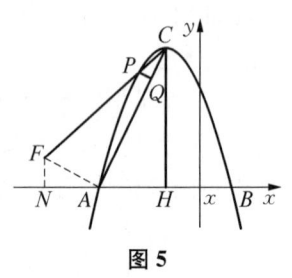

图 5

由 $\triangle CFA \sim \triangle CAH$ 得 $\dfrac{CA}{AF} = \dfrac{CH}{AH} = 2$，由 $\triangle FNA \sim \triangle AHC$ 得 $\dfrac{FN}{AH} = \dfrac{NA}{HC} = \dfrac{AF}{CA} = \dfrac{1}{2}$。

所以 $AN = 2$，$FN = 1$，点 F 坐标为 $(-5, 1)$。

设直线 CF 的解析式为 $y = k_2 x + b_2$，则 $\begin{cases} -k_2 + b_2 = 4 \\ -5k_2 + b_2 = 1 \end{cases}$，解之得 $k_2 = \dfrac{3}{4}$，$b_2 = \dfrac{19}{4}$。

16

所以直线 CF 的解析式 $y=\dfrac{3}{4}x+\dfrac{19}{4}$。

联立 $\begin{cases} y=\dfrac{3}{4}x+\dfrac{19}{4} \\ y=-x^2-2x+3 \end{cases}$，解之得 $\begin{cases} x=-\dfrac{7}{4} \\ y=\dfrac{55}{16} \end{cases}$ 或 $\begin{cases} x=-1 \\ y=4 \end{cases}$（舍去）。

所以 $P\left(-\dfrac{7}{4},\dfrac{55}{16}\right)$。

所以满足条件的点 P 坐标为 $\left(\dfrac{1}{3},\dfrac{20}{9}\right)$ 或 $\left(-\dfrac{7}{4},\dfrac{55}{16}\right)$。

但是事实上在完成试卷的过程中，有的学生对于左边的直线解析式还有不同的解法，另外在求解出右边的点 P 之后直线 CM 和直线 CF 互相垂直，还有学生利用斜率乘积等于 -1，能够较快地确定直线 CF 的解析式，从而快速求出点 P 的坐标。在黑板上罗列几种不同解法后，教师要求学生对学习内容进行评价：在解题过程中复习了什么？没弄清什么问题？有什么不懂的？还需要弄清什么问题？努力的方向是什么？进一步要求学生对思考过程进行自我评价和互评，要描述思维处于由未知到已知的探索过程，在这个过程中，利用已知知识和信息，通过试探对信息和事实进行处理和加工，逐步克服各种障碍，经过种种反复，或者获得成功、部分成功，或者失败等内容，还要对自己的思维模式优劣做出评价。几分钟以后各种解法的长处和短处被学生说得头头是道，即便是做错或者说错的学生也很快清楚错误的根源并重新获得了成功的体验。

中考前的数学课堂教学工作一方面是课堂的疲态，学生的疲态，甚至于教师自身出现的疲态，一方面是紧跟而来的中考，就像两座不断靠拢、不断逼近的大山，留出的空间越来越小，道路越来越窄。与其坐困愁城，不如主动出击；与其束手无策，不如有备无患。面对初三后期的讲评课，教师只能不断探索才能总结经验，只有努力尝试才会事半功倍。面对初三后期的讲评课，教师不妨从教学的艺术性中挖掘出方法，从教学的责任心中做足准备，从教学的常态性中不断反思，不仅能够夹缝中求生存，而且可以成为一名夹缝中的舞者，正视中考带来的压力，改善各种疲态，一定能在素质教育和应试教育的夹缝中跳出动人优美的舞蹈！

问渠哪得清如许

——小议启发学生思维的不同切入点

最近听了一节公开课"与相似三角形相关的基本图形",在听课和评课的过程中对于这节复习课的主要例题以及读题后教师的提问方式,引导学生解决问题的切入点有一点自己的思考。

一、教学片段

如图 1,已知 $\triangle ABC$, $\angle ABC = 90°$, $\tan \angle BAC = \dfrac{1}{2}$。点 D 在 AC 边的延长线上,且 $DB^2 = DC \cdot DA$。

(1) 求 $\dfrac{DC}{CA}$ 的值;

(2) 如果点 E 在线段 BC 的延长线上,连接 AE。如图 2,过点 B 作 AC 的垂线,交 AC 于点 F,交 AE 于点 G,当 $CE = 3BC$ 时,求 $\dfrac{BF}{FG}$ 的值。

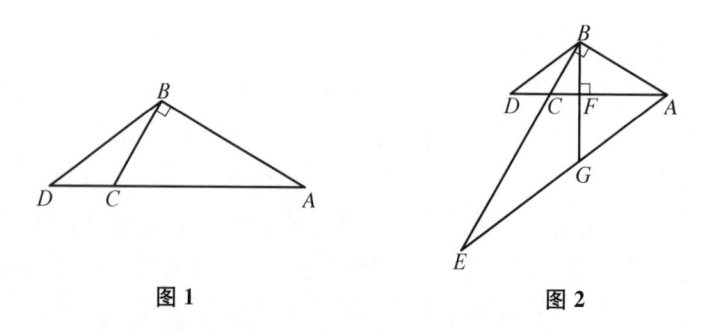

图 1

图 2

出示题目后教室沉静了几分钟,教师指着图 1 问:"在这个图形中,你能发现基本图形吗? 如果有,是什么基本图形呢?"有个学生举手回答:"有一个基本图形,就是 A 字形中的斜 A 形。"然后执教教师将这个基本图形进行板书后继续研究线段 DC 和 CA 的比值。

二、教学反思

这道题目选自 2016 年上海市嘉定区一模考试卷的第 25 题,执教教师可能考虑到复习课的时间问题已经将原题的最后一问删除。这道题目综合了平行线分线段成比例定理、相似三角形的判定定理和性质定理、勾股定理等数学知识,在解决问题的过程中能够让学生体会数形结合和化归的数学思想,是一道有综合度、有坡度的好题。

但是这道题目的分析过程中是不是只有这一种提问方式来带领全体学生一起研究此题呢?我一边听课一边陷入了沉思之中。其实要引导学生分析解决这道题目的第 1 小问主要有以下三种常见的方式。

(一)由因执果

综合法是指从已知条件出发,借助其性质和有关定理,经过逐步的逻辑推理,最后达到待证结论或需求问题,其特点和思路是"由因导果",即从"已知"看"可知",逐步推向"未知"。运用综合法解题时,应明确通过已知条件可以解决什么问题,然后才能从已知逐步推到未知,使问题得到解决。这种思考方法适用于已知条件比较少,数量关系比较简单的问题。

在初中的高年级学段数学教学主要是进行数学思维习惯的培养,而综合法主要就是教会学生"顺藤摸瓜",培养学生正向思维能力。观察题目的题干部分和图形结构只有两个基本条件"$\angle ABC = 90°$,$\tan \angle BAC = \dfrac{1}{2}$""$DB^2 = DC \cdot DA$"。基本上所有学生都会不约而同地将"$DB^2 = DC \cdot DA$"条件作为分析这个问题的切入点,因为这个等积式可以变形为比例式"$\dfrac{DB}{DC} = \dfrac{DA}{DB}$",而这个关于三条线段的比例式加上 $\angle BAC$ 这个天生的公共角,顺理成章地证出 $\triangle DBC \backsim \triangle DAB$。由第一个条件可以得到 $\dfrac{BC}{AB} = \dfrac{1}{2}$,而这组线段比不仅仅是 $\angle BAC$ 的正切值,而且是 $\triangle DBC$ 与 $\triangle DAB$ 的相似比。只要学生能够顺着这两个已知条件的"纤纤细藤",就可以非常顺利、便捷地摸到"$DA = 4CD$"这只娇艳鲜美的"瓜",从而迅速确定 $\dfrac{DC}{CA}$ 的值。

(二)由果索因

分析法是由果索因的分析方法,是一个由须知逐步推向已知结果的过程。

从求解的问题出发,正确地选择出两个所需要的条件,依次推导,一直到问题得到解决的解题方法叫作分析法。分析法的基本思想是:由未知探须知,逐步推向已知。在数学思维层次上,分析法用到的是比正向思维能力更高一层的是逆向思维能力。

想要求出$\dfrac{DC}{CA}$的值,首先要引导学生观察这两条线段的特点,很容易发现线段CD和线段CA是共线的。求解共线的两条线段比值常见两种解题的基本方法。① 转化法。将$\dfrac{DC}{CA}$转化为$\dfrac{DC}{AD}$或者$\dfrac{CA}{AD}$来求值。② 设k法。寻找图形中的一条较小线段的长度设为k,然后利用锐角三角比和勾股定理等用k分别表示出线段CD和线段CA的长度。无论哪种方法都比较容易达到求解这两条共线的线段比的目的。

另外要确定两条线段的比值也可以引导学生有意识地去寻找两种基本图形:① 相似三角形,② 平行线。对于图感比较好的孩子能够轻而易举地找到△DBC与△DAB这一对相似三角形,对于图感不强的孩子可以鼓励其尝试寻找平行线,原图中没有平行线,那么就可以添加平行线,类似图3、图4、图5、图6,利用平行线分线段成比例都可用来转化$\dfrac{DC}{CA}$,从而解决求$\dfrac{DC}{CA}$的值的问题。

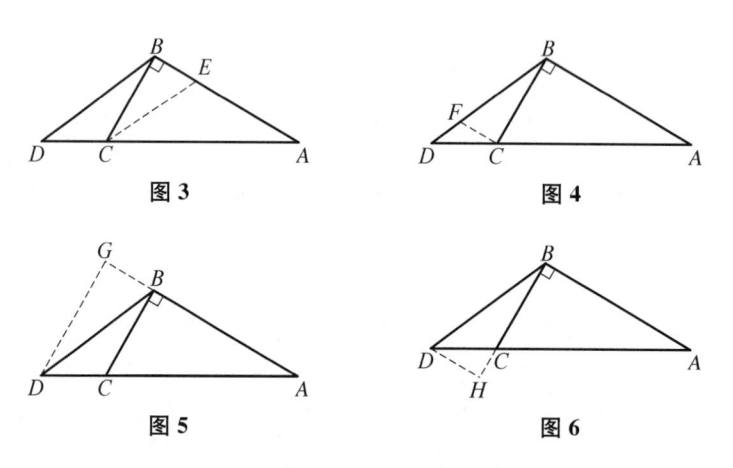

图 3

图 4

图 5

图 6

(三)基础图形

建立基本图形的教学方法在解题训练中往往能够取得事半功倍的效果。在前文的教学片段中教师提出的问题在分析研究第 2 小问的时候执教老师又问了一遍,学生沉默的时间明显加长了。

为什么对于第 1 小问学生能够按照老师的要求很快回答出基本图形,而对于第 2 小问大多数学生却陷入了苦思冥想之中呢?随着综合题的图形越来越复杂,涉及的数学知识点越来越多,尤其是遇到代数、几何结合在一起出现的题目,基础不是很好的学生会感到无从下手。究其原因,学生往往是对基本的定理图形掌握不熟练,不能很好地把各知识点串联在一起,造成思考的时候不善于抽象归纳,而且定理识别能力差。简单地说,就是无法直接从复杂图形中直接抽取简单图形,从而根据基本图形寻求数量关系解决问题。"图感"就是训练图学思维、提高图学能力、培养创新素质的有力武器。正如学音乐的人需要乐感,学英语的人需要语感,学设计的人需要灵感。面对难度较高综合度较大的压轴题,需要初三的学生娴熟自如的双向图感,也就是能够从复杂图形中抽取基本图形,也能够将基础图形放回复杂图形中去。

图感比较好的学生看到 $CE=3BC$ 这一条件就能够变形为 $\dfrac{BC}{CE}=\dfrac{1}{3}$,再使用第 1 小问的结论,如图 7,马上就能够得到 $BD \parallel AE$ 这一组平行线。那么利用这组平行线分线段成比例的性质就可以得到 $\dfrac{BF}{FG}=\dfrac{DF}{AF}$,将问题再次转化到求共线的两条线段比上面去了。

当然一时之间看不出 $BD \parallel AE$ 并不意味着对于第 2 小问无计可施。通过点 G 作 $GN \perp BE$,垂足为点 N 构造 A 字形(如图 8);过点 E 作 $EH \perp BG$ 交 BG 的延长线于点 H(如图 9);发现 BG 是直角三角形 ABE 斜边 AE 上的中线等切入点都能够达到求解 $\dfrac{BF}{FG}$ 值的目的。

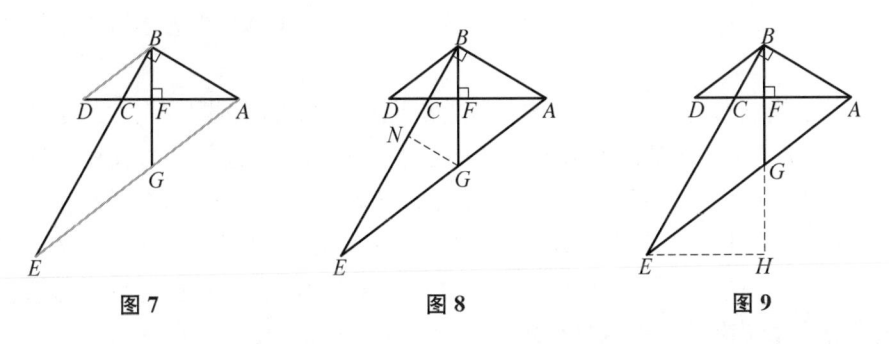

图 7　　　　　图 8　　　　　图 9

只要教师在讲评问题的过程中不断强调基本图形,不断训练基本图形,就能够逐步培养学生的图感。而一位具有良好图感的学生不仅能够迅速发现图中已经存在的图形特征,即使一时间没能够发现图形特征,也能够根据构成基本图形的需要去添加平行线,构造基本图形。通过一段时间的基本图形训练,学生再次面对复杂图形的时候就能够像《庖丁解牛》里的庖丁一样:"以无厚入有间,恢恢乎其于游刃必有余地矣。"

三、教学再思

回顾对于同一类问题"线段比值"的三种不同的切入点,不难发现解决这类问题的三个切入点代表了学生从低到高的三个不同的数学思维层次。

综合法,也就是"顺藤摸瓜"的方法,提倡从已知条件出发,充分挖掘条件,以数助形,顺理成章得出结论,思维层次比较低。

分析法,也就是从结论出发引导学生去寻找能够得到结论的条件,逐渐向已知条件靠拢。反其道而思之,让思维向对立面的方向发展,从问题的相反面深入地进行探索,树立新思想,创立新形象。当大家都朝着一个固定的思维方向思考问题时,你却独自朝相反的方向思索,这样的思维方式就叫逆向思维。人们习惯于沿着事物发展的正方向去思考问题并寻求解决办法。其实,对于某些问题,尤其是一些特殊问题,从结论往回推,倒过来思考,从求解回到已知条件,反过去想或许会使问题简单化。分析法的思维层次显然高于综合法。

基本图形法用得好当然能够简化分析过程,缩短研究时间,但是对于基础不太扎实的学生来说最大的问题就在于:"在复杂的图中,为什么我看不出基本图形?"或者"为什么我想不到要这样添加辅助线?"这些问题集中在一起也往往就是初三复习课和试卷讲评课中比较突出的难点。如何分散难点呢? 无非是双管齐下,一方面在新授课时有意识地强化从复杂图形背景下抽取出基础图形的训练;另一方面就是在练习课中有意识地增强学生练习存在基础图形的复杂图形题目。坚持一段时间这样的练习一定能够帮助大多数学生增强图感。

从解决问题的切入点的基本方法上来说求解线段比例问题大致就是这三种方法,接下来谈一谈这些基本解题方法中蕴含的数学思想。将共线的线段比转换成相似比;将 $DB^2=DC \cdot DA$ 转化为比例式,从而将代数条件转化为两个三角形相似这一几何条件;将复杂图形中分离成基本图形等,无一不体现了化归的数学思想。此题还可以设某条线段为未知数,利用方程的数学思想通过解方程来解决线段比值的问题。

四、教学三思

再回味这节"求线段比"的小专题复习课,一个问题隐隐约约浮现在笔者的脑海中。针对两个小问题,面对基础不同的学生可以采用不同的提问作为帮助提升学生已有的数学思维品质新的切入点,那么还有没有其他对于提升学生思维品质有帮助的、行之有效的拓展呢?回答显然是肯定的。其实这个问题还可以进行变式训练。

(1) 如图 10,当 $CE=BC$ 时,求 $\dfrac{S_{\triangle BCD}}{S_{\triangle BEG}}$ 的值。

(2) 将题目的题干部分 $\angle ABC=90°$ 的这一条件删除,是否依然可以求出 $\dfrac{DC}{CA}$ 的值?为什么?如果不能,需要增补一个什么其他条件?

(3) 将 $\tan\angle BAC=\dfrac{1}{2}$ 这一条件换成 $\dfrac{BC}{AB}=\dfrac{1}{2}$,上述问题如何回答?

……

南宋诗人朱熹有诗云:"问渠哪得清如许,为有源头活水来。"想让数学课堂如水之清澈,就必须有源头活水不断注入;想要教师心灵澄明,就必须积极反思,时时补充新知;想让自己的数学教学充满活力,就必须多学习、善思考、勤钻研、常交流。从这节课的一个关于研究问题的切入点的片段中可以使自己得到启发,可以使自己得到进步。只有思想永远活跃,以开明宽阔的胸襟,接受种种不同的思想、鲜活的知识,虚心参加各级教研活动,方能才思不断,细水长流,将源源不断的生命力注入自己的三尺讲台!

教过了 教对了 教会了
——从一道压轴题浅谈初三复习课的育人功能

爱因斯坦说过这么一句话：当一个人把在学校里学到的东西全部忘掉之后，剩下来的才是教育。这和当下各大教育媒体倡导的"核心素养"与"学科育人"的部分观点不谋而合，从某种意义上来说这才是教育中最本质、最核心的内容。在现代课堂上我们要改变学生机械学习的状态，把知识硬塞给他们，反倒可能使他们噎着，我们应该考虑如何"结网捕鱼"，少做题，多思考。

一、教过了≠教对了≠教会了

"学了好像没有学，教了等于没有教"是困扰初三学生和数学教师的严重问题。在初三复习课中常常出现的画面是：讲台上教师画图示范，下面学生无所事事；讲台上教师慷慨激昂，下面学生昏昏欲睡；讲台上教师点名提问，下面学生一脸茫然；讲台上教师习题训练，下面学生兴趣索然……尤其是每次批考卷和讲评的时候，学生总是忐忑不安地等待成绩，数学教师却总是委屈加郁闷，明明讲评过、刚刚分析过，怎么学生还是不会做？这样的情况不胜枚举，给初三的数学教学带来极大的困惑感和深深的无力感。

办公室里总有老师嚷嚷："我都讲过了，他们再学不会不关我的事！""一模一样的题目，就是换了一个数字，又有这么多人出错！""怎么教都教不会！"

每当面对这样的场景，我的脑海中都会浮现出两种对"教学三境界"的不同描述。其一，山是山，水是水；山不是山，水不是水；山还是山，水还是水。其二，教过了，教对了，教会了。第一种描述侧重点是教，主要是教师的一种教学状态，关注点是知识的输出。第二种描述落脚点是学，关注点是学生，是知识的吸收和能力的提高。

"学然后知不足，教然后知困，知不足，然后能自反也；知困，然后能自强也，故曰：教学相长也。"教学是教师教和学生学所组成的一种双向活动，教学方法就是老师的教法和学生的学法在教学过程中的辩证统一体，教法与学法之间有着多维的、交叉的关系，现代教学研究的重心早已由关注"教法"转移到关注"学法"。

如何从"教法"的关注逐渐转型成"学法"的研究呢？接下来以2016年上海市静安区一模卷第25题为例探讨如何在压轴题的讲评复习课上不但能够讲清题目，复习相关数学知识，而且还能挖掘数学学科中的德育元素，发挥复习课的育人价值。

已知：在梯形 $ABCD$ 中，$AD \parallel BC$，$AC=BC=10$，$\cos\angle ACB = \dfrac{4}{5}$，点 E 在对角线 AC 上，且 $CE=AD$，BE 的延长线与射线 AD、射线 CD 分别相交于点 F、G。设 $AD=x$，$\triangle AEF$ 的面积为 y。

(1) 求证：$\angle DCA = \angle EBC$；

(2) 如图1，当点 G 在线段 CD 上时，求 y 关于 x 的函数解析式，并写出它的定义域；

(3) 如果 $\triangle DFG$ 是直角三角形，求 $\triangle AEF$ 的面积。

解：(1) 因为 $AD \parallel BC$，所以 $\angle DAC = \angle ECB$。又因为 $AD=CE$，$AC=CB$，所以 $\triangle DAC \cong \triangle ECB$。

所以 $\angle DCA = \angle EBC$。

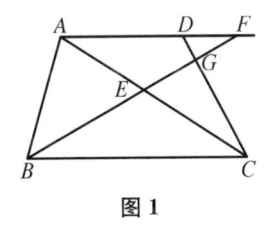

图1

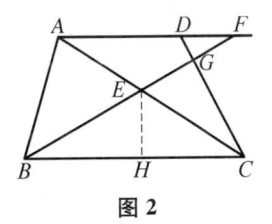

图2

(2) 如图2，过点 E 作 $EH \perp BC$，垂足为 H，$AE=AC-CE=10-x$。$CH = CE \cdot \cos\angle ACB = \dfrac{4}{5}x$，所以 $EH = \dfrac{3}{5}x$。

$S_{\triangle CBE} = \dfrac{1}{2} BC \cdot EH = \dfrac{1}{2} \times 10 \times \dfrac{3}{5}x = 3x$

因为 $AF \parallel BC$，所以 $\triangle AEF \sim \triangle CEB$，$\dfrac{S_{\triangle AEF}}{S_{\triangle CEB}} = \left(\dfrac{AE}{CE}\right)^2$，$\dfrac{y}{3x} = \dfrac{(10-x)^2}{x^2}$，$y = \dfrac{3x^2 - 60x + 300}{x}$。

定义域为 $0 < x \leqslant 5\sqrt{5} - 5$。

(3) 由于 $\angle DFG = \angle EBC < \angle ABC$，所以 $\angle DFG$ 不可能为直角。

① 如图3,当∠GDF=90°时,∠BCG=90°,由△GCE∽△GBC,可得∠GEC=90°,∠CEB=90°,可得 $BE=6$,$CE=8$,$AE=2$,$EF=\dfrac{3}{2}$,$S_{\triangle AEF}=\dfrac{3}{2}$。

② 如图4,当∠DGF=90°时,∠EGC=90°,由∠GCE=∠GBC,可得△GCE∽△GBC。

图3

图4

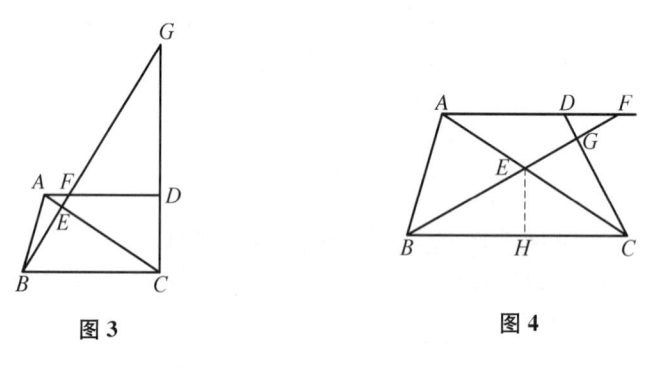

所以 $\tan\angle GBC=\dfrac{CG}{GB}=\dfrac{CE}{CB}=\dfrac{x}{10}$。

在直角三角形 EHB 中,$\tan\angle GBC=\dfrac{EH}{BH}=\dfrac{\dfrac{3}{5}x}{10-\dfrac{4}{5}x}=\dfrac{3x}{50-4x}$。

所以 $\dfrac{x}{10}=\dfrac{3x}{50-4x}$,解得 $x=0$(舍去),或 $x=5$。

所以 $S_{\triangle AEF}=\dfrac{3\times 5^2-60\times 5+300}{5}=15$。

综上所述,如果△DFG是直角三角形,△AEF的面积为15或$\dfrac{3}{2}$。

这是一道以相似三角形为主要考点的综合性压轴题,涉及的知识有平行线的判定、全等三角形的判定与性质、相似三角形的判定与性质、锐角三角函数定义等。利用分类讨论和数形结合的思想,熟练掌握相似三角形的判定与性质是解答本题的关键。

如果教师只是将此题按照题号顺序简简单单地一讲而过,那么学生也将是轻轻松松地一听而过。看似顺利完成了教学任务,但是将来再次遇见类似此题的题目,大部分原来不会分析问题的学生依旧不会!

二、如何才能"教会了"?

(一) 有效的课堂设计

什么叫教学? 施良方先生认为,教学就是教师引起、维持与促进学生学习的所有行为。有了教师,有了学生,有了教材,我们的教学在实际中未必真的发生了。如果没有"引起"学生"注意",那教学就根本不会发生;如果没有"维持",那么教学就不能持续下去;"引起"和"维持"不是目的,是为了"促进"学生的学习,学有所获。只有"引起""维持""促进"了学生的学习,教师的教学才真正发生,学生的学习才真正发生,教学才会有效果。

因此对于 2016 年上海市静安区一模卷第 25 题的第 3 问,学生中普遍存在着两种不同的解法,一是直接添加△AEF 的边 AF 上的高直接用三角形的面积公式求解,二是利用△AEF 和△BCE 两个三角形相似,利用三角形的面积比等于相似比的平方,通过计算△BCE 的面积来间接求解。设计例题讲评课时应该留些时间让学生自由发挥,各抒己见,从自己的想法落实到答题纸上的解法,从脑海中的思维转化成语言在黑板前表达出来,这样从不确定到确定,从陌生到熟悉,从被动接受到主动交流,不仅体现了现代教学观中的"以生为本,学为中心"的教学方式的变革,而且就"今天的学习方法就是明天的生活态度"这一观点培养学生积极参与主动投入的生活态度。一题多解,学生讲题的课堂设计中更能体现数学学科激发学生思维的多样性和解决问题的积极性等育人价值。

另外,因为初三的数学复习课具有时间紧、任务重、压力大等特点,所以科学有效的课堂设计显得尤为重要。初三数学复习课应该遵循"循环出现、螺旋上升、不断深化"和"由简到繁"的认知规律,应该结合艾宾浩斯遗忘曲线的特点,突出"精讲多练"的特点进行变式题组复习。基于常见变式训练的四种基本策略:一是条件变式(强化或弱化条件,改变条件);二是结论变式(目标变式,将结论进行变化);三是对称变式(条件和结论进行互换);四是锁链变式(利用前面一问的条件进行后面疑问的推导和应用)。在编制变式题组的过程中注意"序""度""势"和"量"的平衡,也就是说注意例题所涉及的数学知识在学习过程中的序列;题目难度的设置是否符合"由浅入深"的规律;学生在复习课的教学中最佳心理状态称为"势";一节复习课的学习内容的多少为"量"。

在设计关于 2016 年上海市静安区一模卷第 25 题讲评课的时候,观察原有题目的结构,已经具备了"序"和"度"两方面的考虑,那么课堂设计的后半部分就是关于"势"和"量"的研究。根据变式训练的第一种基本策略——条件变式,在茫茫题海中寻找出一道跟此题背景类似或者极为接近的题目并不难。2015 年上海市中考数学卷的第 25 题无论从题目所涉及的数学知识在学习过程中的序列,还是 3 个小问由浅入深的难度上来看,与 2016 年上海市静安区一模卷第 25 题都极为类似。

2015 年上海中考卷第 25 题 如图 5,已知 AB 是半圆 O 的直径,弦 $CD \parallel AB$,动点 P、Q 分别在线段 OC、CD 上,且 $DQ=OP$,AP 的延长线与射线 OQ 相交于点 E、与弦 CD 相交于点 F(点 F 与点 C、D 不重合),$AB = 20$,$\cos\angle AOC = \dfrac{4}{5}$。设 $OP = x$,$\triangle CPF$ 的面积为 y。

(1) 求证:$AP = OQ$;
(2) 求 y 关于 x 的函数解析式,并写出它的定义域;
(3) 当 $\triangle OPE$ 是直角三角形时,求线段 OP 的长。

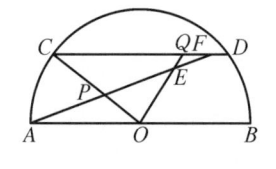

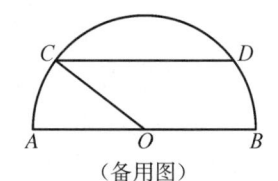

(备用图)

图 5

(二)有效的辅助训练

课堂教学要有效,但要学生在分析问题、研究问题的过程中逐渐从听懂到会做,必须经过多次训练才能把知识转化为能力,达到"会"的目的。"会"是一种能力。凡数学解题能力,都是在反复的数学思考和感悟中形成的,不是教师"教过"学生就一定会的,也不是听过一遍然后随便一练就可以奏效的。那么什么时候练?怎样练呢?练什么?

就拿 2016 年上海市静安区一模卷第 25 题为例,解题的关键点在于通过添加高使得任意三角形转化为直角三角形,综合已知条件中的锐角三角比和勾股定理等元素研究问题分析问题。对于学习困难学生仅仅在课堂上听一遍,12 小时后脑海中留下的印象不多。但是在试卷讲评课的课堂设计一道类似的有序有度的题目,不仅可以让学生现学现用,模仿添加类似刚刚学习到的辅助线,可以帮助学生复习相似三角形的性质等相关数学知识,再次领悟和体会由于图形存在不确定性所造成的分类讨论的必要性。

因此,在讲解一道压轴题之后,当堂练习一道知识点类似或添加辅助线的方法类似的类题或题组是提高复习课教学有效性的重要步骤。

2015年上海市中考卷第25题第1问与2016年静安区一模卷第25题类似,都是通过全等三角形的判定定理证明两个三角形来实现的,但是上海市中考卷第25题在证明难度上略高一点,需要引导学生连接半径OD,利用"同圆的半径相等"作为证明条件。

对于第2问要求△CPF的面积,可以先求△APO的面积。因为这两个三角形是相似的关系,再利用面积比等于相似比的平方即可得出答案。该问中的定义域的求解是难点,需要教师再次引导学生考虑两种临界情况,当点F与点D重合时,以及当点P与点C重合时,才能顺利得出正确的定义域。

解答第3问则需要分类讨论,分3种情况,分别讨论△OPE的三个角为直角的情况。讨论下来会发现:① $\angle PEO$是定值,不可能是直角;② $\angle POE$是直角时,可求得$OP=3.5$,不符合第2问中的定义域;③ $\angle OPE$是直角时,可求得$OP=8$,符合题意。这道题只有一个解。但事实上当年参加中考的很多考生没有把$OP=3.5$这个解舍掉,究其原因,还是因为第2问中的定义域不会求或不确定。所以在课堂复习教学中教师应当在第2问中将自变量x的取值范围进行极端化的几何画板模拟试验,在第3问中进一步强化临界值的求解,强化学生解题的检验意识,强化解体之后的反思作用。

老子有云:"多则惑,少则得。"一节课只有宝贵的40分钟,不可能将中考所需要复习的每个知识点都复习到面面俱到。本着"伤其十指不如断其一指"的原则,在每节试卷讲评课或习题课在兼顾数学知识点复习的同时要有主题的进行目标明确的教学活动。例如上面两道题较为明确的复习重点是全等三角形的证明和直角三角形的分类讨论。

为了保证数学复习教学中,有"目标"也能"达标"的教师应当在教学中引导学生进行有指导性的"练"。

(三) 有效的课后作业

数学课后作业的科学合理的布置,能够帮助在有效巩固学生学习知识以及熟练各种数学基本技能的同时,促使教师更为全面地掌握学生学习状况,及时发现存在问题,为后期的补救教学提供素材。但是令学生望而生厌、望而生畏的练习册和试卷应该废止,大量机械、重复的作业应该废止!其实一个人对于数学问题思考得多了,数学阅读能力提高了、数学表达能力增强了,几何图形的图感扎实了,数学思维能力就会有所提高,许多问题可以迎刃而解,解题能力的提高也就水到渠成。

还是以 2016 年上海市静安区一模卷第 25 题为例,整个区初三学生得分最低的是第 3 问。因为分类讨论数学思想是近年来大考必定出现的数学思想,然而这一思想的夯实只依靠轻描淡写一带而过肯定无法起到良好的教学效果。那么除了补充 2015 年上海市中考卷第 25 题与之呼应,串成锁链式题组进行教学设计,在课堂上强调说明两道题目的共同点和类似题目的解题策略,精心筹备课后作业也是提高课堂效率不可或缺的一个重要环节。设计的问题如下:

(1) 求证:$AP=OQ$;

(2) 求 y 关于 x 的函数解析式,并写出它的定义域;

(3) 当 $\triangle OPE$ 是直角三角形时,求线段 OP 的长;

(4) 当 $\triangle OPF$ 是直角三角形时,求线段 OP 的长;

(5) 当 $\triangle OPE$ 是等腰三角形时,求线段 OP 的长。

就第 4 问来看,看似只有追加了小小一问,但是这一问从结构上来说和第 3 问类似,从计算量上来讲也不太大,更重要的是切合这节讲评课的实际情况,能够增加学生对于"直角三角形"进行的分类讨论,所以作为课后作业布置下去不仅符合"增效减负"的精神,而且能够帮助提高学生数学思维能力的提高。

如果说第 4 问是对于直角三角形的分类讨论进行纵深的挖掘,那么补充的课后练习还可以从横度上进行考虑。初中数学思想中的分类讨论在三角形的部分常见于直角三角形和等腰三角形两种,所以课后作业补充第 5 问是维度上的丰满,是分类讨论的数学思想的继续升华。

这样布置的作业不仅能够体现课堂教学和课后作业的关联度,而且能够将复习课激发的学生思考发展延伸到课外,使得学生思维更加持久专注。

三、结束语

课堂上"以学生为主体,教师为主导",教师的主导作用不是为了使"教"始终保持矛盾的主要方面,而是千方百计地创造条件,把矛盾的主要方面由"教"和"教法"转化为学生的"学"和"学法",使学生能"自为研索、自求解决"。在教学过程中,尤其是初三的阶段复习课、综合复习课和试卷讲评课上,重视教学方法的有趣和有效,教学用语的简洁和温馨,坚持"启发式"和"讨论式",以问题作为教学的出发点,动脑筋多设计、提出适合学生数学思维发展水平的、具有一定探究性的问题,从单一的"就题论题"的讲题模式,逐渐转变成"以题论法"的研究模式,最终达到"以题论道"的育人以无形的高级境界。创设问题情景,尤其是创设和改变在数学领域内的数学问题的应用情景,使学生面对适度的困难,开展尝试和探究,让学生经历"再发现"和"再创造"的过程。就能够达到叶圣陶先生所说的:"教任何一门课程,最终目的都在于达到不需要教。假如学生进入这一境界,能够自己去探索,自己去辨析,自己去历练,从而获得正确的知识和熟练的能力,岂不是就不需要教了吗?"

通过精心筹划综合题的教学设计,抓住课堂上学生思维的闪光点,增强师生交流和生生对话,突出数学知识的综合性、分析过程的探究性、归纳结论的多样性等教学特征,在每一节复习课上不仅"教书"更加"育人"。让数学教学不再是背不动的书包,而是带得走的能力,更是看得见的美好未来!

参考文献

[1] 任念兵."瞻前顾后":结构化处理教学内容[J].数学教学,2016(11):6-9.
[2] 孙琪斌,范宏业,高道才.有痕设计无痕育人[J].江苏教育中学教学,2017(2):25-28.

强调反思解释　优化学习品质

复习是课堂教学的重要阶段,尤其是数学复习课对于深入理解知识,提炼数学思想,优化解题策略,提高综合能力具有关键作用。但是复习课的教学设计又因为各种原因,要么定位模糊,要么组织不当,要么方法单一,要么针对性不强,甚至有固定套路,即概念、定理回忆、例题精讲、练习、测试反馈,这样的课堂会让学生感到枯燥无味从而影响复习效率。

数学学习的过程是学生独立思考的过程,是学生反复练习的过程,是学生领悟思想的过程。而这一切都建立在学生良好的数学学习品质的基础上。在开展数学学科核心素养的研究过程中,我们主要就好奇与兴趣、专注与坚持、想象与创造、反思与解释等品质入手对各种课型进行教学设计(如图1)。[1]如果说好奇与兴趣、专注与坚持、想象与创造更能够在新授课上大放光彩,那么在复习课的设计中就需要更加重视学生反思与解释的教学过程。接下来以2018年长沙市中考数学卷的第25题为载体谈一谈在复习课的课堂设计中如何引导学生关注反思与解释。

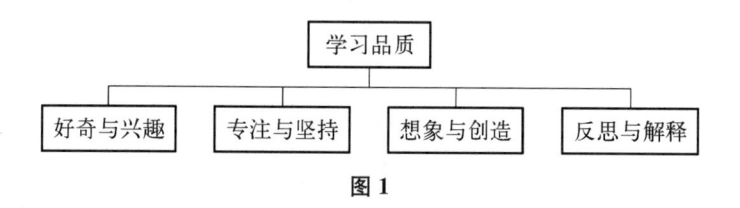

图1

一、试题呈现

如图2,在平面直角坐标系 xOy 中,函数 $y=\dfrac{m}{x}$(m 为常数,$m>1$,$x>0$)的图像经过点 $P(m,1)$ 和 $Q(1,m)$,直线 PQ 与 x 轴,y 轴分别交于 C、D 两点,点 $M(x,y)$ 是该函数图像上的一个动点,过点 M 分别作 x 轴和 y 轴的垂

线，垂足分别为 A、B。

(1) 求 $\angle OCD$ 的度数；

(2) 当 $m=3$，$1<x<3$ 时，存在点 M 使得 $\triangle OPM \backsim \triangle OCP$，求此时点 M 的坐标；

(3) 当 $m=5$ 时，矩形 $OAMB$ 与 $\triangle OPQ$ 的重叠部分的面积能否等于 4.1？请说明你的理由。

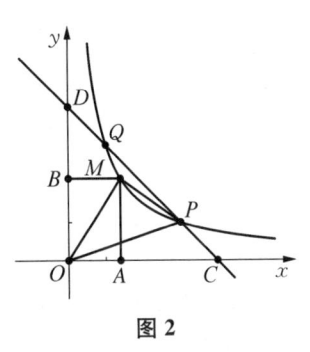

图 2

二、一题多解

本题的第 1 问证明 $OC=OD$ 即可解决问题，解法在此处不做详细说明；第 3 问也不在此讨论，本文重点放在第 2 问的解答上。

解法一：如图 3，当 $m=3$ 时，$y=\dfrac{3}{x}$，$P(3, 1)$，$Q(1, 3)$，$OP=\sqrt{10}$，直线 PQ 的解析式是 $y=-x+4$，则 $C(4, 0)$。

不妨设 $M\left(a, \dfrac{3}{a}\right)(a>0)$，$OM=\sqrt{a^2+\dfrac{9}{a^2}}$，因为 $\triangle OPM \backsim \triangle OCP$，所以 $\dfrac{OP}{OC}=\dfrac{OM}{OP}=\dfrac{PM}{CP}$，

$OP^2=OC \cdot OM$，$10=4\sqrt{a^2+\dfrac{9}{a^2}}$。

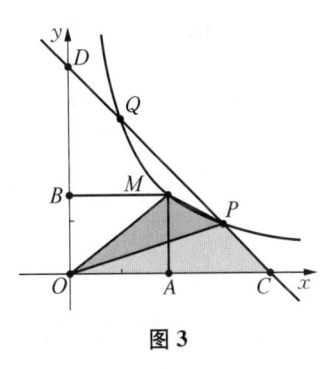

图 3

所以 $4a^4-25a^2+36=0$，因式分解得 $(4a^2-9)(a^2-4)=0$，所以 $a=\pm\dfrac{3}{2}$，$a=\pm 2$。

因为 $1<a<3$，所以 $a=\dfrac{3}{2}$ 或 2。

检验：

当 $a=\dfrac{3}{2}$ 时，$M\left(\dfrac{3}{2}, 2\right)$，$PM=\dfrac{\sqrt{13}}{2}$，$CP=\sqrt{2}$，$\dfrac{PM}{CP}=\dfrac{\sqrt{13}}{2\sqrt{2}}\neq \dfrac{\sqrt{10}}{4}$（舍弃）。

当 $a=2$ 时，$M\left(2, \dfrac{3}{2}\right)$，$PM=\dfrac{\sqrt{5}}{2}$，$CP=\sqrt{2}$，$\dfrac{PM}{CP}=\dfrac{\sqrt{5}}{2\sqrt{2}}=\dfrac{\sqrt{10}}{4}$，成立，所以 $M\left(2, \dfrac{3}{2}\right)$。

解法二：如图4，在△OCP中，∠PCO=45°，∠OPC>90°，而∠MOP<90°，∠MPO<90°，只能∠OMP=∠OPC，若∠MOP=45°，则∠OMP<90°与∠OMP>90°矛盾，故舍，因此∠MPO=45°。

因为△OPM∽△OCP，所以∠MOP=∠POC，也就是说∠MOC=2∠POC。

在△OCP中过点P作PH⊥OC于点H，因为P(3,1)，C(4,0)，所以PH=CH=1，OH=3，$\tan\angle POH=\dfrac{PH}{OH}=\dfrac{1}{3}$，$\tan\angle MOC=\tan2\angle POH=\dfrac{2\times\dfrac{1}{3}}{1-\dfrac{1}{9}}=\dfrac{3}{4}$。

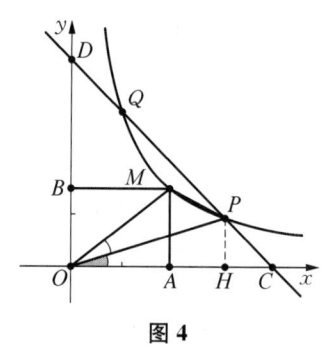

又因为$M\left(a,\dfrac{3}{a}\right)$，$\tan\angle MOC=\dfrac{MA}{OA}$，所以$\dfrac{\dfrac{3}{a}}{a}=\dfrac{3}{4}$，$a=\pm2$（舍负取正），$M\left(2,\dfrac{3}{2}\right)$。

解法三：如图5，因为△OPM∽△OCP，所以∠MOP=∠POC，也就是说∠MOC=2∠POC。

在△OCP中过点P作PH⊥OC于点H，作PO的中垂线FN，交OP于点N，交OH于点F，连接PF。

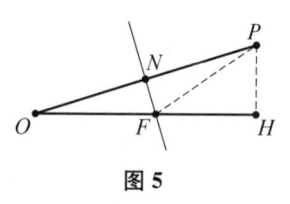

因为P(3,1)，C(4,0)，所以PH=CH=1，OH=3。设FH=x，则OF=FP=3-x。

在直角三角形PFH中，$FH^2+PH^2=PF^2$，所以$x^2+1=(3-x)^2$，解得$x=\dfrac{4}{3}$。

$\tan\angle PFH=\dfrac{PH}{FH}=\dfrac{3}{4}$。

又因为$M\left(a,\dfrac{3}{a}\right)$，$\tan\angle MOC=\dfrac{MA}{OA}$，所以$\dfrac{\dfrac{3}{a}}{a}=\dfrac{3}{4}$，$a=\pm2$（舍负取正）。

所以 $M\left(2, \dfrac{3}{2}\right)$。

解法四：由第 1 问的解答可知 $OD=OC=4$，所以 $\angle ODC=\angle OCD=45°$，如图 6，于是不妨将 $\triangle OPC$ 绕着原点 O 逆时针方向旋转 $90°$，那么 C 点与 D 点重合，P 的对应点是 P'，连接 PP'，直线 PP' 和双曲线的交点就是点 M。

因为 $P(3,1)$，$P'(-1,3)$，所以 $l_{PP'}$ 的解析式为 $y=-\dfrac{1}{2}x+\dfrac{5}{2}$，得

$$\begin{cases} y=-\dfrac{1}{2}x+\dfrac{5}{2} \\ y=\dfrac{3}{x} \end{cases}$$

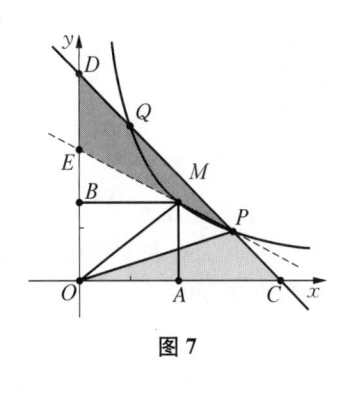

整理可得 $x^2-5x+6=0$，$x_1=2$，$x_2=3$（舍），所以 $M\left(2,\dfrac{3}{2}\right)$。

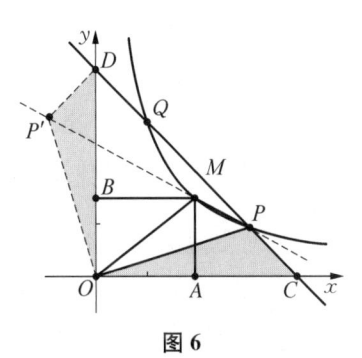

图 6

解法五：如图 7，连接 PM 并延长交 y 轴于点 E，由解法二可知 $\angle MPO=\angle OCD=\angle ODC=45°$，又因为 $\angle DPE+\angle EPO=\angle OCP+\angle POC$，所以 $\angle DPE=\angle POC$，$\triangle DEP \backsim \triangle CPO$，$\dfrac{DE}{PC}=\dfrac{PD}{OC}$。

又因为 $OC=OD=4$，$C(4,0)$，$P(3,1)$，所以 $CD=4\sqrt{2}$，$CP=\sqrt{2}$，$DP=3\sqrt{2}$，$\dfrac{DE}{3\sqrt{2}}=\dfrac{\sqrt{2}}{4}$，$DE=\dfrac{3}{2}$，$E\left(0,\dfrac{5}{2}\right)$，$l_{PE}$：$y=-\dfrac{1}{2}x+\dfrac{5}{2}$，

$$\begin{cases} y=-\dfrac{1}{2}x+\dfrac{5}{2} \\ y=\dfrac{3}{x} \end{cases}$$

图 7

整理可得 $x^2-5x+6=0$，$x_1=2$，$x_2=3$（舍），所以 $M\left(2,\dfrac{3}{2}\right)$。

解法六：如图 8，因为 $\triangle OPM \backsim \triangle OCP$，所以 $\angle MOP=\angle POC$，$\angle MPO=\angle PCO=45°$，将点 M 沿着 OP 进行翻折，对应点 M' 一定在 x 轴上，过点 P 作 $EH \parallel y$ 轴，交 x 轴于点 H，交 BM 延长线于点 E。

35

因为 $OM=OM'$，$\angle MOP=\angle POC$，$OP=OP$，所以 $\triangle OMP \cong \triangle OM'P$，$MP=M'P$。

又因为 $\angle MPM'=\angle E=\angle OHE=90°$，所以 $\triangle EMP \cong \triangle HPM'$，$ME=PH=1$。

设 $M\left(a,\dfrac{3}{a}\right)(a>0)$，则 $ME=3-a=1$，所以 $a=2$，$M\left(2,\dfrac{3}{2}\right)$。

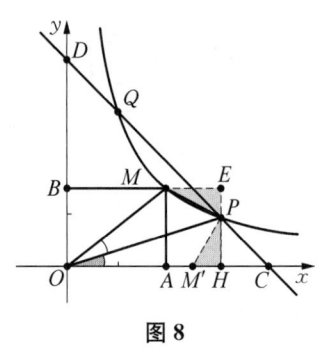

图8

三、反思交流，优化学习品质

针对复习课效率不高的现状，许多数学教师已经意识到通过精心设计教学来提高课堂教学效率，于是一题多解、一题多变和一法多用的复习课的三部曲奏响了复习课的主旋律。如果说一题多变引发学生的好奇与兴趣，一题多解促使学生的想象和创造，一法多用训练学生的专注与坚持，那么如何引导学生进行反思检验，对已经得到的答案进行合理解释，从而进一步优化学习品质就更加值得我们深思和研究了。

（一）反思促进概念理解

在复习课的解题教学过程中教师引导学生积极反思为什么有的解法需要检验，有的解法不需要，为什么各种解法的检验方法又各不相同？事实上对解题结果的反思就是对解题方法的反思，而对解题方法的反思归根结底就是对数学概念的反思。

数学概念一般是以准确而精炼的数学语言运用定义的形式给出的，具有高度的抽象性、严密的精确性和广泛的应用性，是学生进行数学思维的核心。由于课时安排和学情限制，概念形成多数是孤立的，绝对的。也就是说尽管数学概念无法一次成型，但是日常教学中还是存在大量以"计算"代替"推理"的现象。

以上题的解法一为例，大量考生在中考考场上能够根据第2问中的条件"$\triangle OPM \backsim \triangle OCP$"直接列出等式 $\dfrac{OP}{OC}=\dfrac{OM}{OP}=\dfrac{PM}{CP}$，但是其中很多人没有求出点 M 的坐标，还有部分考生求出 a 的值没有带入 $\dfrac{OP}{OC}=\dfrac{PM}{CP}$ 检验并舍去。针对这一现象，需要教师在方程和方程组的概念教学时多问学生几个"为什么？"

进而提出反思性学习提纲：(1)研究的条件是什么？(2)研究的对象是什么？(3)方程和方程组的区别和联系是什么？(4)解方程组的实质是什么？经过反思深化学生对初中数学教材中方程和方程组的理解，并在头脑中对解方程组形成较完整的流程，深化学生对方程组的知识建构。

对概念要全面准确理解其内涵和外延，才能达到理解、掌握、灵活应用之目的。学习数学不能仅仅停留在"知其然"的层面上，更重要的是还能"知其所以然"。因此，教师不仅要引导学生对解题结果进行检验，还要培养学生熟练选择恰当的检验方法，促使学生理解检验的必要性和合理性。教师重视引导学生对类似的概念之间不同结构与本质区别的反思，使学生深刻地理解相关概念形成的背景、条件、过程、作用以及延续。通过反思本题中的检验方程的解的合理性，对于增根的成因分析，如何正确对待方程根的检验问题等都能优化学生的学习品质。

（二）反思完善解题策略

数学家波利亚在《怎样解题》中将数学解题划分为四个阶段：弄清问题—拟定计划—实现计划—回顾。其中回顾就是解题后的反思，它是解题思维过程中的深化和提高。解题过程的反思，实际上是解题学习的信息反馈调控阶段，通过反思，有利于学生深层次的建构。

在反思环节中学生不难发现各种解题方法的切入点虽然不同，但是后阶段基本都是通过方程求解点 M 的横坐标，而对于解出的不同答案除了最后一种解法，其他解法都存在一个检验根的合理性的环节。为什么这道题目的解答方法都离不开检验呢？

反思各种解法产生的不同答案，我们发现解法二和解法三中对 M 点横坐标的检验是由于点 M 在反比例函数在第一象限的位置约束所决定下必须舍负取正，解法四和解法五都是让学生思考为什么可用交轨法求 M 点坐标，理由在于 M 点按题设要求应在 $45°$ 角的一边上，在区间范围内直线与双曲线只有一个交点。解法六中让学生反思"扶正拉平"的构造辅助线构造"一线三直角"的常见模型的方法，解法六列出的是一元一次方程，只有一个根，无须检验。那么为什么解法一的检验方式和其他解法的检验形式不一样？为什么需要检验？又应该如何解释呢？

根据 $\triangle OPM$ 和 $\triangle OCP$ 相似，得到一组等式

$$\frac{OP}{OC} = \frac{OM}{OP} = \frac{PM}{CP}$$

而这组等式的实质是一个方程组

$$\begin{cases} \dfrac{OP}{OC} = \dfrac{OM}{OP} & ① \\ \dfrac{OM}{OP} = \dfrac{PM}{CP} & ② \end{cases}$$

为了简化计算过程，降低计算难度，解法一中先选择方程①进行变形得到 $OP^2 = OC \cdot OM$，然后将用 a 表示的线段带入得到方程 $10 = 4\sqrt{a^2 + \dfrac{9}{a^2}}$，那么求解出 a 的值应该是方程①的解，并不一定是方程组的解，想要成为方程组的解还必须满足方程②。因此解法一的检验环节与其说是检验不如说是继续解方程组更为恰当。也就是说，从方程组弱化成方程①的过程中，解的范围扩大了，通过方程②的检验才能得到原方程组的解。

通常情况下的方程组是按照图9的流程解答，而这道题目的解法一为优化算法选用图10的流程来解答，检验就显得至关重要、不可或缺。

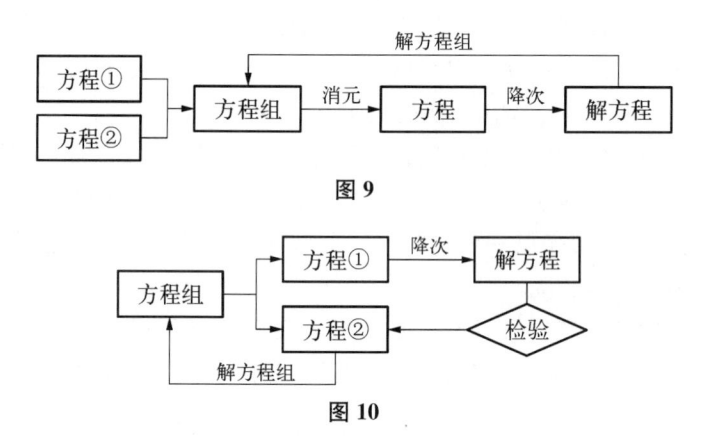

图 9

图 10

反思过程中，通过列出每一种解法的思维流程图、清楚每一种解法的数学本质、明确每一种解法的解题要点等措施，引导学生对整体解法的反思。这样做有利于学生把握解题的整体思想，能够避免解题一开始就进入死胡同的境地，从而避免出现"不识庐山真面目"的现象，或者"只见树木，不见森林"等常见错误。

（三）反思落实核心素养

注重反思和解释就是注重引导学生发现问题、提出问题与分析解决问题。

在基于数学核心素养的教学中,这应当是教师关注的重点。学生面对解题的多种方法,在教师引导下进行现象观察、提出问题、表达交流等,不仅经历了数学概念的形成过程,数学规律的发现过程,以及数学问题的解决过程,而且积累了数学活动经验,感悟到数学思想方法,切实体验严谨求实的科学态度和探究真理的科学精神。

以解法三为例,学生在反思过程中感受到转化的数学思想的精妙,体验到方程思想的作用,形成在具体的解题过程中理解数学思想的学习习惯。学生在各种解法中对解法三的精彩津津乐道,部分学生认为有三个精彩之处:一是图形的构造法,通过作 PO 的中垂线 NF 并连接 PF,构造直角三角形 PFH,将线段 OF 转移成为直角三角形 PFH 的斜边。二是数形结合,在图形构造的基础上,根据图形中出现的辅助线的特殊位置,随之产生了一些特殊的数量关系。从边上分析根据直角三角形 PFH,可以运用勾股定理得到三边的数量关系,从角上分析根据三角形外角定理等可以得到 $\angle PFH = \angle POF + \angle FPO = 2\angle POF$。三是方程思想,$\angle POM = \angle POF$,$\tan\angle MOC = \tan 2\angle POM = \tan\angle PFH$,从而得 $\dfrac{\frac{3}{a}}{a} = \dfrac{3}{4}$。通过设元,寻找等量关系等一系列过程,建立方程,通过解方程来解决问题。甚至于在课堂上有一位学生当场总结出了"退倍进半"的结论,他说:"作 PO 的中垂线 NF 并连接 PF,$\angle PFH = 2\angle POF$,不就是向后退一步得到已知角的两倍,我还可以反过来看这个图,即点 O 也可以看成以点 F 为圆心的圆与 HF 的延长线的交点,不就是向前走一步就得到一半的已知角吗?"在这个过程中这位学生至少经历了两次抽象,第一次是从具体问题情境抽象出具有两倍已知角的几何图形的过程,第二次是将辅助线和原三角形中的相关线段进行换位思考,抽象出一半已知角的几何图形。这两次抽象的过程不仅充分发展了直观想象,而且体现了数学思维的互逆性和多向性。

通过对于解法三的反思,就能够在规律小结中培养学生的直观素养,在方法研究中提升学生的转化能力,在抽象归纳中强化学生的模型意识,另外明确由位置关系的变化产生数量关系变化的过程和解方程的过程都在培养学生的运算素养,润物细无声地优化学生的学习品质。

古代思想家荀况在《劝学》中说:"君子博学而日参省乎己,则知明而行无过矣。"学习中的反思如同生物体消化食物和吸收养分一样重要。学生的反思性学习与教师反思性教学相统一,它是学习中不可缺少的重要环节。反思与解释是数学学习心理品质的一项重要研究内容。[2]反思性学习不但能维持学生学习活动的正常进行,更能强化学生学习的动力,增强学生克服学习困难的毅力,使学习到的知识内化,也是构建师生互动机制及学生学习的新方式。学会反思和解释是数学学科核心素养的需要,也是培养学生学习习惯的良方,更是优化学生学习品质的重要方面。

参考文献

[1] 胡素芬.关注数学课堂设计,优化学生心理品质[J].中学数学教学参考(中旬),2018(4):43-45.

[2] 孙琪斌."多边形的内角和"的教学预设与课后反思[J].中国数学教育(初中),2017(7-8):6-9.

上好压轴题的复习课之我见

数学是一门研究数量关系和空间形式的科学，具有严密的符号体系，独特的公式结构，形象的图像语言。相比小学数学而言，初中数学教材结构的逻辑性、系统性更强。由于数学的"高冷"特征，现在部分学校的数学课堂教学，尤其是初三的复习课可能存在一些问题：将大部分复习课变成了练习课，将"精讲多练"变成"对对答案"，将"先练后讲"变成"只练不讲"；将活生生的教学对象变成了"刷题机"，一味强调解题的正确率和速度，不进行学法指导和错因分析；试卷讲评课上教师讲得多，学生反思得少；试题做得多，归纳得少；代数几何分割得多，有机结合得少；等等。

如何才能上一节高质量的复习课？笔者认为，为了避免学生困于题海，苦不堪言，惨不忍睹，需要教师主动跳入题海，积极拾贝，串成项链。

笔者在近几年上海市各区的一模、二模和中考卷中发现这些试卷的压轴题中有一些很有意思的现象：压轴题也是一个小社会，有的压轴题之间存在血缘关系，不是兄弟就是姐妹；有的压轴题之间有亲戚关系，具有相同的背景；有的压轴题之间是朋友关系，看似没有联系但是解题的关键点是相同的或者相似的。

一、具有"近亲关系"的压轴题

让我们把 2015 年上海市虹口区一模卷和 2010 年上海市徐汇区一模卷的压轴题放在一起来比较研究。

2015 年上海市虹口区一模卷第 25 题 如图 1，在等腰梯形 $ABCD$ 中，$AD \parallel BC$，$AB=CD$，$AD=6$，$BC=24$，点 P 在边 BC 上，$BP=8$，点 E 在边 AB 上，点 F 在边 CD 上，且 $\angle EPF=\angle B$。过点 F 作 $FG \perp PE$ 交线段 PE 于点 G，设 $BE=x$，$FG=y$。

(1) 求 AB 的长；

(2) 当 $EP \perp BC$ 时，求 y 的值；

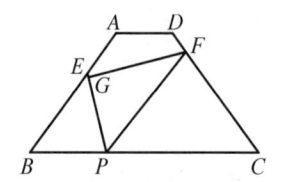

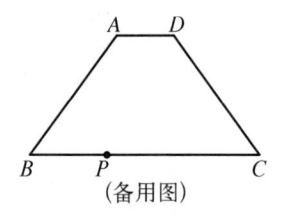

图1

(备用图)

(3) 求 y 与 x 的函数关系式,并写出 x 的取值范围。

解:(1) 分别过点 A、点 D 作 $AM \perp BC$,$DN \perp BC$,垂足分别为点 M、N,可得 $BM = CN = 9$,由 $\sin B = \dfrac{4}{5}$ 可得 $\cos B = \dfrac{3}{5}$。

在直角三角形 ABM 中,$AB = \dfrac{BM}{\cos B} = 15$。

(2) 在等腰梯形 $ABCD$ 中,$AB = CD$,所以 $\angle C = \angle B$。

因为 $\angle CPF + \angle EPF = \angle BEP + \angle B$,$\angle EPF = \angle B$,所以 $\angle CPF = \angle BEP$,$\triangle CPF \backsim \triangle BEP$,$\angle BPE = \angle CFP$。

因为 $PE \perp BC$,所以 $\angle CFP = \angle BPE = 90°$。

在直角三角形 CPF 中,$PF = CP \cdot \sin C = 16 \times \dfrac{4}{5} = \dfrac{64}{5}$。

在直角三角形 PFG 中,$FG = PF \cdot \sin \angle EPF = \dfrac{64}{5} \times \dfrac{4}{5} = \dfrac{256}{25}$。

(3) 过点 E 作 $EH \perp BC$,垂足为点 H。

在直角三角形 BEH 中,$EH = BE \cdot \sin B = \dfrac{4}{5}x$,$BH = BE \cdot \cos B = \dfrac{3}{5}x$。

在直角三角形 PEH 中,$EP = \sqrt{EH^2 + PH^2} = \sqrt{\left(\dfrac{4}{5}x\right)^2 + \left(\dfrac{3}{5}x - 8\right)^2}$。

因为 $\triangle CPF \backsim \triangle BEP$,所以 $\dfrac{BE}{CP} = \dfrac{EP}{PF}$

$$\dfrac{x}{16} = \dfrac{\sqrt{\left(\dfrac{4}{5}x\right)^2 + \left(\dfrac{3}{5}x - 8\right)^2}}{PF}$$

$$PF = \dfrac{16\sqrt{\left(\dfrac{4}{5}x\right)^2 + \left(\dfrac{3}{5}x - 8\right)^2}}{x}$$

在直角三角形 PFG 中，

$$FG = PF \cdot \sin\angle FPG = \frac{16\sqrt{\left(\frac{4}{5}x\right)^2 + \left(\frac{3}{5}x - 8\right)^2}}{x} \times \frac{4}{5}。所以$$

$$y = \frac{64\sqrt{25x^2 - 240x + 1600}}{25x} \left(\frac{48}{5} \leqslant x \leqslant 15\right)$$

2010 年上海市徐汇区一模卷第 25 题 如图 2，等腰梯形 ABCD 中，AD ∥ BC，AB=DC=5，AD=2，BC=8，∠MEN=∠B。∠MEN 的顶点 E 在边 BC 上移动，一条边始终经过点 A，另一边与 CD 交于点 F，连接 AF。

(1) 设 BE = x，DF = y，试建立 y 关于 x 的函数关系式，并写出函数定义域；

(2) 若 △AEF 为等腰三角形，求出 BE 的长。

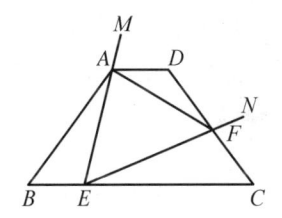

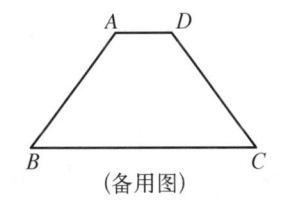

图 2

解：(1) 因为 AB=DC=5，所以 ∠B=∠C。∠AEC=∠B+∠BAE=∠AEF+∠FEC。

因为 ∠AEF=∠B，所以 ∠BAE=∠FEC，△ABE ∽ △FEC，$\frac{AB}{BE} = \frac{EC}{FC}$，即 $\frac{5}{x} = \frac{8-x}{5-y}$。

所以 $y = \frac{1}{5}(x^2 - 8x + 25)(0 \leqslant x \leqslant 8)$。

(2) 分别过点 A、D 作 AG、DH 垂直于 BC 分别交于点 G、H 可推得 $\cos\angle B = \frac{3}{5}$。

若 AE=AF，过点 A 作 AG⊥EF，则有 $\cos\angle AEF = \frac{EG}{AE} = \cos\angle B = \frac{3}{5}$，

即 $\dfrac{EF}{AE}=\dfrac{6}{5}$。

因为 $\triangle ABE \backsim \triangle ECF$，所以 $\dfrac{AB}{EC}=\dfrac{5}{6}$ 即 $\dfrac{5}{8-x}=\dfrac{5}{6}$ 解得 $x=2$。

若 $AF=FE$，同理有 $\dfrac{5}{8-x}=\dfrac{6}{5}$，解得 $x=\dfrac{23}{6}$。

若 $AE=EF$，同理有 $5=8-x$，解得 $x=3$。

因为 $x=2,3,\dfrac{23}{6}$ 皆在 $0\leqslant x\leqslant 8$ 内，所以当 $x=2,3,\dfrac{23}{6}$ 时，$\triangle AEF$ 为等腰三角形。

对比这两道压轴题的题目图形和解法，我们很容易发现两者间有着密不可分的"近亲关系"，原因有以下三个方面。

1. 图形背景一样，都是等腰梯形。小学高年级学生已经初步具有了梯形的概念，包括它的面积计算；初中几何教学中的梯形，往往是把它分割成平行四边形和三角形来研究的，而等腰梯形常见辅助线是经过较短底边的两个端点向较长底边作双高，将等腰梯形分割成两个直角三角形和一个矩形。两道压轴题不仅提供的背景都是等腰梯形，而且分割后的三角形都是"勾三股四弦五"的直角三角形，这为题目的后续研究铺平了道路。

2. 无论从题目给出的图形上来看，还是"虹口区的 $\angle EPF=\angle B$"和"徐汇区的 $\angle MEN=\angle B$"，我们都能找到"一线三角"的基础几何图形。这将加快学生判断三角形相似的速度，从而使得学生较顺利地利用相似三角形得到对应线段成比例，再根据比例式求线段的长度或者找到自变量和函数之间的关系。

3. 由"一线三角"的基础几何图形不仅产生了左右两个相似的三角形，虹口区和徐汇区的压轴题中都对于夹在两个相似三角形中的三角形做了一点点小文章。这两道题目提问方面不一样的是：虹口区是"过点 F 作 $FG \perp PE$ 交线段 PE 于点 G"构成直角三角形 PFG，徐汇区是将 $\triangle AEF$ 拿出来进行等腰三角形的分类讨论。而这两种问题的设置方法都是我们常见的由动点产生直角三角形或等腰三角形的常规问题。

基于以上三点分析我们可以得出结论：这两道压轴题具有密切的血缘关系。那么在上述压轴题试卷讲评课的时候，教师讲评完虹口区试卷的压轴题之后不妨补充课堂练习徐汇区的这道压轴题，这样等腰梯形的常见辅助线、一线三角的几何基础图形、等腰三角形的分类讨论等解题切入点应该会在学生脑海中留下深刻的印象。这样的复习课设计不失为改善初三数学疲态课堂的一剂良药。

二、具有相同背景的压轴题

以下将以 2008 年上海市虹口区一模卷第 24 题和 2015 年上海市金山区二模卷第 15 题为例研究压轴题的背景。

2008 年上海市虹口区一模卷第 24 题 如图 3,矩形 $EFGD$ 的边 EF 在 $\triangle ABC$ 的 BC 边上,顶点 D、G 分别在边 AB、AC 上。已知 $AB=AC=5$,$BC=6$,设 $BE=x$,$S_{矩形EFGD}=y$。

(1) 求 y 关于 x 的函数解析式,并写出自变量 x 的取值范围;

(2) 连接 EG,当 $\triangle GEC$ 为等腰三角形时,求 y 的值。

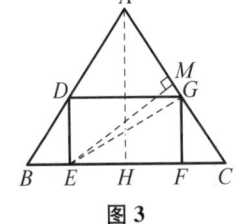

解:(1) 过点 A 作 $AH \perp BC$,垂足为 H。

因为 $AB=AC$,所以 $BH=HC=3$。

在直角三角形 ABH 中,$AH=\sqrt{AB^2-BH^2}=4$。

因为四边形 $EFGD$ 是矩形,EF 在 BC 上,所以 $DE \perp BC$。

因为 $\dfrac{DE}{BE}=\tan B=\dfrac{AH}{BH}$,所以 $\dfrac{DE}{x}=\dfrac{4}{3}$,$DE=\dfrac{4}{3}x$。

因为 $AB=AC$,所以 $\angle B=\angle C$。

又 $\angle DEB=\angle GFC=90°$,$DE=GF$,所以 $\triangle DBE \cong \triangle GFC$,$FC=BE=x$,$EF=6-2x$。

$$y=\dfrac{4}{3}x(6-2x)=-\dfrac{8}{3}x^2+8x\ (0<x<3)$$

(2) 当 $GE=GC$ 时,可证 $BE=DG=EF$,得 $x=6-2x$,解得 $x=2$,此时,$y=\dfrac{16}{3}$。

当 $CG=CE$ 时,可求 $GC=\dfrac{5}{3}x$,得 $\dfrac{5}{3}x=6-x$,解得 $x=\dfrac{9}{4}$,此时,$y=\dfrac{9}{2}$。

当 $EG=EC$ 时,过 E 作 $EM \perp AC$,垂足为 M,则 $CM=\dfrac{1}{2}CG=\dfrac{5}{6}x$,可证 $\dfrac{CM}{CE}=\cos C=\dfrac{3}{5}$,即 $CM=\dfrac{3}{5}CE$,得 $\dfrac{5}{6}x=\dfrac{3}{5}(6-x)$,解得 $x=\dfrac{108}{43}$,此时,

$y = \dfrac{6\,048}{1\,849}$。

综上所述，y 的值是 $\dfrac{16}{3}$ 或 $\dfrac{9}{2}$ 或 $\dfrac{6\,048}{1\,849}$。

2015年上海市金山区二模卷第25题 如图4，已知在 $\triangle ABC$ 中，$AB = AC = 10$，$\tan\angle B = \dfrac{4}{3}$。

(1) 求 BC 的长；

(2) 点 D、E 分别是边 AB、AC 的中点，不重合的两动点 M、N 在边 BC 上（点 M、N 不与点 B、C 重合），且点 N 始终在点 M 的右边，连接 DN、EM，交于点 O，设 $MN = x$，四边形 $ADOE$ 的面积为 y。

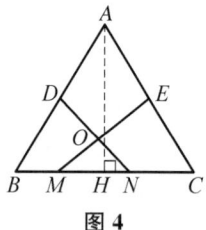

① 求 y 关于 x 的函数关系式，并写出定义域；

② 当 $\triangle OMN$ 是等腰三角形且 $BM = 1$ 时，求 MN 的长。

解：(1) 过 A 作 BC 的高 AH，垂足为 H。

因为 $AB = AC = 10$，所以 $BH = CH$。

在直角三角形 ABH 中，$\tan\angle B = \dfrac{4}{3}$，设 $AH = 4a$，$BH = 3a$，$AH^2 + BH^2 = AB^2$，$(4a)^2 + (3a)^2 = 10^2$，所以 $a = 2$。

所以 $AH = 8$，$BH = 6$，$BC = 12$。

(2) ① 如图5 连接 DE，过 O 作 $OJ \perp BC$，垂足为 J，延长 JO 交 DE 于 I。

因为 D、E 分别是边 AB、AC 的中点，所以 $DE \parallel BC$，$\triangle DOE \sim \triangle MON$，$\dfrac{DE}{MN} = \dfrac{IO}{JO}$。

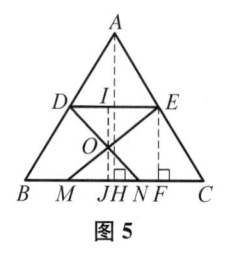

因为 $AH = 8$，所以 $IJ = 4$，$IO = \dfrac{24}{x+6}$

$S_{\triangle ADE} = \dfrac{1}{2} \times 6 \times 4 = 12$，$S_{\triangle DEO} = \dfrac{1}{2} \times 6 \times \dfrac{24}{x+6} = \dfrac{72}{x+6}$

$y = 12 + \dfrac{72}{x+6} = \dfrac{12x + 144}{x+6}$ （$0 < x < 12$）

② 过 E 作 $EF \perp BC$，垂足为 F。

因为 $EF = \dfrac{1}{2}AH = 4$，$EC = 5$，所以 $FC = 3$，$MF = 8$。

i) 当 $OM=ON$ 时，因为 $IJ \parallel EF$，所以 $\dfrac{OJ}{EF}=\dfrac{MJ}{MF}$。

因为 $EF=4$，$MF=8$，$MJ=\dfrac{1}{2}x$，所以 $OJ=\dfrac{1}{4}x$。

因为 $DE \parallel BC$，所以 $\triangle DOE \backsim \triangle MON$，$\dfrac{OI}{OJ}=\dfrac{DE}{MN}$。

所以 $x=10$，$MN=10$。

ii) 当 $OM=MN$ 时，因为 $DE \parallel BC$，所以 $\dfrac{DE}{MN}=\dfrac{EO}{OM}$，$DE=EO$。

在直角三角形 EFM 中 $ME=\sqrt{EF^2+MF^2}=4\sqrt{5}$，$OM=ME-OE=4\sqrt{5}-6$，所以 $MN=4\sqrt{5}-6$。

iii) 当 $MN=ON$ 时 $DO=DE=6$。

在 $\triangle ABN$ 中，$\angle B$ 是一个锐角。因为 $BD=5$，所以 $DN=6+x$，又因为 $DN>BD$，所以 $\angle BND$ 一定是锐角。

过点 D 作 $DG \perp BC$，垂足为点 G，$DG=4$，$BG=3$。

在直角三角形 DGN 中 $DG^2+GN^2=DN^2$，$4^2+(x-2)^2=(6+x)^2$，所以 $x=-1$，不合题意。

综上所述，$MN=10$ 或 $MN=4\sqrt{5}-6$。

那么这两道压轴题为什么要放在一起研究呢？原因亦有三个方面：

1. 图形背景一样，都是等腰三角形。这两道压轴题出示的等腰三角形都是边长比为 5∶5∶6 的等腰三角形，也就是说一旦添出顶角平分线，底边上的高或者底边上的中线，就能够将这个等腰三角形切割成为两个边长比为 3∶4∶5 的直角三角形。

2. 在求函数关系式的问题中，都出现了四边形的面积为函数，某条线段的长度为自变量。面对这样看似较难的问题，我们都是通过相似三角形（基础图形 A 字形）或全等三角形的性质定理来解决问题的。

3. 两道压轴题都要求学生对于等腰三角形进行分类讨论。这里面的细微差别在于 2008 年虹口区一模卷的压轴题要求学生在等腰三角形底边不确定的情况下进行三种不同分类后算出线段的长度，还要进一步求出四边形的面积；而 2015 年金山区二模卷的压轴题只要求先段长度就可以了。

基于以上三点分析我们可以得出结论：这两道压轴题具有一定的"亲戚关系"。那么在上初三数学复习课的时候，教师可以将 2015 年金山区二模卷压轴题和 2008 年虹口区一模卷第 24 题的内容放在一节课上讲,引导学生自主小结,反思归纳等腰三角形、求解面积关于线段长度的函数关系式、等腰三角形的分类讨论等等。真正实现教师少讲,学生多学的高效课堂,将数学复习课堂真正地还给学生。

当然在学生自主研究问题水平比较高,独立解题能力比较强的情况下,教师还可以补充 2015 年上海市崇明区一模卷的第 25 题,将这三道题目有机组合成一个专题复习课带领学生一起研究。

已知在 △ABC 中,$AB = AC = 5$,$BC = 6$,O 为边 AB 上一动点(不与 A、B 点重合),以 O 为圆心 OB 为半径的圆交 BC 于点 D,设 $OB = x$,$DC = y$。

(1) 如图 6,求 y 关于 x 的函数关系式及定义域;
(2) 当 $\odot O$ 与线段 AC 有且只有一个交点时,求 x 的取值范围;
(3) 如图 7,若 $\odot O$ 与边 AC 交于点 E(有两个交点时取靠近 C 的交点),连接 DE,当 △DEC 与 △ABC 相似时,求 x 的值。

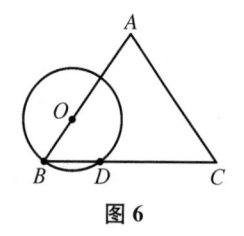

图 6

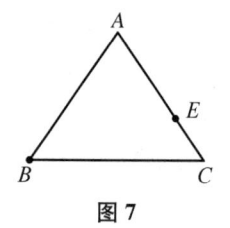

图 7

三、具有"朋友关系"的压轴题

以下我们将关注 2015 年上海市长宁区一模卷第 25 题、2014 年上海市普陀区一模卷第 25 题及 2009 年上海市虹口区一模卷第 25 题。

2015 年上海市长宁区一模卷第 25 题 如图 8,已知 △ABC 是等边三角形,$AB = 4$,D 是 AC 边上一动点(不与 A、C 点重合),EF 垂直平分 BD,分别交 AB、BC 于点 E、F,设 $CD = x$,$AE = y$。

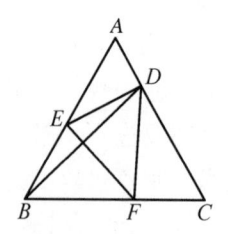

图 8

(备用图)

(1) 求证：△AED ∽ △CDF；

(2) 求 y 关于 x 的函数解析式，并写出定义域；

(3) 过点 D 作 $DH \perp AB$，垂足为点 H，当 $EH=1$ 时，求线段 CD 的长。

2014 年上海市普陀区一模卷第 25 题　如图 9，等边 △ABC，$AB=4$，点 P 是射线 AC 上的一动点，连接 BP，作 BP 的垂直平分线交线段 BC 于点 D，交射线 BA 于点 Q，分别连接 PD，PQ。

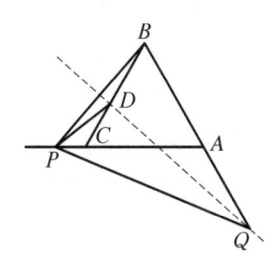

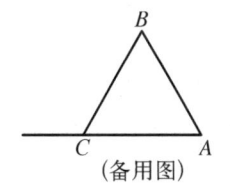

图 9

(1) 当点 P 在线段 AC 的延长线上时，

① 求 ∠DPQ 的度数并求证 △DCP ∽ △PAQ；

② 设 $CP=x$，$AQ=y$，求 y 关于 x 的函数解析式，并写出它的定义域；

(2) 如果 △PCD 是等腰三角形，求 △APQ 的面积。

2009 年上海市虹口区一模卷第 25 题　如图 10，已知 $AM \parallel BN$，∠A = ∠B = 90°，$AB=4$，点 D 是射线 AM 上的一个动点（点 D 与点 A 不重合），点 E 是线段 AB 上的一个动点（点 E 与点 A、B 不重合），连接 DE，过点 E 作 DE 的垂线，交射线 BN 于点 C，连接 DC。设 $AE=x$，$BC=y$。

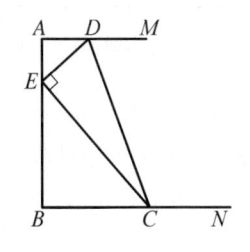

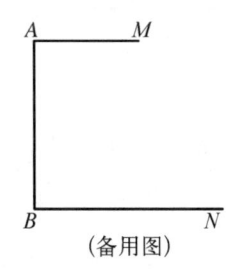

图 10

(1) 当 $AD=1$ 时，求 y 关于 x 的函数关系式，并写出它的定义域；

(2) 在(1)的条件下，取线段 DC 的中点 F，连接 EF，若 $EF=2.5$，求 AE 的长；

(3) 如果动点 D、E 在运动时,始终满足条件 $AD+DE=AB$,那么请探究：$\triangle BCE$ 的周长是否随着动点 D、E 的运动而发生变化？请说明理由。

表面上看上去这三道题毫无关联,如果一定说有,那就是前两题的出题背景是一样的,都是以等边三角形作为背景展开题目的叙述。实际上这三道题目的解题的关键点都应用了相似三角形的周长比等于相似比这一重要相似三角形的性质定理。将这三题放在一起进行讲评后,教师引导学生反思这节复习课的重点和要点,学生认真思考后,自己比较解法就可以归纳得出三道题目的解题关键点是一样的。类比的思想涉及了对知识的迁移。所谓迁移就是一种学习对另一种学习的影响。在教学中教师应当注意对学生迁移意识的培养,也就是说要注重运用类比的思想。在教师日常教学中,经常发现在数学中有一些类似的概念,可以利用类比法进行学习,有利于在教学活动中突破重点和分散难点。

四、改变出场顺序的压轴题

在众多压轴题中,2011 年上海市宝山区一模卷第 26 题和 2016 年普陀区一模卷第 25 题可以构成图形类似、出场顺序不同的一组压轴题。

2011 年上海市宝山区一模卷第 26 题 如图 11,已知 $\tan\angle MON=2$,点 P 是 $\angle MON$ 内一点,$PC \perp OM$,垂足为点 C,$PC=2$,$OC=6$,A 是 OC 延长线上一点,连接 AP 并延长与射线 ON 交于点 B。

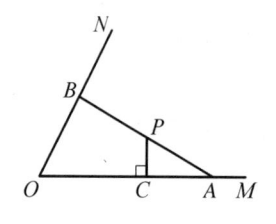

图 11

（备用图）

(1) 当点 P 恰好是线段 AB 的中点时,试判断 $\triangle AOB$ 的形状,并说明理由；
(2) 当 CA 的长度为多少时,$\triangle AOB$ 是等腰三角形；
(3) 设 $\dfrac{AP}{AB}=k$,是否存在适当的 k,使得 $\dfrac{S_{\triangle APC}}{S_{四边形OBPC}}=k$,若存在,试求出 k 的值；若不存在,试说明理由。

图 12

解：(1) 如图 12,过点 B 作 $BE \perp OM$,垂足为点 E。

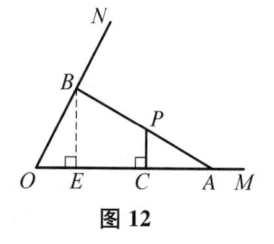

因为 $PC \perp OM$,所以 $BE \parallel PC$。

因为点 P 恰好是线段 AB 的中点 $PC=2$,所以 $BE=4$。

又因为 $\tan \angle MON=2$,所以 $OE=2$。

因为 $OC=6$,所以 $EC=CA=4$。

可得 $OB=AP=2\sqrt{5}$,$AB=4\sqrt{5}$。

所以 $OA^2=OB^2+AB^2$,$\triangle AOB$ 是直角三角形。

图 13

(2) 设 $OE=a$,则 $BE=2a$(如图 13)。

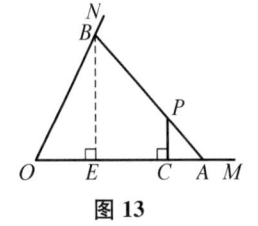

由 $\dfrac{PC}{BE}=\dfrac{AC}{AE}$,设 $CA=x$,则 $\dfrac{2}{2a}=\dfrac{x}{x+6-a}$,$a=\dfrac{x+6}{x+1}$。

i) 如果 $OA=OB$,即 $x+6=\sqrt{5}a$,解得 $x=\sqrt{5}-1$。

ii) 如果 $AO=AB$,即 $x+6=\sqrt{4a^2+(x+6-a)^2}$,解得 $x=\dfrac{3}{2}$。

iii) 如果 $OB=AB$ 时,$OE=EA$,$a=\dfrac{1}{2}(x+6)$ 解得 $x=1$。

综上,当 CA 的值为 $\sqrt{5}-1$、$\dfrac{3}{2}$、1 时,$\triangle AOB$ 是等腰三角形。

(3) 同(2)设 $CA=x$,$OE=a$。

$S_{\triangle APC}=\dfrac{1}{2} \cdot x \cdot 2=x$(如图 14),$S_{\triangle ABO}=\dfrac{1}{2}(x+6) \cdot 2a=(x+6)a$(如图 15)。

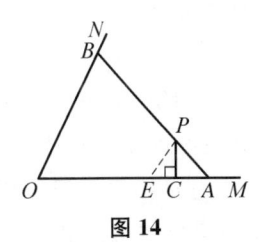

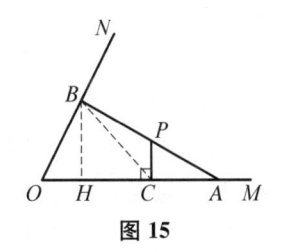

图 14

图 15

若 $\dfrac{S_{\triangle APC}}{S_{四边形OBPC}}=k$,由 $\dfrac{AP}{AB}=k$,得 $k=\dfrac{1}{a}$,则

$\dfrac{x}{(x+6)a-x}=\dfrac{1}{a}$,$x_1=9$,$x_2=-4$(舍去)。所以

$$k=\dfrac{1}{a}=\dfrac{x+1}{x+6}=\dfrac{2}{3}$$

51

2016年上海市普陀区一模卷第25题 如图16,已知锐角$\angle MBN$的正切值等于3,$\triangle PBD$中,$\angle BDP=90°$,点D在$\angle MBN$的边BN上,点P在$\angle MBN$内,$PD=3$,$BD=9$,直线l经过点P,并绕点P旋转,交射线BM于点A,交射线DN于点C,设$\dfrac{CA}{CP}=x$。

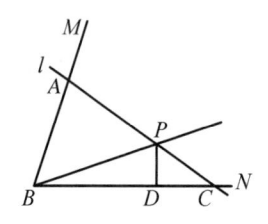

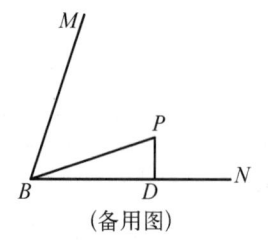

图 16

(1) 求$x=2$时,点A到BN的距离;

(2) 设$\triangle ABC$的面积为y,求y关于x的函数解析式,并写出函数的定义域;

(3) 当$\triangle ABC$因l的旋转成为等腰三角形时,求x的值。

观察这两道压轴题的题目图形和解法,细心的教师一定会发现一件很有意思的事请:两道题目"三同三不同"。

"三同"是指:① 图形背景一样,都是给出一个定角并且给出定角的正切值,关键点P处于定角的内部,同样都是过点P添水平线的高;② 同时存在因为等腰三角形的不确定而产生的分类讨论,答案也都是两个有理数和一个无理数一共三个;③ 都要研究线段比和面积比之间的关系。

"三不同"是指:① 给出一个定角并且给出定角的正切值,但是一个正切值为2,另一个正切值为3;② 等腰三角形的分类讨论的出场顺序不同,一道题目是第2小问,另一题是第3小问;③ 宝山区一模卷是给出线段比和面积比相等求未知数k的值,而2016年的普陀区一模卷是研究线段比和三角形面积之间的函数关系。

基于以上分析我们可以得出这两道压轴题具有"三同三不同"的关系进行比较教学。那么在上述压轴题试卷讲评课的时候,教师讲评完2016年普陀区一模试卷的压轴题之后不妨补充课堂练习宝山区一模的这道压轴题,或者讲评完两道压轴题之后引导学生在课堂上进行小结和归纳,当场找出它们的异同,研究出解决类似压轴题的通法通则,以加深学生对添高和添平行线的常见辅助线、A字形的几何基础图形、等腰三角形的分类讨论等数学元素的印象。这样的习题讲评课不仅能够将问题讲清楚，而且能够发挥学生的主观能动性，给初三数学课堂注入生机和活力。

　　复习不是简单的记忆和重复，复习固然要做一定量习题，但绝对不是做得越多越好。学生如果能在教师的精心准备下做题，在教师的鼓舞注视下讲题，在教师的引导启发下反思，那么他们才不会虚度光阴，才能够学有所得。只有教师的"放手"，才有学生的"创造"；只有教师的"信任"，才有学生的"发挥"。但是教师的放手不是不做准备，信任不代表不负责任。相反，在课堂上的放手和信任都应该基于教师课前的大量的准备工作。蒙泰利索说："教育就是激发生命，充实生命，协助学生们用自己的力量生存下去，并帮助他们发展这种精神。"作为教师，我们的使命就是创造条件，用方法碰撞方法，用心灵唤醒心灵，用热情点燃热情，用智慧启迪智慧，用生命滋养生命，真正使得高效课堂走向优质课堂！

讲评课中学生交流素养的
培养途径初探

数学交流是以数学学习内容为载体,运用数学语言和数学思想方法以听、说、读、写等方式接收和表达对数学知识的认知、感受和体验的一种数学思维和情感活动。

数学交流是学生数学思维活动的延续,是思维活动社会化的重要环节。通过交谈、讲述、倾听、阅读,能让观点得到验证,发现得以共享,猜测得到肯定。交流对于学生学习和掌握数学是必不可少的。本文以一节讲评课为例,在教学中针对数学交流进行了实践研究,提出了有效数学交流的策略,通过培养学生数学交流能力,提高课堂教学效率。

《义务制教育数学课程标准》指出:动手实践、自主探索、合作交流是学生学习数学的重要方式。教师应激发学生的学习积极性,向学生提供充分从事数学活动的机会,帮助他们在自主探索和合作交流的过程中真正理解和掌握基本的数学知识与技能、数学思想和方法,获得广泛的数学活动经验。由此,培养学生的数学交流能力不仅是数学核心素养的要求,也是新课程理念下的重要内容。

讲评课是一种常见的复习课。在讲评课上应如何有效地培养学生的数学交流素养呢?

一、讲评课存在的现状和问题

经常听到数学教师愤怒地埋怨:这道题目讲过好几遍了,考试时为什么还有这么多学生出错?多年来在广泛听课和教学实验对比班级的学生问卷调查的基础上,笔者归纳了讲评课中数学交流存在的几方面障碍和问题。

1. 交流方向单一,没有"师生对话",只有"师讲生听"。教师一讲到底,学生昏昏欲睡;教师在试卷讲评课上只讲不练,导致学生被动听课、思维僵化;教师把自己的想法全部讲出来,就怕少讲了哪一句话;教师为了完成每一题的讲评加快讲解速度,导致学生失去思考和参与的时间。

2. 交流形式单一,只有"师讲生听",不重视"生生交流"。视学生的主动学习为无物,将多种课堂评价形式变成简单粗暴的唯分数论。

3. 注重交流的形式,忽视交流的质量。部分讲评课上教师会刻意安排小组交流这一教学环节,但是群体交流时多数是就题论题,缺乏想象力,很少出现对数学问题的发散思维、数学知识的融会贯通,对于研究问题的广度和深度都无益。

二、讲评课应遵循的原则

学会表达与交流是学生将来走向社会、适应新环境,求得生存获得发展的一种核心能力。因此作为数学讲评课堂的组织者、引导者,数学教师在设计每一节试卷讲评课时必须注意数学交流的实施原则。

1. 数学交流的多样性原则。根据交流对象的不同,课堂交流分为师生交流和生生交流;根据交流形式不同,可以分为书面交流和语言交流;根据交流人数不同可以分为同桌交流、小组交流、大组交流和展示交流。

2. 交流问题的适中性原则。教师提出的问题难度过高,学生无法确定或没有思路;教师提出的问题过低,对于学生没有挑战性,容易让学生失去求知欲望。因此选择交流的问题难度应该适中,不应过高或过低。

3. 交流过程中平等性原则。教师应该及时转变自己的角色,作为交流的合作者和促进者,积极参与到数学交流中。在交流中尊重彼此的观点,鼓励见解的独创性,欣赏解法的多样性,寻找通法但不强求共识。师生都以积极的态度对待交流中的差异,尊重差异的存在。

4. 互动性原则。在教学中师生相互交流、沟通、启发、补充,共同分享数学思维火花,总结数学经验,巩固数学知识,分享情感体验,丰富教学内容,从而达成共识、共享、共进和共同发展,真正实现教学相长。

5. 反思性原则。在教学交流的过程中,不仅要重视教师对学生的看法进行即时评价时的鼓励性,而且注重学生之间开展互动时评价和自我评价。引导学生对于一道题、一节课进行互相评价和自我评价。只有坚持学生的正面评价和反思相结合,学生的交流素养才会不断增强,交流能力才能不断提高。

三、讲评课中培养交流素养的实践策略

讲评课上需要预留学生表达思维过程的时间,要预设师生互动和生生互动的环节,要提倡学生对于试卷评价进行"反评价",要引导学生归纳题目类型、掌握通法和巧法、体会题目价值,要尝试学生自主说题、改题和编题。接下来以

2014年上海市虹口区二模卷中的第17题为例进行试卷讲评课实践策略的研究。

1. 让学生面对问题情境进行交流。

问题：如果三角形有一边上的中线长恰好等于这边的长，那么称这个三角形为"好玩三角形"。在直角三角形 ABC 中，$\angle C = 90°$，若直角三角形 ABC 是"好玩三角形"，则 $\tan A = $ _____。

数学考试是学生思维最独立的数学实践活动，在完成一份试卷的答题过程中学生有许多思维火花应考而生。创设这样的问题情境，容易让学生回忆考场上的独立思维过程，再现解题方法。在讲评这道试题的时候将相关的定理和逆命题进行复习，启发学生感悟已经掌握的知识和定义新图形之间的联系，使得学生的课堂交流言之有物，将数学知识结构系统化和网络化这一目的明确，从而避免出现知识结构的断层和零散的现象。只有注重建立新旧知识之间的关联，才能够通过试卷讲评课将一道题目所涉及的数学知识、数学方法横向拓展，不断提高学生数学交流的灵活度。

2. 让学生独立思考后进行交流。

虽然这道题目结构简单，计算方便，但是由于试卷上并没有给出图形，题目中也没有出现"如图"字样，所以在确定点 C 是直角顶点之后，点 A 的位置有两种不同的可能，也就是说由于点 A 的位置不确定，这一个基本的直角三角形可以进行两次使用（如图1、图2）。通过学生之间的数学交流不仅发挥了学生在讲评课上的主动性，而且恰好是对此题进行了正题详解和错因分析。

根据"$AC = DB$"和"$AD = BC$"这两个给定的条件，可以产生不同的设元方案。如果引导学生进行各种不同的设元方案的比较，学生能够自主发现结合图形将线段长度进行设元的过程中，选择最短线段设元才能简化计算过程。这样的数学交流有利于简化算法，有利于优化解题策略。

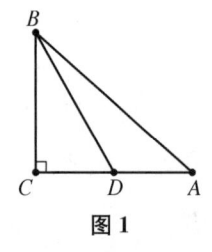

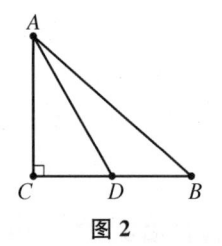

图1

图2

3. 让学生学会交流内容。

如果说前两者都是对于数学知识和解题方法的交流，那么接下来通过对于这道题目的变式题组引导学生对于数学体验进行交流。

第一组变式：如果三角形有一边上的中线长恰好等于这边的长，那么称这个三角形为"好玩三角形"，这条中线称为"好玩中线"。在直角三角形 ABC 中，$\angle C = 90°$，若直角三角形 ABC 是"好玩三角形"，则 $\tan A$ 的值是多少？

变式一：如果三角形有一边上的中线长恰好等于这边的长，那么称这个三角形为"好玩三角形"。若△ABC 是"好玩三角形"，则 $\tan A$ 的值是否确定？如果确定，求出 $\tan A$ 的值；如果不确定，说明理由。

变式二：若直角三角形 ABC 是"好玩三角形"，在直角三角形 ABC 中，$\angle C = 90°$，较短直角边 $BC = 1$，求△ABC 的好玩中线长。

变式三：若直角三角形 ABC 是"好玩三角形"，在直角三角形 ABC 中，$\angle C = 90°$，直角边 $BC = 1$，求△ABC 的好玩中线长。

变式四：在直角三角形 ABC 中，$\angle C = 90°$，$\tan A = \dfrac{\sqrt{3}}{2}$，求证：△$ABC$ 是"好玩三角形"。

在试卷讲评的过程中应当运用类比，从特殊到一般等数学思想，将定义新图形的相关运用纵向挖掘延伸，结合尺规作图，利用变式的新颖性适量调动学生交流的积极性，利用变式的层次感适当提高学生交流的关注度，利用设计题组的针对性适时激发学生的数学思维的灵活性，注重对学生双向思维能力的培养，不断提升学生数学交流的层次感和综合度。

4. 通过交流让学生拓展数学思维。

日常教学中很多教师的复习课都是"以题论题"，教师带着学生在题海中浮浮沉沉，教师教得筋疲力尽，学生学得苦不堪言，不仅不能达到考前复习的目的，更有甚者将"教"与"学"逐渐对立起来。只有注重在一题多解的基础上进行多解归一的交流，在课堂交流中注重对于数学思想方法的提炼、应用和迁移，才能让学生从"刷题机器"逐渐转变成"以题论法"，进而体会出试卷讲评课中凸显的"变中有不变"的特点和"勇于探索不断完善"的理性精神。例如在第二组变式题中对于第 3 问①的解题思路比较宽，方法也比较多。

第二组变式：2013 年浙江省台州市中考卷第 24 题 如果三角形有一边上的中线长恰好等于这边的长，那么称这个三角形为"好玩三角形"。

(1) 请用直尺与圆规画一个"好玩三角形"；

(2) 如图 3，在 Rt△ABC 中，$\angle C = 90°$，$\tan A = \dfrac{\sqrt{3}}{2}$，求证：△$ABC$ 是"好玩三角形"；

图 3

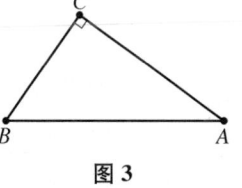

(3) 如图 4,已知菱形 ABCD 的边长为 a,∠ABC = 2β,点 P、点 Q 从点 A 同时出发,以相同的速度分别沿折线 AB‐BC 和 AD‐DC 向终点 C 运动,记点 P 所经过的路程为 S,① 当 $\beta = 45°$ 时,若△APQ 是"好玩三角形",试求 $\dfrac{a}{S}$ 的值,② 当 $\tan\beta$ 的取值在什么范围内,点 P、点 Q 在运动过程中,有且只有一个△APQ 能成为"好玩三角形"请直接写出 $\tan\beta$ 的取值范围。

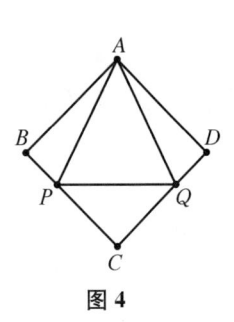

图 4

(4) 试探究 $\tan\beta$ 的取值对于"好玩三角形"△APQ 个数的影响。

下面对第 3 问中的①进行讨论。

方法一:若 $\beta = 45°$,当点 P 在 AB 上时,△APQ 是等腰直角三角形,不可能是"好玩三角形"。

如图 5,当 P 在 BC 边上时,连接 AC,交 PQ 于点 E,延长 AB 交 QP 的延长线于点 F。

因为 PC = CQ,∠ACB = ∠ACD,所以 AC 是 QP 的垂直平分线,AP = AQ。

因为 ∠CAB = ∠ACP,∠AEF = ∠CEP,所以 △AEF ∽ △CEP,$\dfrac{AE}{CE} = \dfrac{AF}{PC} = \dfrac{AB+BP}{PC} = \dfrac{S}{2a-S}$。

因为 PE = CE,所以 $\dfrac{AE}{PE} = \dfrac{S}{2a-S}$。

图 5

i) 当底边 PQ 与它的中线 AE 相等,即 AE = PQ 时,$\dfrac{AE}{PE} = \dfrac{S}{2a-S} = \dfrac{2}{1}$,$\dfrac{a}{S} = \dfrac{3}{4}$。

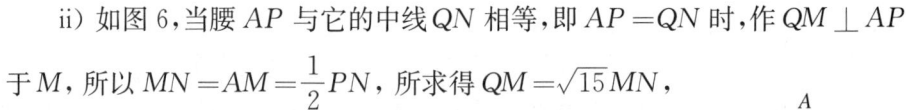

ii) 如图 6,当腰 AP 与它的中线 QN 相等,即 AP = QN 时,作 QM ⊥ AP 于 M,所以 $MN = AM = \dfrac{1}{2}PN$,所求得 $QM = \sqrt{15}MN$,

$\tan\angle APQ = \dfrac{QM}{PM} = \dfrac{\sqrt{15}MN}{3MN} = \dfrac{\sqrt{15}}{3}$。

又因为 $\tan\angle APE = \dfrac{AE}{PE} = \dfrac{S}{2a-S} = \dfrac{\sqrt{15}}{3}$,所以 $\dfrac{a}{S} = \dfrac{\sqrt{15}}{10} + \dfrac{1}{2}$。

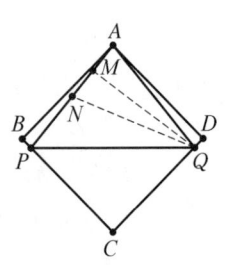

图 6

方法二：i)当底边 PQ 与它的中线 AE 相等,即 $AE=PQ$ 时,

在直角三角形 ABP 中,$\angle ABP=90°$,所以 $AP^2=AB^2+BP^2=a^2+(S-a)^2$。

在直角三角形 AEP 中,$\angle AEP=90°$,所以 $AP^2=AE^2+EP^2=(\frac{2\sqrt{2}}{3}a)^2+[\sqrt{2}(s-a)]^2$,$a^2+(S-a)^2=\left[\frac{2\sqrt{2}}{3}a\right]^2+[\sqrt{2}(s-a)]^2$,计算得出 $\frac{a}{S}=\frac{3}{4}$。

ii)略。

方法三：i)当底边 PQ 与它的中线 AE 相等,即 $AE=PQ$ 时,$AE=2PE$,则 $\frac{2\sqrt{2}}{3}a=2\times\sqrt{2}(s-a)$,计算得出 $\frac{a}{S}=\frac{3}{4}$。

ii)略。

在启发学生进行独立解题,互相交流各自的解法之后,应及时引导学生对于这几种解题方法进行归纳小结,对于解决问题的新的进行交流。显然第一种方法涉及几何构造法,将点 P 的运动轨迹由折线转化成线段,利用相似三角形对应线段成比例得到关于线段 AE 和 PE 的长度比,再根据"好玩三角形"的图形不确定性进行分类讨论解决问题。优点是计算简单,缺点是学生对于如何添加辅助线始终觉得困难。第二种方法首先观察图形特征,发现第一种情况下点 E 恰好是线段 AC 的三等分点,而 $\triangle CEP$ 是等腰直角三角形。在两个直角三角形 ABP 和三角形 AEP 中,运用勾股定理列出两个表达式求解线段 AE 和 PE 的长度比。优点是思路简单,缺点是计算量较大容易算错。第三种方法是由第二种方法简化得到的,根据点 E 恰好是线段 AC 的三等分点,而 $\triangle CEP$ 是等腰直角三角形,直接将表达式代入 $AE=2PE$。无论哪种解法都需要考虑"好玩三角形"的两种情况,一种是 PQ 上的中线长度等于 PQ,另一种是腰 AP 上或者 AQ 上的中线等于腰长。通过学生点评、即时小结和课堂小结多种交流方式引导学生进行反思和提炼,在学生自主讲题之后对各种解题方法进行自我评价和互相评价,借助多解归一的教学环节能够引导学生跳出"就题论题"这个泥潭,上升到"以题论法"的阶段,进一步迈向"以题论道"的境界,自主体会数形结合的数学思想中"以数化形,以形助数"和分类讨论的精妙。

5. 语言交流和书面交流并重,课内交流与课外交流齐进。

设计变式题组的课后作业设计,使得课堂交流在课后得到再次深化和拓

展。数学课后作业的科学合理的布置,能够帮助巩固学生学习知识以及熟练各种数学基本技能,继续强化数学交流的功能和作用。

第三组变式:如果三角形有一边上的中线恰好等于这边的长,那么称这个三角形为"好玩三角形"。

(1) 如图 7,已知在△ABC 中,$\angle C=90°$,$BC=2\sqrt{3}$,$AB=2\sqrt{7}$。求证:△ABC 是"好玩三角形";

(2)在平面直角坐标系 xOy 中,如果三角形的一边在 x 轴上,且这边的中线恰好等于这边的长,我们又称这个三角形为"水平好玩三角形"。如图 8,现有 10 个边长为 1 的小正方形组成的长方形区域记为 G,每个小正方形的顶点称为格点,$A(3, 0)$,$B(4, 0)$,若 C、$D(C$、D 两点与 O 不重合)是 x 轴上的格点,且点 C 在点 A 的左侧。在 G 内使△PAC 与△PBD 都是"水平好玩三角形"的点 P 共有几个?其中是否存在横坐标为整数的点 P,如果存在请求出这个点 P 的坐标,如果不存在请说明理由。

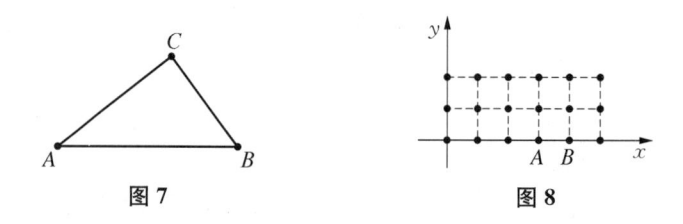

图 7

图 8

第四组变式:增加或删除部分背景条件下(如直角三角形),改变中线和中线所在边的长度比例,自编一道"有趣三角形"的题目,由同桌的两位学生一人编题,一人解答,共同完成。

四、效果分析和反思

纵观这节试卷讲评课,以 2014 年上海市虹口区二模卷第 17 题为例进行精讲,讲评课上多次激发学生在一题多解的过程中进行解题策略的比较和多解的评价交流,进一步进行多种类型的变式练习。由学生最初接触到的"好玩三角形"这一较为陌生的图形概念的判定和性质相关计算,通过尺规作图的要求进一步发展到锐角好玩等腰三角形的分类讨论,逐渐过渡到研究两个"水平好玩三角形"的较复杂问题中去。通过对于"好玩三角形"这一系列的变式,引导学生逐步学会将来面对类似的几何新定义题型,能够仿照此题的基本研究方法分析问题和解决类似问题。

在教学过程中,通过一题多解启发学生从不同的角度进行不同的计算过程解答同一道题目,通过一题多变引导学生类比迁移,扩展思路,两者兼顾方能举一反三,融会贯通。由课堂交流延伸到课外交流,由语言交流过渡到书面交流,不仅丰富了交流的形式,而且注重交流的功能和效果。

作为初三复习的重要课型之一,试卷讲评课应当夯实学生对于数学概念的内涵和外延;要打开章节的通道,贯通前后内容;要以生为本、以学定教,因势利导;要结合《义务制教育数学课程标准》明确范围和难度;要在一题多解的基础上优化解题策略,掌握通法通则;要能够挖掘隐藏在试题中的数学核心内容进行各种类型的变式训练;要"讲"和"评"并重,教师讲与学生讲结合,自我评价互相评价互补。

虽然在策略的研究还存在一些后继问题:如何提升讲评课的立意和品位?如何将典型试题的广度和深度有机结合?但是经过教学研究,及时阅卷和认真分析选择具有典型性的问题,挖掘它的数学价值,拓展成为问题链,利用问题链夯实基础,解决疑难,纠正错误,及时小结,提升能力,以试题引领,对解题感悟,经历变式,体验思维,探索教学,不断思考,不断提升,就能够将试卷讲评课设计得有声有色,将数学教学开展得如火如荼!

参考文献

[1] 任勇.你能成为最好的数学老师[M].上海:华东师范大学出版社,2011:63-77.
[2] 郭艳军.错误不是无情物化作春泥更护花[J].中学数学月刊,2016(10):39-41.
[3] 胡军.区域优化初三数学试卷讲评课的实践与思考[J].数学教学通讯,2013(7):37-40.

基于核心素养的初三复习课设计与思考

——从单圆的动点问题的"变"与"不变"说开去

一、问题提出

数学题目千变万化,常见运动问题有图形的三种运动和动点问题。数学中的动点问题是指在题干中存在一个或多个动点,这些点在线段、射线或弧线上运动的综合性题目。解决这类问题的关键首先弄懂题干,理清题意,使题目中的图像同步动起来,从动至静,以静制动,再找出临界点,将动点问题中的"变"与"不变"融为一体,灵活运用相关数学知识解决问题。

二、内容分析

纵观各地历年以来的单圆背景下的动点问题,基本都是以圆作为研究背景,从变换的角度和运动变化来分析三角形、四边形、函数图像等图形,通过"对称、动点的运动"等研究手段和方法,来探索与发现图形性质及图形变化,在解题过程中渗透空间观念和合情推理。选择单圆中出现的与三角形或四边形相关的基本的几何图形,让学生经历探索的过程,考查学生的自主探究能力,促进培养学生解决问题的能力。在动点的运动过程中观察图形的变化情况,需要理解图形在不同位置的情况,才能做好计算推理的过程。在变化中找到不变的性质是解决数学动点探究题的基本思路,这也是动态几何数学问题中最核心的数学本质。

二期课改后数学卷中的数学压轴题正逐步转向数形结合、动态几何、动手操作、实验探究等方向发展。这些压轴题题型繁多、题意创新,目的是考察学生的分析问题、解决问题的能力,内容包括空间观念、应用意识、推理能力等。从数学思想的层面上讲有运动观点、方程思想、数形结合思想、分类思想、转化思想等。研究历年来上海市各区的压轴性试题,就能找到中考数学试题的热点的形成和命题的动向,它有利于我们教师在教学中研究对策,把握方向。只有这样,才能更好地培养学生解题素养,在素质教育的背景下更明确地体现课程标准的导向,才能在数学课堂上更好地提高核心素养。

三、教学设计及分析

例题1:2000年上海市中考卷第29题 如图1,在半径为6,圆心角为90°的扇形OAB的弧AB上,有一个动点P,$PH \perp OA$,垂足为H,$\triangle OPH$的重心为G。

(1) 当点P在AB上运动时,线段GO、GP、GH中,有无长度保持不变的线段?如果有,请指出这样的线段,并求出相应的长度;

(2) 设$PH=x$,$GP=y$,求y关于x的函数解析式,并写出函数的定义域;

(3) 如果$\triangle PGH$是等腰三角形,试求出线段PH的长。

图1

分析:

(1) 由题意可知,重心是三角形中线交点,它把中线分为1∶2的两部分,如果3条线长度不变,题中的三线段长度也不变。在直角三角形OHP中PO是直角三角形OPH的斜边,也就是半径,是保持不变的,所以线段GH保持不变;根据直角三角形中斜边的中线是斜边的一半可以求得OP中线的长度,进而求得GH的长度。

(2) 延长PG交OA于C,则$y = \dfrac{2}{3}PC$;分别在直角三角形OHP和直角三角形PHC中运用两次勾股定理即可以求出y关于x的函数解析式。

(3) 分别讨论$GH=PG$、$GH=PH$、$PH=PG$这三种情况,根据(2)中的解析式可以分别求得x的值。

解:(1) 如图2,GH不变,延长HG交OP于点E。

因为G是$\triangle OPH$的重心,所以$GH = \dfrac{2}{3}HE$。

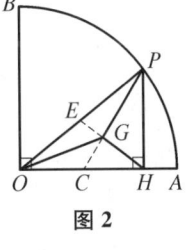

图2

因为PO是半径,它是直角三角形OPH的斜边,它的中线等于它的一半,所以$EH = \dfrac{1}{2}OP$,$GH = \dfrac{2}{3} \times \dfrac{1}{2}OP = \dfrac{2}{3} \times \dfrac{1}{2} \times 6 = 2$。

(2) 延长PG交OA于C,则$y = \dfrac{2}{3}PC$。

设 $OC=a=CH$,在直角三角形 PHC 中,$PC=\sqrt{CH^2+PH^2}=\sqrt{x^2+a^2}$,则 $y=\frac{2}{3}\sqrt{x^2+a^2}$。

在直角三角形 PHO 中,有 $OP^2=x^2+(2a)^2=6^2=36$,则 $a^2=9-\frac{x^2}{4}$,将其代入 $y=\frac{2}{3}\sqrt{x^2+a^2}$,得到 $y=\frac{2}{3}\sqrt{\frac{3}{4}x^2+9}=\frac{\sqrt{3x^2+36}}{3}(0<x<6)$。

(3) 如果 $PG=GH$,则 $y=GH=2$,$x=0$,那么 GP 不等于 GH,则不合题意。

如果 $PH=GH=2$,则可以解得 $x=2$。

如果 $PH=PG$,则 $x=y$ 代入可以求得 $x=\sqrt{6}$。

综合上述,线段 PH 的长是 $\sqrt{6}$ 或 2。

教学分析:本题考查了重心的概念以及直角三角形与等腰三角形的性质,综合性比较强,有一定的难度。

例题 2:2008 年广州中考卷第 24 题 如图,扇形 OAB 的半径 $OA=3$,圆心角 $\angle AOB=90°$,点 C 是弧 AB 上异于 A、B 的动点,过点 C 作 $CD\perp OA$ 于点 D,作 $CE\perp OB$ 于点 E,连接 DE,点 G、H 在线段 DE 上,且 $DG=GH=HE$。

图 3

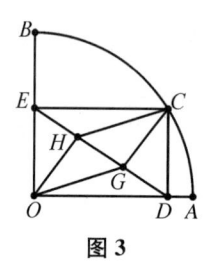

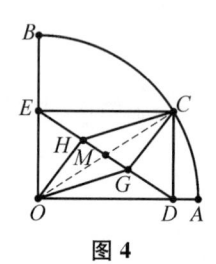

图 4

(1) 求证:四边形 $OGCH$ 是平行四边形;

(2) 当点 C 在弧 AB 上运动时,在 CD、CG、DG 中,是否存在长度不变的线段?若存在,请求出该线段的长度;

(3) 求证:CD^2+3CH^2 是定值。

解:(1) 如图 4,连接 OC,交 DE 于 M。

因为四边形 $ODCE$ 是矩形,所以 $OM=CM$,$EM=DM$。

又因为 $DG=HE$,所以 $EM-EH=DM-DG$,即 $HM=GM$,所以四边

形 $OGCH$ 是平行四边形。

(2) DG 不变,在矩形 $ODCE$ 中,$DE=OC=3$,所以 $DG=1$。

(3) 如图 5,作 $HF \perp CD$ 于点 F,则 $\triangle DHF \backsim \triangle DEC$,所以 $\dfrac{DF}{DC}=\dfrac{DH}{DE}=\dfrac{2}{3}$,$DF=\dfrac{2}{3}CD$,$CF=\dfrac{1}{3}CD$。

因为 $HF^2=CH^2-CF^2=DH^2-DF^2$,$DH=2$,所以 $CH^2-\left(\dfrac{1}{3}CD\right)^2=2^2-\left(\dfrac{2}{3}CD\right)^2$。

整理得 $3CH^2=12-CD^2$,所以 $CD^2+3CH^2=12$。

教学分析:

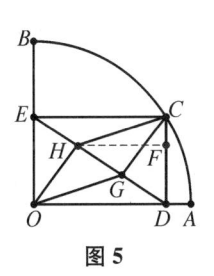

(1) 连接 OC,容易根据已知条件证明四边形 $ODCE$ 是矩形,然后利用其对角线互相平分和 $DG=GH=HE$ 可以知道四边形 $CHOG$ 的对角线互相平分,从而判定其是平行四边形;

(2) 由于四边形 $ODCE$ 是矩形,而矩形的对角线相等,所以 $DE=OC$,而 CO 是圆的半径,这样 DE 的长度不变,也就 DG 的长度不变;

(3) 设 CD 为主元,然后利用三角形的面积公式和勾股定理用 CD 表示 CN、DN、HN,再利用勾股定理就可以求出 CD^2+3CH^2 的值。

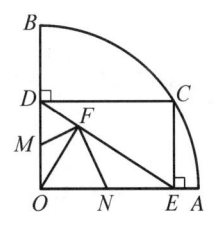

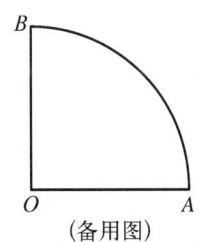

例题3:2014年上海市虹口区二模卷第25题 如图6,扇形 OAB 的半径为4,圆心角 $\angle AOB=90°$,点 C 是弧 AB 上异于点 A、B 的一动点,过点 C 作 $CD \perp OB$ 于点 D,作 $CE \perp OA$ 于点 E,连接 DE,过 O 点作 $OF \perp DE$ 于点 F,点 M 为线段 OD 上一动点,连接 MF,过点 F 作 $NF \perp MF$,交 OA 于点 N。

图6

(备用图)

(1) 当 $\tan\angle MOF=\dfrac{1}{3}$ 时,求 $\dfrac{OM}{NE}$ 的值;

(2) 设 $OM=x$,$ON=y$,当 $\dfrac{OM}{OD}=\dfrac{1}{2}$ 时,求 y 关于 x 的函数解析式,并写出它的定义域;

65

(3) 在(2)的条件下,连接 CF,当 $\triangle ECF$ 与 $\triangle OFN$ 相似时,求 OD 的长。

分析:(1) 由 $\triangle MFO \backsim \triangle NFE$ 和 $\tan\angle FEN = \tan\angle MOF$,根据相似三角形的判定和性质、锐角三角函数定义,即可求得结果。

(2) 由 $\triangle MFO \backsim \triangle NFE$ 和 $\triangle ODF \backsim \triangle EOF$ 可得 $\dfrac{NE}{OE} = \dfrac{OM}{OD} = \dfrac{1}{2}$,即 $ME = \dfrac{1}{2}DE$,从而根据勾股定理可得出 $x^2 + y^2 = 4$,即 $y = \sqrt{4-x^2}(0 < x < 2)$。

(3) 分 $\dfrac{OF}{ON} = \dfrac{EF}{EC}$ 或 $\dfrac{OF}{ON} = \dfrac{EC}{EF}$ 两种情况讨论即可。

解:(1) 由题意,得 $\angle MOF + \angle FOE = 90°$,$\angle FEN + \angle FOE = 90°$,所以 $\angle MOF = \angle FEN$。

由题意,得 $\angle MFO + \angle OFN = 90°$,$\angle EFN + \angle OFN = 90°$,所以 $\angle MFO = \angle NFE$。

所以 $\triangle MFO \backsim \triangle NFE$,$\dfrac{OM}{NE} = \dfrac{OF}{EF}$。

由 $\angle FEN = \angle MOF$ 可得 $\tan\angle FEN = \tan\angle MOF$,所以 $\dfrac{OF}{EF} = \dfrac{1}{3}$,$\dfrac{OM}{NE} = \dfrac{1}{3}$。

(2) 因为 $\triangle MFO \backsim \triangle NFE$,所以 $\dfrac{OM}{NE} = \dfrac{OF}{EF}$。

又易证得 $\triangle ODF \backsim \triangle EOF$,所以 $\dfrac{OD}{OE} = \dfrac{OF}{EF}$。因此 $\dfrac{OD}{OE} = \dfrac{OM}{NE}$,$\dfrac{NE}{OE} = \dfrac{OM}{OD} = \dfrac{1}{2}$。

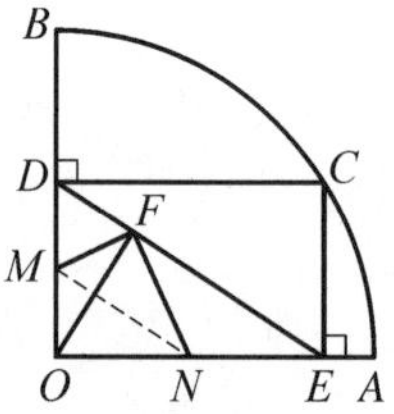

如图 7,连接 MN,则 $MN = \dfrac{1}{2}DE$。

由题意,得四边形 $ODCE$ 为矩形,所以 $DE = OC = 4$,$MN = 2$。

在直角三角形 MON 中,$OM^2 + ON^2 = MN^2$,即 $x^2 + y^2 = 4$。所以 y 关于 x 的函数解析式为 $y = \sqrt{4-x^2}(0 < x < 2)$。

(3) 由题意,可得 $OE = 2y$,$CE = OD = 2x$,所以 $OE^2 = EF \cdot DE$,

图 7

$EF = \dfrac{(2y)^2}{4} = y^2$。

又因为 $\dfrac{OF}{EF} = \dfrac{OD}{OE}$，所以 $\dfrac{OF}{y^2} = \dfrac{2x}{2y}$，即 $OF = xy$。

由题意，可得 $\angle NOF = \angle FEC$，所以由 $\triangle ECF$ 与 $\triangle OFN$ 相似，可得 $\dfrac{OF}{ON} = \dfrac{EF}{EC}$ 或 $\dfrac{OF}{ON} = \dfrac{EC}{EF}$。

① 当 $\dfrac{OF}{ON} = \dfrac{EF}{EC}$ 时，$\dfrac{xy}{y} = \dfrac{y^2}{2x}$，所以 $y^2 = 2x^2$。

又 $y^2 + x^2 = 4$，所以 $x^2 + 2x^2 = 4$，解得 $x_1 = \dfrac{2}{3}\sqrt{3}$，$x_2 = -\dfrac{2}{3}\sqrt{3}$（舍去）。

所以 $OD = \dfrac{4}{3}\sqrt{3}$。

② 当 $\dfrac{OF}{ON} = \dfrac{EC}{EF}$ 时，$\dfrac{xy}{y} = \dfrac{2x}{y^2}$，所以 $y^2 = 2$。

又 $y^2 + x^2 = 4$，所以 $x^2 = 2$，解得 $x_1 = \sqrt{2}$，$x_2 = -\sqrt{2}$（舍去），所以 $OD = 2\sqrt{2}$。

综上所述，$OD = \dfrac{4}{3}\sqrt{3}$ 或 $2\sqrt{2}$。

教学分析：本题主要考查解直角三角形、锐角三角函数的定义，同角的三角函数关系等考点的理解，另外对于变化中找不变的和分类讨论的思想也有所要求。

例题4：2014年上海市奉贤区一模卷第25题　如图8，在半径为5的扇形 AOB 中，$\angle AOB = 90°$，点 C、D 分别在半径 OA 与弧 AB 上，且 $AC = 2$，$CD \parallel OB$，点 P 是 CD 上一动点，过 P 作 OP 的垂线交弧 AB 于点 E、F，连接 DE、DF。

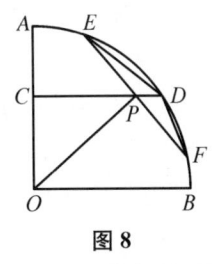

(1) 求 $\dfrac{S_{\triangle DEP}}{S_{\triangle DFP}}$ 的值；

(2) 如图9，连接 EO、FO，若 $\angle EOF = 60°$，求 CP 的长；

(3) 设 $CP = x$，$\triangle DEF$ 的面积为 y，求 y 关于 x 的函数关系式，并写出它的定义域。

解：(1)如图10，作 $DM \perp EF$，垂足为点 M。

因为 $OP \perp EF$，所以 $PE = PF$，$\dfrac{S_{\triangle DEP}}{S_{\triangle DFP}} = \dfrac{\frac{1}{2} \cdot PE \cdot DM}{\frac{1}{2} \cdot PF \cdot DM} = 1$。

(2) 因为 $\angle EOF = 60°$，所以 $\angle EOP = 30°$。

因为 $OE = AO = 5$，所以 $EP = \dfrac{5}{2}$。

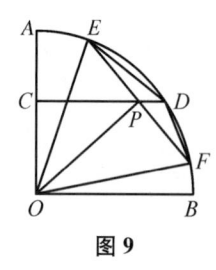

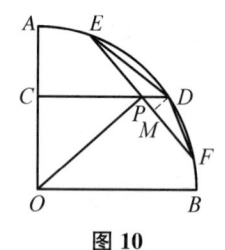

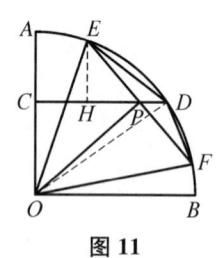

图9　　图10　　图11

因为 $OP \perp EF$，所以 $OP = \dfrac{5}{2}\sqrt{3}$。

因为 $CD \parallel OB$，$\angle AOB = 90°$，所以 $OC = 3$，$CP = \sqrt{OP^2 - OC^2} = \sqrt{\dfrac{75}{4} - 9} = \dfrac{\sqrt{39}}{2}$。

(3) 连接 OD，在直角三角形 CDO 中，$OC = 3$，$DO = 5$，所以 $CD = 4$，$DP = 4 - x$。

如图11，作 $EH \perp CD$，垂足为点 H。

因为 $OC = 3$，$CP = x$，所以 $OP = \sqrt{x^2 + 9}$，在直角三角形 EPO 中，$EP = \sqrt{16 - x^2}$。

因为 $\angle COP = \angle EPH$，所以 $\triangle OCP \sim \triangle PHE$，$\dfrac{CP}{PO} = \dfrac{EH}{EP}$，$\dfrac{x}{\sqrt{x^2+9}} = \dfrac{EH}{\sqrt{16-x^2}}$，$EH = \dfrac{x\sqrt{16-x^2}}{\sqrt{x^2+9}}$。

$y = S_{\triangle DEF} = 2S_{\triangle DPE} = 2 \times \dfrac{1}{2} \times DP \times EH = (4-x) \cdot \dfrac{x\sqrt{16-x^2}}{\sqrt{x^2+9}} = \dfrac{(4x - x^2)\sqrt{16-x^2}}{\sqrt{x^2+9}}$

$$y = \frac{(4x - x^2)\sqrt{16 - x^2}}{\sqrt{x^2 + 9}} \quad (\sqrt{6} \leqslant x < 4)$$

教学分析：在本题中点 P 是线段 CD 上的一个动点，但是第 1 问中两个三角形的面积之比并没有随着点 P 的位置变化而变化。

四、关于教学的几点思考

1. 眼中有人。中学数学是基础教育的一门重要学科。在数学课堂教学中，不仅要向学生传授数学知识，培养学生能力，还要体现新课改的理念，结合学科特点对学生进行思想品德教育，把育人价值教育渗透在教学过程中。数学作为其他学科的工具和语言，推动着生产发展，影响着人类物质生活方式，其发展与人类文化、经济、科技的发展有着千丝万缕的联系。这就要求每一位数学教师在课堂设计中都要重视对学生核心素养的培养，在课例设计中充分挖掘例题的育人元素，以期实现数学课的育人价值最大化。

在对上述题组的分析过程中我们可以看到对学生计算能力的要求、数学逻辑思维的提高、空间想象的强化、建模数学思想的应用、从复杂图形中抽象基本图形和还原等方面都有着由浅入深，由表及里，循序渐进的渗透。在单圆背景下的动点问题引起的一系列问题中，由于点的位置在变化，所以相关线段的位置关系发生相应的变化，但是在动态的过程中始终存在着一些不变的量。无论是古希腊"人不能两次踏入同一条河流"的箴言，还是古代中国"生生不息之谓易"，都说明哲学中万物皆变的道理。

关于变，有两个方面的内涵，一方面，变是必然的，不变是不可能的；另一方面，变是必须的，不变就不可能存在。具体到某一个有特定内涵或质的规定性的客体来说，在特定的历史时期内，变中必须有不变，必须有相对的稳定性，特定阶段变化中的质的规定性是不能变的。如果把不能变的给变了，就会丧失根本。所以本课引导学生在变化过程中寻找不变关系也是我们数学学科的育人价值所在。上述例题的动点都在圆周长运动变化，但是其中存在半径等不变量，引导学生感受变化中有不变才能真正"眼中有人"。

2. 心中有数。初三教学提倡围绕典型性例题的核心进行题组设计。由于初三数学课"时间紧任务重"的特点，教师善于将典型问题作为源问题，将典型例题中的核心知识点在不同问题情境中呈现出来，通过内在的一条线，把它们集中成一个问题串，引导学生对解题思路、解题策略进行归纳总结，使学生形成一个有机认知体系，从而起到举一反三、触类旁通的效果。教师首先要善于引导学生自主探究,在反思问题的解题方法以及解题思路是否具有规律性的同时,再思考是否可以将这些思路和方法迁移到类似的问题中去;其次在反思图形的结构和位置发生改变的同时,关注弱化或加强命题的部分条件,关注结论能否拓展、引申、推广。平时加强对学生这方面的训练,可以深化他们自觉地对问题的理解,优化学生的思维过程,完善他们的认知结构,从而提高他们自主探究一类问题的能力,在不同程度上分析解决这类问题的能力也就相应提高了。

  3. 以学定教。初三数学复习课不能"以题定教"。在日常教学中,尤其是初中毕业班的数学复习课普遍存在将"复习课"变成"做题课",将"讲评课"变成"对答案",将"试卷分析课"变成"报分数训话"。部分课堂解题方法的教学充斥着题山题海,只管让学生做题,只关注"结果"而轻视"过程",不讲清楚或从不分析解题方法是怎样得到的、这种解法的目标是什么、为什么要采取这样的解题策略、这道题目对后继数学学习起到什么作用等等。在"雕题砌数"的课堂上机械地反复刷题逐渐演变成了"以题定教"的死水一潭。

  章建跃先生在"三个理解"中特别强调"理解数学",就是要求数学教师在日常数学教学中不仅能够让学生"知其然",而且还要让学生"知其所以然",甚至于引导学生一起探讨"何以知其所以然"。就单圆中的动点问题而言,"知其然"就是以静制动的解题策略,"知其所以然"就是符合题目要求的某个瞬间结合三角形和四边形的相关知识建立方程解决问题。何以知其所以然呢?引导学生反思整个解题流程,发现单圆背景下的动点问题可以通过连接半径或者添加弦心距总能够转化成三角形或四边形问题。这需要教师充分了解圆在初中数学几何部分的教学功能和地位,了解学生已有的学习水平和学习习惯,遵循初三学生的心理特点和年龄特征,精心设计科学有效的教学环节,通过探究、思考、协作、交流和评价等活动,发现、提炼出以静制动,动中取静等解题策略是学习的需要,是学生思维发展的需要。

  只有让学生经历了解题方法生成的全程,感受到了数学的魅力,体会出数学知识在数学本身领域内的强大应用价值,这才是正确的数学教学,有效的数学复习课的教学。在学生对数学方法和解题策略的感知、成形和运用等过程中学生的主体地位得到了尊重,教师的主导作用能够充分发挥。这样的教学注重学习反思和方法归纳,还让学生感受到了解题策略在生成的过程中蕴含着分类讨论、方程思想、建模思想等重要数学思想方法。只有这样才能够将课堂真正还给学生而不是束缚学生,只有这样才能符合"以学定教"的教学要求,只有这样才能促进每一位学生健康人格的发展。

数学课堂上的热闹与安静

随着新课程改革的深入,新课程理念逐渐内植于教师的头脑中,外显在课堂上。在许多课堂,尤其是公开课、示范课和研究课上,合作探究、讨论交流和分组竞赛等新的学习方式经常出现在我们眼前。在这些课堂上,学生讨论踊跃,举手积极,活动主动,课堂上下呈现出一片热闹的景象。有专家指出这样课堂的热闹并不能反映或者说代表学生思维的活跃,甚至于像这样菜场式的热闹没有给学生预留思考的空间反而会制约学生数学能力的提高。

那么到底我们的数学应该热闹还是应该安静?什么时候应该热闹?什么时候可以安静?笔者认为数学课上应该有热闹的时候,也应该有安静的时候,一节好课肯定是闹静结合的。

一、创设情境

数学源于生活,也离不开生活。数学课堂中创设生活情景是新课的一种常见的引入形式。创设情境不仅可以让课堂气氛活跃起来,而且还可以让学生的思维活跃起来。例如在上正比例函数的时候就可以通过儿歌:"一只青蛙一张嘴,两只眼睛四条腿,'扑通'一声跳下水……"要求学生一个接一个的说下去,等到学生已经连续说到19只青蛙19张嘴,38只眼睛76条腿时,还可以问:n只青蛙呢?x只青蛙呢?如果我们设青蛙的只数是x,青蛙的眼睛数是y,就会水到渠成的出现,如果我们设青蛙的只数是x,青蛙腿的条数是y,就会水到渠成的出现。这样的课堂虽然花了一点时间让每位学生依次叙述儿歌的部分内容,看上去好像浪费了一点时间,但是采取这种方式引入不仅使得这节课课堂热闹非常,更加重要的是学生的数学学习积极性被极大地调动起来了,学生的大脑在飞速地运转,希望快速找到青蛙的数量、青蛙嘴的数量、青蛙眼睛的数量和青蛙腿的数量之间的联系,有利于培养学生迅速准确的数学计算习惯。

二、分组合作

俗话说：一人计短,二人计长。数学教学的目标不应该仅仅定位于交给学生一些数学知识,传授学生部分解题技巧,甚至于不仅仅是引导学生经历和领会数学思考的过程。数学教学还肩负着让学生逐步形成正确的情感态度价值观的重要任务。因此分组合作这一环节显得尤为重要。小组合作学习使学生全员参与进来,使学生全都动起来,调动了学生学习的积极性,培养了学生合作交流的能力。为了使得小组学习能够达到预期的效果,在开展合作交流的时候要注意几个原则。

1. 根据学生实际情况和教学的需要而合理的安排小组合作学习。
2. 遵循"组间同质、组内异质"的原则。
3. 最重要的是教师一定要在分组之后开展活动之前给学生清楚准确地布置任务,明确任务要求以及交流结束后希望达到的基本效果和成果交流的基本形式。

例如,在教学《圆的周长》时,安排学生小组合作学习。在做测量圆的周长活动时,要求学生四人一组自主分工：一是设计活动方案,二是记录测量数据,三是运用测量数据猜测出结果,四是归纳出圆的周长和直径的关系并就活动中的感受进行总结发言。

在反馈过程中,证明学生已经具备了做出优势互补的合理的安排的能力。组长组织大家通过讨论设计出活动方案,画图能力强的学生绘制测量示意图,认真细致的学生记录测量数据,计算能力强的学生利用已有的测量数据计算出结果,语言表达能力强的学生谈活动中的感受。在热热闹闹的气氛中小组合作的实效性得以彰显,使大家都得到了锻炼并发挥了自身的长处,并体验了合作学习的快乐。

三、自评互评

评论交流,这也是学生数学学习过程中的"完善自我"一步中的一环。即通过和同学们的评论交流、老师的点拨讲解、进一步的巩固练习及整节课的回顾反思和评价,纠正自己的错误的认识、解决自己的疑惑、收获自己的自信,进一步提高自己,充实完善自己。这一环节也可以和上一环节的分组合作展示交流相结合,展示的同时就对疑难问题展开讨论,发表不同的见解或质疑,辨明是非,相互取长补短,从而培养学生思维的广阔性、深刻性和辩证性等思维品质。这一步也可以贯穿整节课和学生数学学习的全过程,不过应当是学生自发的,既无须限制也不可强求。教师应引导学生对自己显性的学习结果和隐性的思考过程进行反思、评价,而不仅仅满足于得出结论。如在一题多问、一题多解的教学中,面对学生的多种解题思路和方法的正确性、简捷性,不断改进学生的思维方式。

在探究新知识的过程中,引导学生反思学习过程,包括知识的形成过程、学习方式、操作程序以及获得的结论等。在反思中体验解决问题的思维策略,感悟数学基本的思想方法。例如在教学"圆的周长"时,学生初步理解了圆周长的概念后,教师可要求学生测量出手中圆的周长。学生在独立思考的基础上想出了各种办法来测量圆的周长。

生1:在圆周上做个记号,然后沿着直线(或直尺)滚动一周,测出滚动的距离就是圆的周长。

生2:用绳子绕圆的一周,然后剪去多余的部分,再量出这根绳子的长度就是圆的周长。

生3:将圆对折(纸剪的)然后将弧沿着直尺滚动,再将滚过的距离乘2,就是圆的周长。

生4:将圆对折再对折,然后将弧沿着直尺滚动,再将滚过的距离乘4,就是圆的周长。

教师引导学生反思:刚才大家想出这么多方法测出了手中圆的周长,这么多不同的方法中有什么共同点呢?学生通过反思,悟出了"化曲为直"的数学思想方法。在热闹的自我评价和互相评价中,学生反思自己的操作方法,感悟其中渗透的基本的数学思想方法,使学生的认识有了质的飞跃。

四、即时竞赛

对于初中低年级,尤其是六年级的学生来说每节数学课的教学重点和难点不多,但是不等于六年级的数学不重要。打下良好的数学计算基础是六年级教学的重中之重。如何激发学生的学习兴趣,让学生主动投身于数学计算题的训练中去呢?笔者认为轰轰烈烈的小组竞赛和个人比赛相结合是行之有效的教学手段。比如在讲述了分数的乘除法之后马上随堂进行十道基本运算的个人竞赛。

$\frac{2}{3} \times \frac{3}{8} \times 16 =$ $\qquad$ $1 \div \frac{5}{11} \times \frac{5}{11} =$

$\frac{6}{5} \div 2 \div \frac{1}{5} =$ $\qquad$ $\frac{5}{7} \times 9 \div \frac{5}{7} \times 9 =$

$$\frac{8}{13} \div 7 + \frac{1}{7} \times \frac{6}{13} =$$

$$\frac{11}{13} \div \left[\left(\frac{5}{8} + \frac{3}{4} \right) \div \frac{5}{8} \right] =$$

$$\frac{35}{36} \div 7 \times \frac{4}{15} \div \frac{3}{5} =$$

$$\frac{19}{20} - \left(\frac{3}{5} + 2 \times \frac{1}{8} \right) =$$

$$\frac{44}{9} \times \frac{3}{8} \times \frac{6}{11} =$$

$$5 \times \frac{3}{4} + \frac{3}{4} \div \frac{1}{7} =$$

这样的题目难度不大,只要能够掌握基本的计算技巧和简便运算的规律,大多数学生都能够全对。在热闹的举手、对答案的过程中学生赢得了荣誉,也收获了自信。这样的全对率较高的竞赛对学生既是一种鼓励,学生可以把竞赛看作学习的一种动力;也是一种检验,通过正确率了解自己的水平,可以做出对自己的评价;还是一个舞台,一个展现自己的舞台,发挥自己的长处,发掘出自己的优点。

五、示弱故错

一节40分钟的数学课中学生很难长时间保持高度集中的注意力,有时部分学生开小差在所难免。这时教师是点名让学生起立批评他?走进身边悄悄地提醒他?还是为了保证课堂的进度对少数这样的学生视而不见?笔者认为比较好的办法是故意示弱或者出错,让学生来当小老师说明解题思路或者指出错误环节。如果学生能够回答出正确的答案,他将信心百倍地继续上课,如果学生回答不出题目,教师可以采取"竞争上岗"或者"换老师"的方法让要求其他同学协助回答。这样既能够起到提醒学生的效果,又给回答不出问题的学生保留了自尊。对于学习程度比较高的同学出错的可以设置的难一点;相反,对于学习程度不是最强的同学出错的难度就要设置得低一点。

2012年上海市闸北区一模卷第18题 在△ABC中,$AD \perp BC$于点D,$AB=20$ cm,$AC=15$ cm;$AD=12$ cm,点E在AB边上,点F、G在BC边上,点H不在△ABC外。如果四边形$EFGH$是符合要求的最大的正方形,那么它的边长是_____cm。

讲评的时候只画出图1,分析讲评得出结论是$\frac{300}{37}$之后教师问:这道题目讲完了吗?真的讲完了吗?为什么?对于分类讨论掌握得比较好或者突感比较强的学生马上会意识到对于这道题目的分析解答老师并没有讲完,原因是还有可能出现图2上所出现的情况。在学生的热闹争辩中,解答这道题目的第二种情况就出现了。教师还应该继续追问：为什么刚才我们没有想到这种情况呢？在热闹的讨论声中学生能自主探究出已知三角形的不相等的两边和第三边上的高，利用尺规进行作图，画出符合条件的三角形并不唯一，而是存在两种可能：一个钝角三角形和一个锐角三角形。

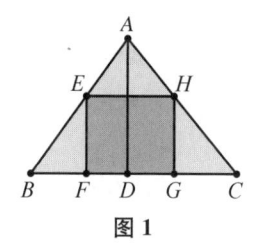

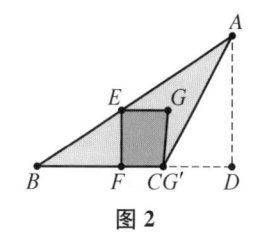

图1　　　　图2

是不是我们的数学课堂只需要上述的热闹，不需要安静了呢？在众多的公开课和示范课上我们看到执教者精心设计和准备了一个接一个的活动，开展了一个又一个的比赛，执教者们似乎不愿意让课堂出现一点儿安静。课堂是师生交流的场所是学生用心思考的地方。科学概念的建立、规律的领悟和应用、学科知识系统构建无不需要学生静下心来，深思、沉思、苦思、静思。笔者认为作为一门理性学科，数学的课堂上只有流畅华丽的热闹肯定是远远不够的，还需要适当、适时、适量的安静。

六、教材需要静读

对于许多定理以及定理的推导，内涵，外延和变化在教材上都有不同程度的叙述。数学课堂中教师应该带领学生一起安静地看教材、读教材、研究教材。尤其不是每一节课都能找到出新求异的情境引入，因此在许多新课的开始教师有必要带领学生静读教材，了解本课主要的学习内容、重点难点等等。每位学生带着自己的经验阅读教材，用自己的思维方式去理解教材，这个过程是教师对教材的分解阐述无法完全代替的。一个章节或单元结束教材上会出示相关复习要求，如知识框图、拓展阅读等等。这些内容有助于学生自主总结归纳和复习整理。例如通过对2012年上海市闸北区一模卷第18题的两种解答的反思与解释，引导学生翻阅沪教版（七年级第二学期）教材第116页阅读材料"'边边角'能判定三角形全等吗？"这将有利于培养学生重视教材、学生读教材和使用教材。

又如，在初二几何第三章《三角形》教学中，通过阅读教材可知三角形是最基本的直线形，它是研究其他图形的基础；而三角形知识又有广泛的应用；且在培养逻辑思维能力和推理论证能力方面又十分重要,学生应该把学习重点放在"全等三角形"这一部分上,务必使学生会用"一次全等""二次全等"及"添设辅助线"的方法证明问题,而这些又必须通过通览教材而获知。

七、回答问题前需要静思

提问是课堂教学中师生对话的一种常用方式,也是引导学生思考的常规手段。数学课堂往往是由一个接一个的问题串成。有的问题学生可以迅速回答,而有的问题就必须经过一段时间的思考才可以回答。

数学课堂上的每提出一个问题马上叫学生回答,而且回答得十分流畅,这种情况多半不太真实。要么问题太简单,学生无须思考就可以回答,例如"对不对""是不是",这样的问题对发展学生的思维没有任何益处;要么就是以优等生的回答来代替全班学生的思考;要么就是提前演练过很多次,答案已经熟记于心,学生可以不加思考地脱口而出,用虚假的热闹和流畅掩盖大多数学生缺乏思考的实质。

例如在讲评"将多项式 x^2+9 添加一个单项式后成为一个完全平方式,写出这个单项式"一题中,最早举手发言的学生基本上能够填出的单项式就是 $6x$ 和 $-6x$。此时教师应该先肯定这两个答案的正确性,再启发学生继续思考"完全平方式"这一要求,并留出足够的时间让学生静静思考。有了充分的时间思考,学生才能不遗漏地找出所有符合要求的答案。而这一思考问题的过程恰恰是对培养和提高学生数学思维来说最有价值的。

八、概括规律需要静悟

数学概念的建立和规律的发现是一个复杂漫长的过程,其中往往包括对现象的观察、分清矛盾的主次、透过现象看本质、由具体到抽象等一系列思维加工过程。在这个过程中需要足够充分的时间让学生静静地领悟,让学生真正悟透数学道理,理解数学本质,才能够在将来的学习中融会贯通举一反三。

例如在"垂径定理"一课时教师设计了这样几个活动环节,如表1所示。

表1

图形	活　动	规　律
—	用纸剪一个圆,沿着圆的任意一条直径所在的直线对折,你发现了什么?	结论:圆是_____对称图形,_____是它的对称轴。

(续表)

图　形	活　动	规　律
如图，AB 是⊙O 的一条弦，作直径 CD，使 CD⊥AB，垂足为 E。	(1) 如图是轴对称图形吗？如果是，其对称轴是什么？ (2) 你能发现图中有哪些相等的线段和弧？为什么？ 相等的线段：_____。 相等的弧：_____=_____； _____=_____。	垂径定理： 文字叙述是：垂直于弦的直径_____，并且_____。 符号语言： 因为 CD 是⊙O____，AB 是⊙O____，且 CD____AB 于 E。 所以_____=_____，_____=_____，_____=_____。
如图，在⊙O 中，AB 是弦，CD 是直径，	(1) 如果 AE＝BE 那么 CD____AB，$\overset{\frown}{AC}$＝_____ $\overset{\frown}{BD}$＝_____。 (2) 如果 $\overset{\frown}{AC}$＝$\overset{\frown}{BC}$ 那么 CD____AB，AE____BE，$\overset{\frown}{BD}$＝_____。 (3) 如果 $\overset{\frown}{AD}$＝$\overset{\frown}{BD}$ 那么 CD____AB，AE____BE，$\overset{\frown}{AC}$＝_____。	垂径定理的推论：_____

在教师引导学生通过图形得出结论的过程中一定要留出时间让学生静静地悟出规律，尤其是当学生总结出垂径定理的推论后，将垂径定理和推论放在一起进行对比，才能让学生慢慢体会出推而广之：有其二得其三。

九、变式解题需要静练

数学教学离不开解题，教师在例题的示范后，无疑会让学生动手练习。学生的课堂练习、课堂演算过程是不能由教师一手包办的，教师无论如何也代替不了学生的动手操练。

数学课堂上教师要给学生时间，让学生安静地思考，自主地练习。通过练习，让学生发现问题，总结思路，提炼方法，真正做到"教学合一"。让数学知识入脑，基本解题技能过手，数学方法得以掌握，让每一节课的每一条课堂教学目标都落在实处。

"变式训练"的实质是根据学生的心理特点在设计问题的过程中，创设认知和技能的最近发展区，诱发学生通过探索、求异的思维活动，发展能力。对习题的变式可以从以下几种不同的角度进行：一题多解、一题多变、一题多思、多题一法……

以"一题多变"为例。一题多变是题目结构的变式,是指变换题目的条件或结论,或者变换题目的形式,而题目的实质不变,以便从不同角度、不同方面揭示题目的本质,用这种方式进行教学,能使学生随时根据变化了的情况积极思索,设法想出解决的办法,从而防止和消除呆板和僵化,培养思维的灵活性。一题多变可以改变条件,保留结论;也可以保留条件,改变结论;或者同时改变条件和结论;也可以将某项条件与结论对换;等等。

如图 3,已知 C 为 AB 上一点,$\triangle ACM$ 和 $\triangle CBN$ 为等边三角形。

求证:$AN=BM$。

探索一:设 CM、CN 分别交 AN、BM 于 P、Q,AN、BM 交于点 R。问此题中还有其他的边相等以及特殊角、特殊图形吗?给予证明。

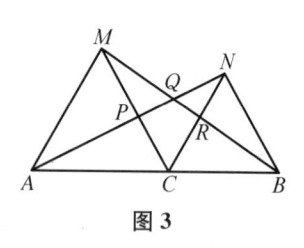

探索二:$\triangle ACM$ 和 $\triangle BCN$ 如在 AB 两旁,其他条件不变,$AN=BM$ 成立吗?

探索三:$\triangle ACM$ 和 $\triangle BCN$ 分别为以 AC、BC 为底且顶角相等的等腰三角形,其他条件不变,$AN=BM$ 成立吗?

探索四:A、B、C 三点不在一条直线上时,其他条件不变,$AN=BM$ 成立吗?

探索五:A、B、C 三点不在一条直线上时,$\triangle ACM$ 和 $\triangle BCN$ 分别变为正方形 $ACME$ 和正方形 $BCNF$,其他条件不变,$AN=BM$ 成立吗?

这样教学不仅提高了学生运用所学知识解决数学问题的能力,而且培养了学生的创新能力,发展了学生的求异思维。例如探索一到探索五对原题多做一些引申,既可以培养学生的探索能力,又可以培养学生的创新能力。每道变式训练的过程都离不开学生静静地思考和书写。

到了初三尤其是第二轮复习的时候学生普遍感到一听就会,一学就懂,但是一做就错。问题的根源在哪里?学生练习后的小结环节出了问题:教师讲得多,学生练得少,经历得少归纳得少,小结得少,必然掌握得少。

十、课堂小节需要静顾

就像一篇美文一样,精彩的数学课堂不仅需要引人注目的开头,更加要有耐人寻味的结尾。建构主意理论指出:学习的过程是学生自主建构知识的过程,学生要把所学的知识纳入已有的知识结构中去,通过对已有的知识结构的调整,重新建立新的知识结构,以便回忆、再现和提取。

一堂课的结束,并不是完成既有任务的终结,教师应利用学生的思维惯性,适时扩大"战果",根据本节课的内容有针对性地布置一定量的作业,这些作业可以是对某些试题进行多角度的改造,使旧题变新题,这既有利于学生巩固已有的知识,提升分析问题的能力,也有利于及时反馈教学信息。因此数学课堂教学不能草草地结束,也不能每次都由教师包办归纳、小结。教师应该精心设计,合理安排,留几分钟时间让学生静下心来好好回顾:本课我学到了一些什么?重点是什么?掌握了哪一些方法?还有哪一些问题?让学生自主完成知识的系统建构,以实现课堂教学的高效。

例如,在上高一数学新教材第一册(上)等差数列第二课时,在讲解完书本例4后,已经得出结论"若数列$\{a_n\}$的通项公式为$a_n = pn + q$(p,q为常数且$p \neq 0$),则$\{a_n\}$为等差数列"。在课堂小结时,教师可顺势提问:将题目中的一条件$p \neq 0$去掉,原结论还成立吗?其逆命题还成立吗?通过这些变式提问,学生们会充分调动积极性,不仅加深了对该例题结论的印象,而且还对巩固和提升知识大有裨益。

正所谓"教无定法"!课堂教学不可能千课一面,既不能一味地追求热闹,也不能一味强调安静。热闹和安静都不是课堂教学的本质,课堂教学必须以学生的发展为中心,所以课堂教学的本质要求之一是促进学生思考,调动学生的参与。当静之处则静,当闹之处则闹,闹静结合方显课堂教学的本质!

例谈压轴题课堂教学的育人价值

章建跃博士指出:解题的目标应聚焦于加深和理解"双基";学会思考,培养和发展思维能力;查缺补漏;培养良好的学习习惯;培养创造力;等等。这些目标的实现,极大程度上依靠"好题"。"好题"能够反映数学本质,能与重要的数学概念和性质紧密相关,能够体现基础知识的联系性,解题的方法自然多样,具有发展性,等等。命制一道好题需要对数学本质具有深刻的理解,研究一道好题需要熟悉考点、清楚设计意图、开放解题思路。同样一节优质的试卷讲评课教师应该清楚出题意图,灵活解题思路,促进学生数学思维发展。接下来以2015年上海市浦东新区一模卷第25题为例谈谈如何挖掘压轴题中的数学元素来提升学生数学学习品质。

一、试题呈现

2015年上海市浦东新区一模卷第25题 如图1,在边长为6的正方形$ABCD$中,点E为AD边上的一个动点(与点A、D不重合),$\angle EBM=45°$,BE交对角线AC于点F,BM交对角线AC于点G,交CD于点M。

(1) 连接BD,求证:$\triangle DEB \backsim \triangle CGB$,并写出$\dfrac{DE}{CG}$的值;

(2) 如图2,连接EG,若设$AE=x$,$EG=y$,求y关于x的函数解析式,并写出函数的定义域;

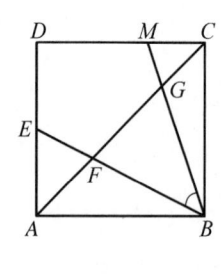

图1

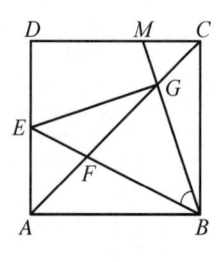

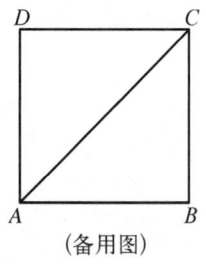

图2

(备用图)

(3) 当 M 为边 DC 的三等分点时,求 $S_{\triangle EGF}$ 的面积。

第1问解法:

如图3,连接 BD。

因为 $\angle EBM = \angle DBC = 45°$,所以 $\angle EBC - \angle DBM = \angle DBC - \angle DBM$,$\angle EBD = \angle GBC$。

又因为 $\angle EDB = \angle GCB = 45°$,所以 $\triangle DEB \backsim \triangle CGB$。所以 $\dfrac{DE}{CG} = \sqrt{2}$。

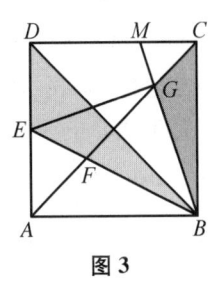

二、初步思考

此题围绕沪教版教材九年级第一学期重要教学内容并紧扣"相似"这一重要考点,能够较好地检测基础知识和基本技能的掌握情况。第1问的难度期望值为0.6~0.8,接下来的第2问难度期望值为0.4~0.5。

第2问解法一:如图4,过点 G 作 $GH \perp CD$,$GQ \perp AD$,$AE = x$,那么 $DE = 6 - x$。

根据(1)的结论 $\dfrac{DE}{CG} = \sqrt{2}$,则 $GH = DQ = CH = \dfrac{CG}{\sqrt{2}} = \dfrac{1}{2}(6-x)$,所以 $QG = DH = 3 + \dfrac{1}{2}x$,$QE = 3 - \dfrac{1}{2}x$。

在直角三角形 EQG 中 $\angle GQE = 90°$,所以 $EG^2 = EQ^2 + GQ^2$,$y = EG = \dfrac{1}{2}\sqrt{2x^2 + 72}$($0 < x < 6$)。

三、反思分析

这道题目是一道典型以正方形为背景的动点问题,是中考压轴题的常见题型。本题设计出不同层次的三个问题,既由浅入深,风格不同,又相互关联,前后呼应,属于"并列式"结构。这道题目围绕着上海教育出版社出版的教材九年级第一学期的"主干"和"核心"内容,紧扣相似三角形和四边形的相关考点,能够在检测基础知识的同时检测逻辑思维能力、计算能力和综合应用能力,具有一定的思维量。第1问考查相似三角形的判定定理;第2问基于第1问的结论研究两条线段之间的函数解析式;第3问在分类讨论的基础上利用第2问的结论进行三角形面积的计算。

在第1问的基础上分析图形中的边和角之间的关系,通过添加过点 G 的两条垂线构造矩形$GQDH$,利用矩形对边相等,将各种等量关系求出长度或用未知数x来表示的线段聚集在直角三角形QEG中,通过勾股定理得到线段AE和EG的函数关系式。

那么有没有其他方法可以求解线段AE和EG的函数关系式?

四、一题多解

仔细审阅这题的题干部分"点E为AD边上的一个动点(与点A、D不重合),$\angle EBM=45°$,BE交对角线AC于点F,BM交对角线AC于点G,交CD于点M"不难发现,整个图形的运动过程中,点E是主动点,而点G和点M是从动点,他们的位置是随着点E位置变化而变化的。联想到第2问的第一种解法中是过从动点G添加垂线,那么是否可以过主动点E添加垂线呢?

解法二:如图5,连接BD,作$EN \perp AF$,垂足为点N,则$EN=AN=\dfrac{\sqrt{2}}{2}x$。

由$\dfrac{DE}{CG}=\sqrt{2}$,得$CG=\dfrac{\sqrt{2}}{2}(6-x)$。

所以$NG=AC-AN-CG=3\sqrt{2}$。

在直角三角形ENG中$\angle GNE=90°$,所以$EG^2=EN^2+GN^2$,$y=EG=\dfrac{1}{2}\sqrt{2x^2+72}(0<x<6)$。

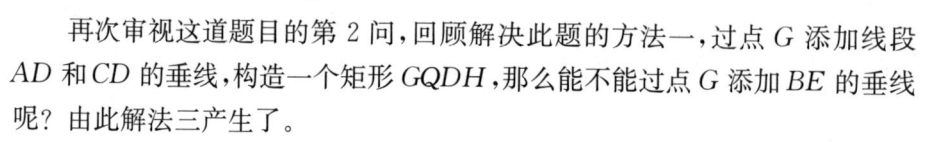

图5

再次审视这道题目的第2问,回顾解决此题的方法一,过点G添加线段AD和CD的垂线,构造一个矩形$GQDH$,那么能不能过点G添加BE的垂线呢?由此解法三产生了。

解法三:如图6,过点G作$GK \perp BE$,点K为垂足。

因为$\dfrac{BG}{BE}=\dfrac{1}{\sqrt{2}}$,$\dfrac{BK}{BG}=\dfrac{1}{\sqrt{2}}$,所以$\dfrac{BG}{BE}=\dfrac{BK}{BG}$,$\triangle BKG \backsim \triangle BGE$,$\angle GEB=\angle BGK=45°$,$\triangle EGB$是等腰直角三角形。

所以$EG=\dfrac{\sqrt{2}}{2}EB$。

因为$AE=x$,所以$EB=\sqrt{x^2+36}$。

所以$EG=\dfrac{1}{2}\sqrt{2x^2+72}$,即$y=\dfrac{1}{2}\sqrt{2x^2+72}(0<x<6)$。

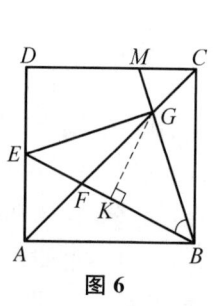

图6

与解法一、解法二相比,解法三的不同之处在于将目光从添加垂线构造直角三角形逐渐转向了分析△EGB 的特征,通过相似三角形的判定,发现△EGB 是一个等腰直角三角形,进而根据 EG 和 EB 的线段长度比值求出线段 AE 和 EG 的函数关系式。

课堂上教师引导学生反思前面三种解答过程,提出问题:在分析△EGB 的典型特征的过程是否一定需要通过添加辅助线构造相似三角形呢?回答显然是否定的。此时的课堂上学生的思维活跃起来,学生的语言也丰富了。

解法四:因为∠EAF=∠FBG=45°,∠EFA=∠GFB,所以△EAF∽△GBF。

所以 $\dfrac{EF}{FG}=\dfrac{AF}{BF}$。

连接 EG(如图7、图8),又因为∠EFG=∠AFB,所以△EFG∽△AFB,∠GEF=∠FAB=45°,△EGB 是等腰直角三角形。

图 7

图 8

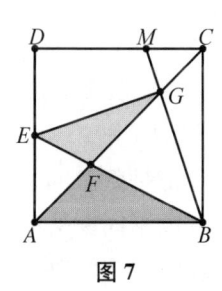

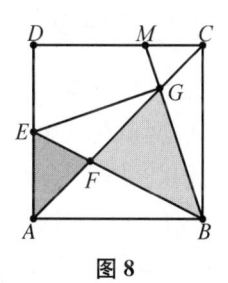

所以 $EG=\dfrac{\sqrt{2}}{2}EB$。

因为 $AE=x$,所以 $EB=\sqrt{x^2+36}$。

所以 $EG=\dfrac{1}{2}\sqrt{2x^2+72}$,即 $y=\dfrac{1}{2}\sqrt{2x^2+72}(0<x<6)$。

五、追本溯源

不添辅助线的解法四无疑是这几种解法当中最简单的一种。为什么想到这种解法的同学不多呢?追本溯源这是一个典型的"蝶形问题"或者说是"四点共圆"问题:"如图9,已知∠BAO=∠CDO,问图中有几对相似三角形?""已知 AO·OC=OB·DO,问图中有几对相似三

图 9

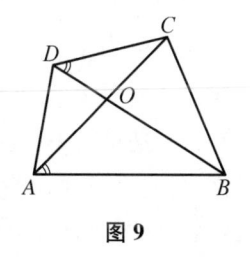

形?""已知 $AO \cdot OB = OC \cdot DO$,问图中有几对相似三角形?"等一系列问题皆属于"蝶形"问题的拓展。

在上海教育出版社出版的沪教版数学教材九年级第一学期第 25 页例题 1 中出现的就是这样的一个"蝶形"相似,无独有偶在同一课本的第 8 页的例题 2 以及九年级第一学期的教参第 30 页上归纳整理的几个基本图形中的最后一个也是以这个蝶形作为基本图形展开教学的。而教材和教参是具有数学知识数学理论和数学思维为特征的数学学科知识,类似这样一些简单问题,学生从复杂的图中是否能够抽象出"蝶形问题"或者说是"四点共圆"问题就成为是否能顺利解决第 2 问的关键了。

怎样才能使得学生能够在复杂图形中轻而易举看出对接替有帮助的基础图形呢?

六、解题启示

(一)重视"基本模型"构建能力的培养

罗增儒教授指出:如果能够辨别题目属于熟悉的类型,就用该类型相应的方法去解决(模型识别);如果遇到不熟悉和费解的习题,不能直接转化为熟悉的类型,那我们既可以"分解",使得每个小问题都是熟悉的,又可以揭示问题的深层结构,使问题的实质是熟悉的,同时还可以不间断的改变习题,最终划归为已经解决的问题。历年以来的各地中考题中都有"基础图形"的痕迹,其重要程度可见一斑。初三毕业班的数学教师对这一教学内容相当重视,每一位有经验的数学教师凭借着自己的理解和概括都能总结和提炼出一个又一个的模型,上课时教师讲授得头头是道,学生听得津津有味。可是当学生独立面对综合题的时候往往会束手无策。这样对于基础图形"识而不会"的情况为何屡屡发生呢?究其根源,最主要的原因就是缺乏构建的数学能力。大多数综合题中的基础图形都是"潜伏"在大段叙述性的文字或者复杂图形中的,需要适当添加辅助线构建基础图形才能逐渐清晰明朗。要培养构建能力就要求教师在日常教学中引导学生仔细观察基本图形,正确理解基础图形的关键特征,清楚基本图形的核心要素,鼓励学生大胆尝试补充添加辅助线以达到补齐基础图形所需要的全部核心要素的目的。行之有效的方法有:一是将简单的基础模型进行各种变式,逐渐将图形复杂化,将小问题深化;二是在各个综合题中抽取出简单的基础模型,双向思维训练不断培养数学思维的逻辑性和严密性。

例如图 10,对于这个蝶形的基础图形进行分析时还可以补充练习,以期达到夯实"基础模型"的教学效果。

变式一:如图 10,四边形 $ABCD$ 的对角线 AC 与 BD 相交于点 O,$AC \perp AB$,$BD \perp CD$,$\triangle AOD$ 的面积为 9,$\triangle BOC$ 的面积为 25,求 $\cos\angle AOB$ 的值。

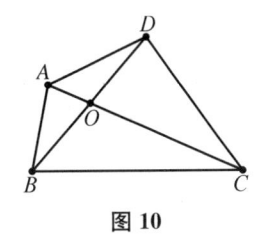

变式二:如图 11,如果 $AC \perp AB$,$BD \perp CD$,$\angle E = 60°$,求 $\dfrac{S_{\triangle AED}}{S_{\triangle CEB}}$ 的值。

变式三:如图 12,四边形 $ABCD$ 的对角线 AC 与 BD 相交于点 O,$AC \perp AB$,$BD \perp CD$,延长 BA 和 CD 相交于点 E,EN 是 $\angle BEC$ 的平分线,交 AD 于点 M,交 BC 于点 N,求证:$\dfrac{EM}{EN} = \dfrac{AD}{BC}$。

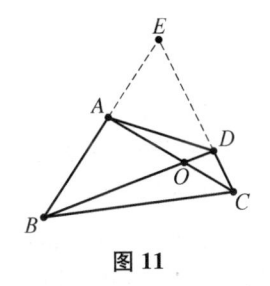

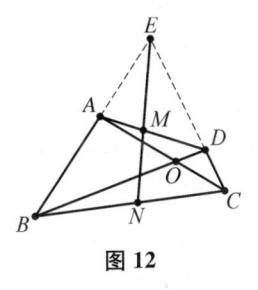

图 10

图 11 图 12

这一系列补充练习完成之后再引导学生反思回顾,就能比较自然地将上述两种教学方法比较完整的体现,这类"蝶形"基础图形能够牢牢地扎根于学生的脑海之中。

(二)初三复习课的教学提倡"题组设计"

由于初三数学课"时间紧任务重"的特点,教师善于将典型问题作为源问题,将典型例题中的核心知识点在不同问题情境中呈现出来,通过内在的一条线也就是基本图形,把他们集中成一个问题串,引导学生对解题思路、解题策略进行归纳总结,使学生形成一个有机认知体系,从而起到举一反三,触类旁通的效果。教师要善于引导学生自主探究,在反思问题的解题方法以及解题思路是否具有规律性的同时,再思考是否可以将这些思路和方法迁移到类似的问题中去;在反思图形的结构和位置发生改变的同时,弱化或加强命题的条件,结论能否拓展、引申、推广。平时加强对学生一题多变的题组训练,可以深化他们自觉地对问题的理解,优化学生的思维过程,完善他们的认知结构,从而提高他们自主探究的这一类问题的能力,分析解决这类问题的能力在不同程度上得以相应提高。

笔者建议将 2015 年上海市浦东新区一模卷的压轴题与 2016 年山东省淄博市中考卷的第 24 题放在一起编成"互逆式"题组进行课堂设计和讲解。

2016 年山东省淄博市中考卷第 24 题 如图 13,正方形 $ABCD$ 的对角线相交于点 O,点 M,N 分别是边 BC,CD 上的动点(不与点 B,C,D 重合),AM,AN 分别交 BD 于点 E,F,且 $\angle MAN$ 始终保持 $45°$ 不变。

(1) 求证: $\dfrac{AF}{AM} = \dfrac{\sqrt{2}}{2}$;

(2) 求证: $AF \perp FM$;

(3) 请探索:在 $\angle MAN$ 的旋转过程中,当 $\angle BAM$ 等于多少度时, $\angle FMN = \angle BAM$?写出你的探索结论,并加以证明。

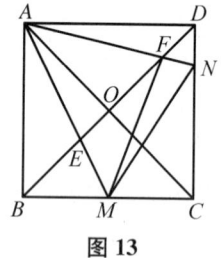

图 13

另外,对于这道压轴题的第 2 问,设 $AE = x$, $EG = y$,求 y 关于 x 的函数解析式,并写出函数的定义域;如果课堂上时间充裕,教师还可以在"设 $AE = x$"这一条件不变的基础上,将函数进行变化让 $DE = y$, $BE = y$, $AF = y$, $FB = y$, $EF = y$, $FG = y$, $BG = y$, $CG = y$ 甚至于 $MG = y$,要求学生求出 y 关于 x 的函数解析式。利用这样的题组教学可以进一步发展"用字母表示数"的基本能力,进一步拓展平行线分线段成比例定理的应用,进一步形成"锁链式"变式题组逐渐丰满复习课的层次和内容。

(三) 提高数学复习课的立意与品味

中考复习的目的不仅仅是简单地再现数学知识和熟练各种应用,更重要的是在于帮助学生深化对于数学知识内在联系的认识。由于这些联系大部分都是隐性的,仅仅依靠学生自己复习很难发现,有时候即使发现一些规律性的东西也只是一闪而过,很难自行总结归纳。这就要求初三数学教师在设计复习课的时候立意要高,不能就题讲题,以题论题,而应该让学生清楚地"知其然",主动地"知其所以然",积极探索"何以知其所以然"。日常教学中数学课堂上充满了数学知识点和数学题目,但所有的数学教学行为不能游离于数学思想方法之外,一旦游离,数学知识就会失去其真正的落脚点,数学题目的讲解便会降低有效性和迁移效果。每道数学题目犹如语文中的一篇范文,自身的主题或中心思想的挖掘需要对试题有足够的理解和把握,这个理解和把握的过程往往借助数学思想方法来完成。2015年上海市浦东新区一模卷第25题的前两问无不体现数形结合的数学思想,尤其是在第2问的几种解法的不断探索过程中突出了"以形助数"的效果。第3问的解答过程中离不开分类讨论和方程思想的数学思维。不断提醒、总结和归纳,不仅能够夯实学生的数学基础,提升学生的数学思维品质,而且能够使教师自身在繁忙复杂的日常教学工作中享受到愉快的创作感和设计感带来的愉悦心情。

回顾分析研究第2问的过程,从一开始相对机械地添加垂线利用勾股定理解出函数解析式到再思三思而得出四种不同的解法,我们不难发现其实解法四是利用"蝶形"或"四点共圆"的基础图形探求两条线段的函数关系式,这种方法既是回答第2问的简便方法,又是解决问题的通法。

学生解题后不反思就不能及时优化解题过程,无法锻炼数学思维;教师讲题后不反思就无法提高理解水平,无法提高研究水准。其实在每节数学课中,在每道题目的证明和解答中,学生收获最大的并不是得到正确答案,也不仅是具备解决这类问题的能力,而是真实感受到数学研究的过程,领悟数学思想和方法,享受多种解法相互碰撞产生的思维火花,感悟各种方法之间的区别和联系,这将对今后的学习和生活带来的深远影响。数学学科育人的核心价值主要体现在数学的理性精神以及蕴含其中的数学思想方法,所以需要教师引导学生从"就题论题"逐渐上升为"以题论法"的境界,最终达到"以题论道"的目的。数学学科育人的过程就是在课堂上师生共同"发现问题、提出问题、分析问题、解决问题"的过程。在研究数学的过程中不断思考"通法"和"巧法",逐步养成理性思考、严谨求证的分析和解决问题的习惯不仅能够指导学生将来面对的形形色色种类繁多的学习,有助于学生形成优化而高效的学习方法,而且能够引导学生进行理性思考,将现在的学法逐渐转化为将来的生活态度和生活形式!

参考文献

[1]　刘学勇.一道考试题的解题反思[J].中小学数学,2016(1-2):25-26.
[2]　任勇.你能成为最好的数学老师[M].上海:华东师范大学出版社,2011.

小 题 大 做

——浅谈试卷讲评课中的两圆相切问题

在初三数学的标准的中考或者中考模拟卷中,学生得分率最低的无非是第18题、24题和25题的最后两问。如果老师将一张试卷一讲到底或者将这些难点一讲而过,教学效果往往一般,学生的学习状态也不好甚至于无论教师讲多少遍,学生解答这些问题的正确率都不会有大的改变,因为学生大多处于被动接受的位置,相对来说,难免枯燥乏味,甚至有些学生还爱开小差或者打瞌睡。这是为什么?是初三的学生对数学科不够重视吗?是教师的习题课讲评不够精彩吗?其实都不是。我们知道数学教学活动应激发学生兴趣,调动学生积极性,引发学生的数学思考,鼓励学生的创造性思维,新课程改革特别提倡学生对知识的自主建构,但"隔靴搔痒"的教学方式,教师较容易控制课堂,课堂教学的每一个环节都能按照预设来进行,课堂进展顺利、流畅,能够比较顺利地完成预计的进度。但是,在这种教学里,学生往往只学会了模仿,没有经历自主探索知识的过程,更没有经历自主建构知识、自主创造的过程,数学学习能力并没真正得到培养与提高。

怎样才能让试卷讲评课上的难点不再成为学生笔下的"顽疾"?针对这种"一听就懂,一做就错"的尴尬教学局面,兵家有云:伤其十指不如断其一指。笔者认为教师可以努力尝试在试卷讲评课中将题目进行分类,提炼出各种数学思想,再根据不同的数学思想将散题有机地整合,引导台下学生在认真倾听、计算、讨论、交流的基础上不断体会数学思想,优化解题过程,强化知识点。数学思想是数学知识、方法的精髓。它能将零散的数学知识吸附起来,使知识结构得到优化,认识结构迅速构建,进而提高数学能力。只要能够将数学思想融入试卷讲解中,一定能够起到事半功倍的效果。

一、望气闻声

现代数学教学观认为,应该着重发展学生的思维,提高数学能力。要发展学生的思维,培养数学能力,提高文化素养,就必须使学生了解数学知识形成的过程,明确其产生和发展的外部与内部的驱动力。而在数学概念的确立、数学事实的发现、数学理论的建立以及数学知识的运用中,所凝聚的思想和方法,乃是数学的精髓。它会对学生的思维及整体文化素质,产生深刻而持久的影响,使学生受益终生。强调分类讨论的数学思想是"圆的单元"测试卷讲评课的重中之重。

在最近一次"圆的单元"测试卷中有一道这样的题目:已知直角三角形 ABC 中,$\angle ABC = 90°$,$AB = 3$,$BC = 4$,以点 B 为圆心作 $\odot B$ 与斜边 AC 相切,以点 A 为圆心的 $\odot A$ 与 $\odot B$ 相切,则 $\odot A$ 的半径为_____。

尽管在两圆的位置关系的新课中,笔者已经反复强调两圆相切包括内切和外切两种不同的情况,但是这道题目两个班级 80 位学生,正确答题的只有 19 人。

在这种情况下,试卷讲评课上笔者首先讲评的就是此题,此题的正题详解如下:

如图 1,过点 B 作 $BD \perp AC$ 于点 D。

在直角三角形 ABC 中,$\angle ABC = 90°$,所以 $AC^2 = AB^2 + BC^2$。

因为 $AB = 3$,$BC = 4$,所以 $AC = 5$。

在 $\triangle ABC$ 中,$S_{\triangle ABC} = \frac{1}{2} BC \cdot AB = \frac{1}{2} BD \cdot AC$,所以 $BD = \frac{12}{5}$。

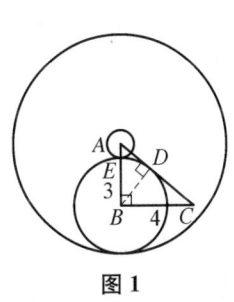

图 1

在 $\odot B$ 中,$BE = BD = \frac{12}{5}$,因为 $\odot A$ 与 $\odot B$ 相切,所以分内切和外切两种情况讨论。

(1) $\odot A$ 与 $\odot B$ 外切时,$R_{\odot A} + R_{\odot B} = AE$,$R_{\odot A} = AE - R_{\odot B} = 3 - \frac{12}{5} = \frac{3}{5}$。

(2) $\odot A$ 与 $\odot B$ 内切时,$R_{\odot A} - R_{\odot B} = AE$,$R_{\odot A} = AE + R_{\odot B} = 3 + \frac{12}{5} = \frac{27}{5}$。

综上所述,$\odot A$ 的半径为 $\frac{3}{5}$ 或 $\frac{27}{5}$。

接下来引导学生思考自己为什么会做错？下次如何避免类似的错误发生？及时小结反思后，如果试卷讲评课讲到这里戛然而止的话，或许教室里几个数学反思能力比较强的学生可能下次会避免类似的错误，但是大多数学生肯定还会一错再错。

二、问诊切脉

科学的分类有两个要求，第一是标准的统一，第二是不重不漏。划分只是手段，分类研究才是目的。这道题目主要考查的知识点是什么？分类的原因是什么？

因此，在试卷讲评课讲完一道题目之后，如果教师能引导学生进行反思小结从具体的题目中悟出一定的数学思想，那么本来枯燥无味的试卷讲评课顿时就会变得有声有色，令学生耳目一新。

此题主要考查对于两圆位置关系的数量认识与形象思维的联想能力。由于题目中仅仅说明两圆相切，并没有明确指出内切还是外切，因此需要分类讨论。正确解答这道题目要求学生具有一定的数形结合的能力，正确画出图形，能够利用两圆的半径和或半径差与圆心距的数量关系判定两圆的位置关系。

为了加强两圆相切的分类讨论的训练力度，教师可以选择一些难度相当或者稍加一点难度的题目进行下一步教学。笔者在这节试卷讲评课上预先将下题印在随堂练习纸上，反思小结上题后，马上进行现场练习。

如图 2，点 A、B 在直线 MN 上，$AB = 11$ cm，$\odot A$、$\odot B$ 的半径均为 1 cm。$\odot A$ 以每秒 2 cm 的速度自左向右运动，与此同时，$\odot B$ 的半径也不断增大，其半径 $r(cm)$ 与时间 $t(s)$ 之间的关系式为 $r = 1 + t(t \geq 0)$。

（1）试写出点 A、B 之间的距离 $d(cm)$ 与时间 $t(s)$ 之间的函数表达式；

（2）问点 A 出发多少秒时两圆相切？

思路分析：

（1）d 只受 AB 位置的影响，所以得 AB 两种不同的位置关系，逐一解决；

（2）明确对象：圆与圆的位置关系。

确定关键元素：圆心距和两圆半径。

确定位置关系：相切分为内切和外切，又由于 AB 位置的变化，故有四种不同的情况，即由左至右分别是外切、内切、内切、外切，逐一求解。

解：(1) $d = \begin{cases} 11-2t & (0 \leqslant t \leqslant \frac{11}{2}) \\ 2t-11 & (t > \frac{11}{2}) \end{cases}$

(2) $d = |2t-11|$，$r_{\odot A} = 1$，$r_{\odot B} = t+1$。

当两圆外切时，则 $r_{\odot A} + r_{\odot B} = d$，$2+t = 2t-11$，$t = 13$；$2+t = 11-2t$，$t = 3$。

当两圆内切时，则 $|r_{\odot A} - r_{\odot B}| = d$，$|t| = |2t-11|$，$t = 2t-11$，$t = 11$，$t = 11-2t$，$t = \frac{11}{3}$。

答：当点 A 出发 3 s、13 s、$\frac{11}{3}$ s 和 11 s 时两圆相切。

三、开一剂通路药

圆既是轴对称图形，又是中心对称图形，还具有旋转不变性，圆的这些特性决定了关于圆的某些问题会有多解。解答这类问题时需要按照一定的分类标准，分成若干种情况，逐一加以讨论。但是就两圆相切而言，仅仅单向讲清楚相切的分为内切和外切还是不够的，还应该进行各种变化的题目的训练，才可能弱化这个难点。

经验型教师在试卷讲评课上不会一讲到底，而是积极调动学生的学习热情，因为激发学生的问题意识才是增效减负的重要举措。上面的课堂练习题牵涉到了圆的动态问题，对于数学学习积极性很高的学生没有大的困难，但是对于学习困难学生还是有一定的思维难度。为了将相切这一概念大面积大范围的落实，笔者在课堂上还进行了随堂测试，下面就是 8 分钟测试内容。

1. 已知两圆的半径分别是 5 cm 和 6 cm，且两圆相切，则圆心距是_____。

2. 已知 ⊙O 的半径为 2，点 P 是 ⊙O 外一点，OP 的长为 3，那么以 P 这圆心，且与 ⊙O 相切的圆的半径一定是(　　)。

A. 1 或 5　　　　B. 1　　　　C. 5　　　　D. 1 或 7

3. 如果 ⊙O_1 与 ⊙O_2 内切，⊙O_1 的半径是 3 cm，$O_1O_2 = 5$ cm，那么 ⊙O_2 的半径为_____。

4. 两圆的半径之比为 5：3，当它们外切，圆心距长为 16，那么当它们内切时，圆心距长为_____。

5. 如图 3,在 $\triangle ABC$ 中,$AB = 4$,$AC = 10$,$\odot B$ 与 $\odot C$ 是两个半径相等的圆,且两圆相切,如果点 A 在 $\odot B$ 内,那么 $\odot B$ 的半径 r 的取值范围是_____。

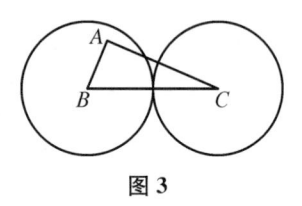

图 3

第 1 题主要考查学生将相切简单分为内切和外切两类。

第 2 题不仅考察了相切的分类,而且还综合了点和圆的位置关系。

第 3 题跳出了两圆相切背景下,已知两个半径求圆心距的陈旧考题模式,而是已知圆心距和一个半径求另一个半径。

第 4 题已知外切时的圆心距求两圆半径,再利用两圆半径求出内切时的圆心距。

第 5 题已知两个半径相等的圆,且两圆相切,其实就已经没有分类讨论了,只不过打着相切的名义考察点和圆的位置关系和三角形三边不等量关系。

课后笔者进行了统计,由课堂测试的成绩反馈可知,全对的学生达到近 45%,班级中的数学学习困难学生最多对 4 题,最少对 2 题。在研究两圆相切的问题中,班级中绝大多数学生已经有了分类讨论意识,只要克服计算的难关下次面对这样的考题时学生全做对并不困难。

四、配膏方

这一节试卷讲评课上到这里已经接近尾声,但是两圆位置关系中相切的研究却没有停止。在当天的作业中笔者布置了下面的题目作为课后作业。

在半径为 4 的 $\odot O$ 中,点 C 是以 AB 为直径的半圆的中点,$OD \perp AC$,垂足为 D,点 E 是射线 AB 上的任意一点,$DF \parallel AB$,DF 与 CE 相交于点 F,设 $EF = x$,$DF = y$。

(1) 如图 4,当点 E 在射线 OB 上时,求 y 关于 x 的函数解析式,并写出函数定义域;

(2) 当点 F 在 $\odot O$ 上时,求线段 DF 的长;

(3) 如果以点 E 为圆心、EF 为半径的圆与 $\odot O$ 相切,求线段 DF 的长。

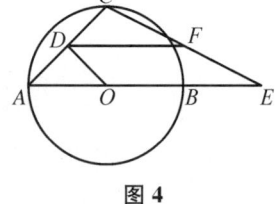

图 4

解:(1) 连接 OC,因为 AC 是 $\odot O$ 的弦,$OD \perp AC$,所以 $OD = AD$。因为 $DF \parallel AB$,所以 $CF = EF$,$DF = \dfrac{1}{2}AE = \dfrac{1}{2}(AO + OE)$。

因为点 C 是以 AB 为直径的半圆的中点,所以 $CO \perp AB$。

因为 $EF=x$，$AO=CO=4$，所以 $CE=2x$，$OE=\sqrt{CE^2-OC^2}=\sqrt{4x^2-16}=2\sqrt{x^2-4}$。

所以 $y=\dfrac{1}{2}(4+2\sqrt{x^2-4})=2+\sqrt{x^2-4}$，定义域为 $x\geqslant 2$。

(2) 当点 F 在 $\odot O$ 上时，连接 OC、OF，$EF=\dfrac{1}{2}CE=OF=4$，所以 $OC=OB=\dfrac{1}{2}AB=4$。

所以 $DF=2+\sqrt{4^2-4}=2+2\sqrt{3}$。

(3) 当 $\odot E$ 与 $\odot O$ 外切于点 B 时，$BE=FE$。因为 $CE^2-OE^2=CO^2$，所以 $(2x)^2-(x+4)^2=4^2$，$3x^2-8x-32=0$，$x_1=\dfrac{4+4\sqrt{7}}{3}$，$x_2=\dfrac{4-4\sqrt{7}}{3}$（舍去）。所以

$$DF=\dfrac{1}{2}(AB+BE)=\dfrac{1}{2}\left(8+\dfrac{4+4\sqrt{7}}{3}\right)=\dfrac{14+2\sqrt{7}}{3}$$

当 $\odot E$ 与 $\odot O$ 内切于点 B 时，$BE=FE$。因为 $CE^2-OE^2=CO^2$，所以
$$(2x)^2-(4-x)^2=4^2, 3x^2+8x-32=0$$
$$x_1=\dfrac{-4+4\sqrt{7}}{3}, x_2=\dfrac{-4-4\sqrt{7}}{3}（舍去）。所以$$

$$DF=\dfrac{1}{2}(AB-BE)=\dfrac{1}{2}\left(8-\dfrac{-4+4\sqrt{7}}{3}\right)=\dfrac{14-2\sqrt{7}}{3}$$

当 $\odot E$ 与 $\odot O$ 内切于点 A 时，$AE=FE$。因为 $CE^2-OE^2=CO^2$，所以 $(2x)^2-(4-x)^2=4^2$，$3x^2+8x-32=0$，$x_1=\dfrac{-4+4\sqrt{7}}{3}$，$x_2=\dfrac{-4-4\sqrt{7}}{3}$（舍去）。所以

$$DF=\dfrac{1}{2}AE=\dfrac{2\sqrt{7}-2}{3}$$

由于问题(3)中仅仅说明两圆相切，并没有明确指出内切还是外切，因此需要分类讨论。对于这道综合度较高的题目而言，解题之后我们还可以引导

学生反思实际上除了按照相切分为内切和外切之外,我们还可以探讨点 E 的位置,点 E 可以在线段 AO 上,可以在线段 BO 上,还可以在线段 AB 的延长线上,而这三种不同的位置正好对应了此题的三个不同的答案。

回顾这节试卷讲评课,以一道填空题为例,通过讲评小结、课堂练习、随堂测试、课后作业等教学环节强化了两圆位置关系相切问题中的分类讨论。表面上看来好像这节课进度太慢,没有讲完一整张试卷,只讲了一道题目,但是笔者认为宁可讲慢一点也要关注学生的接受程度,宁可讲细一点也要以发展学生的数学思维为教学目标。与其一节讲评课面面俱到,好像讲了很多题目,复习了很多知识,解决了很多问题,可实际上学生一听就懂,一懂就忘,一做就错,还不如这节课突出一个教学重点或者强调一种数学思想方法,让各种程度的学生都对这节课的内容留下深刻的印象。

一节好的数学课不仅要有数学知识还要有数学思想方法。基于这个观点这节试卷讲评课在知识层面是复习两圆的位置关系中的相切问题,在数学思想方面主要是强化分类讨论,当然课堂练习题中也渗透了化动为静的解题策略。上一节数学试卷讲评课就像病人去医院看中医,医生首先要望闻问切,在试卷中或者课堂上发现问题后,可以进行临床诊断,可以开出药方,照方抓药才能药到病除。

日本数学家和数学教育家米山国藏曾经说过这样一段话:学生们在初中或高中所学到的数学知识,在进入社会后,几乎没有什么机会应用,因而作为知识的数学,通常在学生出校门不到一两年就被忘掉了,然而不管他们从事什么业务工作,那种铭刻于头脑中的数学精神和数学思想方法,却长期地在他们的生活和工作中发挥着重要的作用。要让学生的头脑充满理性思考,数学讲评课的课堂教学的支点在哪里呢?经验是数学的基础,问题是数学的心脏,思考是数学的核心,发展是数学的目标,思想方法是数学的灵魂……

"教了白教"的反思与矫正

"学了等于没有学,教了等于没有教"是困扰初三学生和数学教师的严重问题。尤其是每次批考卷和讲评的时候,学生总是忐忑不安的等待成绩,数学教师却总是委屈加郁闷:明明讲评过明明分析过,怎么学生还是不会做?这样的例子不胜枚举。下面以 2011 年山东省济南市中考卷第 28 题和 2005 年烟台市中考卷的第 23 题为例,谈谈如何提高课堂教学效果。

例题 1:2011 山东省济南市中考卷第 28 题 如图 1,点 C 为线段 AB 上任意一点(不与 A、B 重合)分别以 AC、BC 为一腰在 AB 的同侧作等腰 $\triangle ACD$ 和等腰 $\triangle BCE$,$CA=CD$,$CB=CE$,$\angle ACD$ 与 $\angle BCE$ 都是锐角且 $\angle ACD=\angle BCE$,连接 AE 交 CD 于点 M,连接 BD 交 CE 于点 N,AE 与 BD 交于点 P,连接 PC。

(1) 求证:$\triangle ACE \cong \triangle DCB$;
(2) 请你判断 $\triangle AMC$ 与 $\triangle DMP$ 的形状有何关系并说明理由;
(3) 求证:$\angle APC = \angle BPC$。

图 1

例题 2:2005 年山东省烟台市中考卷第 23 题 (1) 如图 2,以 $\triangle ABC$ 的边 AB、AC 为边分别向外作正方形 $ABDE$ 和正方形 $ACFG$,连接 EG,试判断 $\triangle ABC$ 与 $\triangle AEG$ 面积之间的关系,并说明理由。

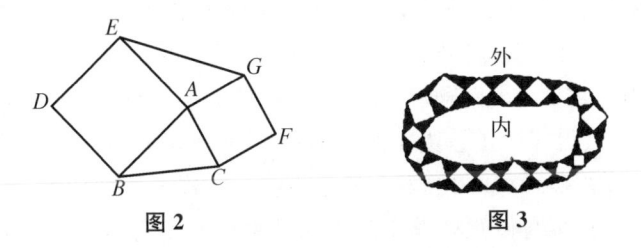

图 2

图 3

(2) 园林小路,曲径通幽,如图 3 所示,小路由白色的正方形理石和黑色的三角形理石铺成。已知中间的所有正方形的面积之和是 $a \text{ m}^2$,内圈的所有三

95

角形的面积之和是 b m^2，这条小路一共占地多少平方米。

虽然两道题目出示的背景不一样，考查的重点也不太相同，但是仔细比对后就会发现这两道题目的出题规律还是很接近的。第一题是等腰△ACD 和等腰△BCE 绕着点 C 旋转到 A、C、D 三点共线的时候研究三角形的全等关系和相似关系以及角度的等量关系，而第二题是正方形 ABDE 和正方形 ACFG 绕着 A 点旋转任意角度后连接 BC 和 EG，探索△ABC 与△AEG 面积之间的关系。不少学生都做过这两道题目，但面对这两道题目都会有不同程度的困惑和不解，不少学生无法解答，或者不能完整回答，考下来的情况是这两道题目得分率都不高。为什么会发生这种情况呢？深入调查分析后发现，尽管全等三角形的判定和相似三角形的判定定理一经深入人心，但是要求每位学生在复杂图形中迅速找出全等三角形和相似三角形基本是不可能的。复习三角形全等的时候，每位同学都能回答出证明三角形全等的四条判定，但是一旦到了稍微复杂一点的图形中审题审图和解题能力就大打折扣。还有一部分学生对于三角形全等的证明比较熟练，但是碰到证明三角形相似和证明三角形面积相等就束手无策了。这样一来，尽管这类试题讲过，做过好几次，很多学生仍然似懂非懂。部分学生只能按部就班地抄下解题过程，不能领悟和体会解答这类题目的其中奥妙，也就是知其然不知其所以然。还有部分学生即使课堂上当时听懂了，课后很快就遗忘了。为了避免这样课堂教学效果不佳的情况产生，笔者认为教师要端正教学思想，研究教学策略，提高教学效率。现在就以例题 1 为载体，阐述在中考复习中关于全等三角形和相似三角形复习课的教学策略。

一、重视课堂引入，让学生对于已经学过的知识保持持续的兴趣

复习课不同于新授课。新授课大多数可以用情景引入的方式吸引学生的眼球，有的数学课一开始放一段影片片段，有的数学课用 flash 制作一个小故事，还有的数学新课用相关的学生已经掌握的数学知识引入。但是复习课相对比较乏味，授课教师一般提供知识框图之后只能按部就班地先梳理知识点，再围绕这些考点由简到难讲评例题，时间长了，学生的复习兴趣就会逐渐减弱，复习课上的注意力难以长时间的集中，数学复习课中教学的有效性就难以提高。

教育家第斯多惠说过："教学的艺术不在于传授本领，而在于激励、唤醒和鼓舞。"如何激励、唤醒和鼓舞学生的复习热情呢？笔者认为可以从以下几方面进行尝试。

1. 设置由浅入深的引入设计，力争人人都能看明白，以期激励学生的复习

"教了白教"的反思与矫正

热情,让学生意气风发地投入复习课的后续学习。例如在复习讲评例题1、例题2之前可以先设置一些难度比较低的同等类型的例题。

例题3:如图4,△ABC 和△CEF 是两个大小不等的等边三角形,且有一公共顶点 C,连接 AF 和 BE。

(1) 线段 AF 和 BE 有怎样的数量关系?请证明你的结论;

(2) 将图4中的△CEF 绕点 C 顺时针旋转一定的角度,得到图5,(1)中的结论还成立吗?作出判断并说明理由;

(3) 若将图4中的△ABC 绕点 C 逆时针旋转一定的角度,请你画一个变换后的图形(草图即可),(1)中的结论还成立吗?作出判断不必说明理由;

(4) 根据以上证明、说理、画图,归纳你的结论。

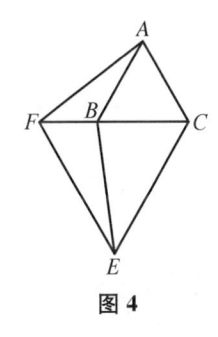

图 4 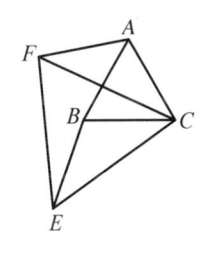   图 5

经过了例题3的练习再回到例题1的讲解,学生既能理解全等三角形的证明又能明白题目的条件变化会给结论带来怎样的变化。这样不仅能使学生对于同一类型的问题有比较深刻的认识,还能逐步对题型的转换产生兴趣,逐渐学会从做题到研究题目,逐步学会分析和归纳,逐步养成自主学习的学习习惯。

2. 设置"今天我当小老师"的引入设计,以题代纲,将复习的内容编成练习题,让学生见题想到知识点。例如在这节复习课前不妨出示下面这道题。

例题4:2009年湖南省怀化市中考卷第16题 如图6,已知 AB=AD,∠BAE=∠DAC,要使 △ABC≌△ADE,可补充的条件是(写出一个即可)。

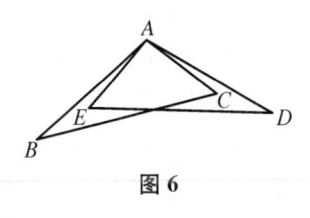

教师要求上台讲述的每位同学不仅补充出正确的答案,而且叙述出全等的理由,并在一旁板书,当此题填空过程结束,三角形全等的判定的复习也就告一个段落。由一道开放题引出的概念复习比单纯的提问式或提纲式的复习效果要好。因为它不仅能够通过提问和追问达到复习和梳理知识点的作用,

图 6

97

而且能够鼓舞学生的斗志,激发学生自主学习的积极性。经过这样的复习此时再讲例题1,学生就不会感到突然或者难以理解,而且会信心十足,充满解决问题的热情和自信。

3. 设置"填空补缺"的引入设计,知识回顾由学生组织,利用图表等方式引导学生通过填充填空、填表、框图,进行知识结构回忆(如表1)。一节数学课要求复习的所有内容和提纲均可设计成知识结构的形式。这样逐渐出示复习框图不仅大幅度增加了学生的参与度,而且耳边有复习语言、眼前出现复习文字的"双管齐下"的方式更加有利于唤醒学生脑海深处的记忆,有利于基本知识的掌握以及知识框架的有机建成。通过这种填空或填表的方式能够有效地唤醒学生已有的数学知识记忆,系统地复习相关知识点,也有利于比较的思想方法的渗透。

表1

三角形全等	三角形相似
边角边(SAS):有两条边和它们的夹角对应相等的两个三角形全等	?
角边角(__):有两个角和它们的夹边对应相等的两个三角形全等	?
角角边(__):有两角和其中一角的对边对应相等的两个三角形全等	
边边边(__):三边对应相等的两个三角形全等	?

二、强调追本溯源,让学生不仅知其然更要知其所以然

上课时往往会出现教师在讲台上说得眉飞色舞,学生在下面听得昏昏欲睡的情况。为什么会这样呢?不是学生不想学,也不是教师的解题过程不正确不精彩,而是只要有一个中间环节出问题,接下来的内容就让学生如坠云雾之中。在几何证明中这个出问题的环节多数就是辅助线的添法。什么时候需要添?怎么添?为什么这样添?

比如例题1最后一问的难度较大,常规思路是添加辅助线,在 DB 上截取 $DF=AP$,连接 CF,证明 $\triangle ACP \cong \triangle DCF$。以下是具体解题步骤。

证明:如图7,在 DB 上截取 $DF=AP$,连接 CF,由(1)知 $\triangle ACE \cong \triangle DCB$,所以 $\angle CAE = \angle CDB$。

又因为 $CA=CD, DF=AP$,所以 $\triangle ACP \cong \triangle DCF, \angle APC = \angle DFC, CP = CF$。

所以 $\angle BPC = \angle DFC, \angle APC = \angle BPC$。

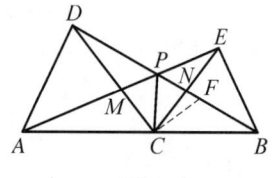

图7

在引导学生复习了三角形全等和三角形相似的判定,证明了例题1的第1和第2小问之后讲解第3小问的关键就是辅助线的添法。如果能够想到在DB上截取$DF=AP$,连接CF,就能够很顺利的进一步证明$\triangle ACP \cong \triangle DCF$,从而通过全等三角形对应角相等的性质证出结论。但是问题的关键是学生在答题的时候能不能想到添这样一条辅助线?怎样才能顺理成章地想到这样添辅助线呢?这就需要教师引导学生反复分析已知条件和已经证明过的结论。根据题目给我们的已知条件易得$CA=CD$,从(1)可知$\triangle ACE \cong \triangle DCB$,而根据这两个三角形全等我们又可以知道$\angle CAE=\angle CDB$。根据这两个条件引导学生进行合理猜想$\triangle ACP$是否能够全等与$\triangle DCF$呢?于是我们就顺理成章联想到在$DB$上截取$DF=AP$,连接$CF$,构造出了两个全等的三角形$\triangle ACP$和$\triangle DCF$。每当遇到学生思维可能产生的转折点,教师的分析一定要到位、一定要清晰。通过一个阶段的坚持训练,学生对于同类型的问题就能够得心应手地解决。

当然这道小题还有其他的解法由(2)得对应边成比例,转证$\triangle AMD \backsim \triangle CMP$,得$\angle APC=\angle ADC$;同理,$\angle BPC=\angle BEC$。在两个等腰三角形中,顶角相等,则底角相等。

古人有云:"落其实者思其树,饮其流者怀其源。"对于例题的讲解也是这样,教师要明确教学的重点,要舍得花时间分散难点突出重点,不仅要让学生"落其实"和"饮其流"更要让他们"思其树"和"怀其源"。如何才能真正做到让学生不仅知其然更要知其所以然?这就要求教师自身有比较强的业务能力,对初中数学教学中的一些本质的问题能够把握得比较好。解决这一问题的具体的教学策略有很多,但是最实用的课堂教学策略就是在教学中教师不仅要经常发问,还要有适当的追问和精彩的点拨。发问往往是问:"怎么做?"而不要问:"对不对?是不是?"追问往往是问:"为什么?""还可以怎样?"出现在学生陷入困境后的点拨往往是指明解题方向,热烈讨论后的点拨往往是小结归纳。但是无论是发问、追问还是点拨,都要启发和引导学生的数学思维,让学生不仅知道怎样做,还要知道为什么这样做。只有这样才能真正促进学生的理解,增强学生的学习能力。

三、进行比较教学,让学生在归纳小结中主动思考

讲评课和复习课最忌讳的就是赶进度,听听一节课好像讲了十几道题目,其实一道都没有讲透没让学生听懂。兵法有云:伤其十指不如断其一指。身为数学教师我们宁可进度放慢一点,也要讲题目讲透一点;宁可自己少讲一

点,也要学生多讲一点;宁可上课的节奏慢一点,也要多留一点时间让学生静思静悟。

例题1的第3问还有其他的解法,上课的时候可以留一点时间给学生思考,留一点时间让学生发言,我们就会惊喜地发现学生的脑海中会呈现出各种不同的解法。

解法二:如图8,过点C作$CS \perp AE$,垂足为点S,作$CQ \perp BD$,垂足为点Q,易证$\triangle ACS \cong \triangle DCQ$,所以$SC = QC$。

又因为$CS \perp AE$,$CQ \perp BD$,所以$\angle APC = \angle BPC$。

解法三:由$\triangle ACE \cong \triangle DCB$可知$\angle EAC = \angle BDC$。所以$A$、$C$、$P$、$D$四点共圆,$\angle APC = \angle ADC$,

同理可证$\angle BPC = \angle BEC$。

因为$CA = CD$,$CB = CE$,所以$\angle ADC = \dfrac{180° - \angle ACD}{2}$,$\angle BEC = \dfrac{180° - \angle BCE}{2}$。

因为$\angle ACD = \angle BCE$,所以$\angle ADC = \angle BEC$,$\angle APC = \angle BPC$。

解法四:如图9,由$\triangle AMC \backsim \triangle DMP$可知
$$\dfrac{AM}{DM} = \dfrac{CM}{PM}$$

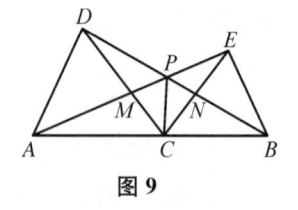

因为$\angle AMD = \angle PMC$,所以$\triangle AMD \backsim \triangle CMP$,所以$\angle APC = \angle ADC$。

同理可证$\angle BPC = \angle BEC$。

因为$\angle ADC = \angle BEC$,所以$\angle APC = \angle BPC$。

如果在上课的过程中教师不断启发学生用不同的方法证明这道小题,学生一边说,教师一边板书,黑板上就可以呈现出这几种不同的解法。这时是结束这道题目的分析开始讲评下一题还是继续围绕这道例题做文章呢?

有效的数学课堂应该是学生主动学习思考的课堂,提高数学教学的有效性就是最大程度上要让学生多思多练多说。对于第3小问学生提供的多种证法,此时与其结束这道题目的讲解开始下一题不如教师进行小结,与其教师自

己小结就不如教师引导学生进行自评和互评。学生自评和互评的内容包括：分析每种证明方法的不同点，体会每种证明方法主要是依靠什么数学定理实现的，进而推广到符合什么样特征的题目可以用这种证明方法，等等。

四、重视反思，引导学生边"学"边"思"

明代文学家谢榛曾经说过："起句当如爆竹，骤响易彻，结句应如撞钟，清音有余。"巧妙的课堂小结为一堂课是否精彩留下悬念，对整堂课能起到画龙点睛的效果。课堂小结不应是教师的可有可无的独白，或仅提供现成的结论，给课堂划一个句号；而应该是在教师的引导下的学生的回顾与反思、归纳与抽象、概括与升华的学习活动。虽然这一教学环节可能不是课堂教学的高潮，且用时短暂，往往不为师生所关注，但只要我们用心为之，就能够创造出"意未尽，味无穷"的境界，为彰显学生学习的主体性、扎实掌握数学学习的方法、凸显数学思想、浓厚学习兴趣，起到积极的促进作用。要提高课堂小结的效率，教师一定要预留足够的时间，精心设计，巧妙安排。在小结的形式上有激励式课堂小结、悬念式课堂小结、点睛式课堂小结、游戏式课堂小结、故事式课堂小结、强化式课堂小结和呼应式课堂小结等。

数学复习课的高潮部分正应该是课堂小节。以本课为例，有了视觉、听觉双管齐下的知识框图的互动整理，就逐渐形成了两个共一个顶点的正三角形的简单说理，弄清楚了为什么添加辅助线和怎样添加辅助线，明白利用不同的数学定理可以用不同的方法来证明题目，师生共同进行课堂小结，一定会让每位学生都能够有所收获，每位学生都能够言之有物，每位学生都能够情绪饱满地说出自己的体会。如此便再也不会出现"讲了等于没讲，教了还是白教"的"悲剧"了。一节普通的全等三角形和相似三角形的复习课就因为师生的互动而精彩，因为师生的共同参与而有效！

从提问与表达的公平公正 谈数学优秀生的培养

本案例是笔者主持的市级课题"走出题海——数学思想方法在初中复习课中的研究与实践"的研究成果之一。通过这个案例的研究,希望通过一题多解发散和多解归一的集中来启发学生的数学思维,提升学生的数学思维品质,发展学生数学思维水平。下面以2011年上海市浦东新区中考二模卷的第25题为例展开一节作业讲评课。

例题1:如图1,已知在 $\triangle ABC$ 中,$AB=4$,$BC=2$,以点 B 为圆心,线段 BC 长为半径的弧交边 AC 于点 D,且 $\angle DBC=\angle BAC$,P 是边 BC 延长线上一点,过点 P 作 $PQ \perp BP$,交线段 BD 的延长线于点 Q。设 $CP=x$,$DQ=y$。

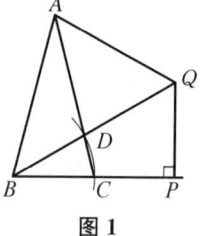

(1) 求 CD 的长;

(2) 求 y 关于 x 的函数解析式,并写出它的定义域;

(3) 当 $\angle DAQ=2\angle BAC$ 时,求 CP 的值。

解:(1) 因为 $\angle DBC=\angle BAC$,$\angle BCD=\angle ACB$,所以 $\triangle BDC \sim \triangle ABC$,$\dfrac{CD}{BD}=\dfrac{BC}{AB}$。因为 $AB=4$,$BC=BD=2$,所以 $CD=1$。

(2) 因为 $BC=BD$,所以 $\angle BCD=\angle BDC$。因为 $\angle DBC=\angle BAC$,$\angle BCD=\angle ACB$,所以 $\angle ABC=\angle BDC$,$\angle ABC=\angle ACB$,$AC=AB=4$。

作 $AH \perp BC$,垂足为点 H,所以 $BH=CH=1$。

作 $DK \perp BC$,垂足为点 K(如图2),可得 $DK \parallel AH$。

所以 $\dfrac{CK}{CH}=\dfrac{CD}{CA}$,即 $\dfrac{CK}{1}=\dfrac{1}{4}$,$CK=\dfrac{1}{4}$,$BK=\dfrac{7}{4}$。

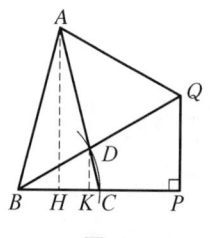

又因为 $DK \parallel PQ$，所以 $\dfrac{DQ}{BD} = \dfrac{KP}{BK}$，即 $\dfrac{y}{2} = \dfrac{x + \dfrac{1}{4}}{\dfrac{7}{4}}$。

整理，得 $y = \dfrac{8}{7}x + \dfrac{2}{7}$，定义域为 $x > 0$。

（3）因为 $\angle DBC + \angle DCB = \angle DAQ + \angle DQA$，$\angle DCB = \angle ABD + \angle DBC$，所以 $2\angle DBC + \angle ABD = \angle DAQ + \angle DQA$。

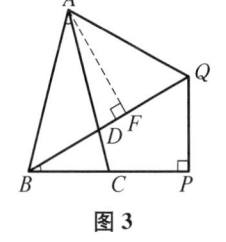

因为 $\angle DAQ = 2\angle BAC$，$\angle BAC = \angle DBC$，所以 $\angle ABD = \angle DQA$，$AQ = AB = 4$。

作 $AF \perp BQ$，垂足点 F，易得 $BF = QF = \dfrac{y+2}{2}$，$DF = \dfrac{y-2}{2}$。

所以 $3^2 - \left(\dfrac{y-2}{2}\right)^2 = 4^2 - \left(\dfrac{y+2}{2}\right)^2$，解得 $y = \dfrac{7}{2}$。

所以 $\dfrac{8}{7}x + \dfrac{2}{7} = \dfrac{7}{2}$，解得 $x = \dfrac{45}{16}$，即 $CP = \dfrac{45}{16}$。

这是一节典型的作业讲评课。引导学生读题不仅是师生共同进行初步数形结合，还是让学困生回忆此题已知条件的一个过程。审题之后只要能够观察到 △BDC 和 △ABC 中两个角分别相等，第 1 问即可迎刃而解。根据课前对于作业的批改，全班 100% 能够过关。

热身结束后很快进入第 2 问的研究过程，根据批改作业的过程中收集到的不同解法让学生自由发挥，归纳了 3 种不同辅助线的添法，写出 4 种方法来确定 DQ 和 CP 之间的函数解析式。在这个过程中有学生自主发言，教师根据学生的思路添加辅助线；有教师先添出辅助线，引导学生观察图形特征。

对于得分率非常低的第 3 问，牢牢抓住"当 $\angle DAQ = 2\angle BAC$ 时"这一子条件，引导学生做出 $\angle DAQ$ 的平分线或者构造 $\angle BAC$ 的两倍角。再寻找复杂图形中的基本图形来确定线段 DQ 的长度，从而得到一个关于线段 CP 的一元一次方程求解 CP 的值。

最后引导学生对于这道题目的讲评进行小结。从数学知识层面上，构造平行线分线段成比例的两种基本图形，利用比例线段确定 DQ 与 CP 的关系，从数学思想层面，构造相似三角形实现线段比的转化，通过构造半角或倍角的角度转化实现线段的求解，多次强调了转化的数学思想。

第 2 问解法二：如图 4，过 B 作 $BF \perp CD$，垂足为 F，易得 $CF = \dfrac{1}{2}$，$AF = \dfrac{7}{2}$。利用 $\triangle BQP \sim \triangle ABF$ 得到 $\dfrac{BP}{AF} = \dfrac{BQ}{AB}$，进而得到 $y = \dfrac{8}{7}x + \dfrac{2}{7}$。

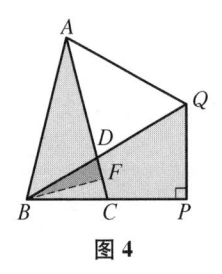

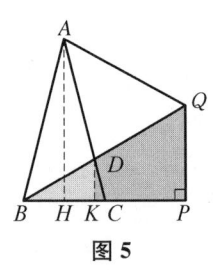

图 4

图 5

第 2 问解法三：如图 5，因为 $DK \parallel AH$，所以 $\dfrac{CK}{KH} = \dfrac{CD}{AC}$，可以得到 $\dfrac{CK}{KH} = \dfrac{1}{3}$，$CK = \dfrac{1}{4}$，$HK = \dfrac{3}{4}$，$BK = \dfrac{7}{4}$。再利用 $DK \parallel PQ$，可以得到 $\dfrac{DQ}{KP} = \dfrac{BD}{BK}$，得 $y = \dfrac{8}{7}x + \dfrac{2}{7}$。

第 3 问解法二：如图 6，从 $\angle DAQ = 2\angle BAC$ 处入手，"折半"转化，作 AG 平分 $\angle DAQ$，交 BQ 于 G，先通过 $\triangle ABD \cong \triangle AQG$ 得到 $QG = BD = 2$；再通过 $\triangle ADG \sim \triangle BDC$ 得到 $DG = \dfrac{3}{2}$，进而发现 $DQ = \dfrac{7}{2}$，然后运用第 2 问中求出的函数解析式求得 $CP = \dfrac{45}{16}$。

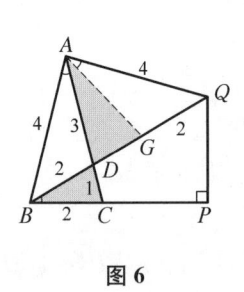

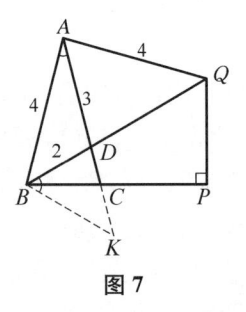

图 6

图 7

第 3 问解法三：如图 7，从 $\angle DAQ = 2\angle BAC$ 处入手，"加倍"转化，作 $\angle KBC = \angle CBD$，射线 BK 交射线 AC 于 K。

先证 $\triangle KBD \backsim \triangle DAQ$ 得到 $\dfrac{BK}{AQ}=\dfrac{BD}{AD}$ 然后求出 $BK=\dfrac{8}{3}$；再通过 $\triangle BKC \backsim \triangle AKB$ 得到 $\dfrac{CK}{BC}=\dfrac{BK}{AB}$ 得到 $CK=\dfrac{4}{3}$，$DK=\dfrac{7}{3}$，再利用 $\triangle KBD \backsim \triangle DAQ$ 得到发现 $DQ=\dfrac{7}{2}$，然后运用(2)中求出的函数解析式求得 $CP=\dfrac{45}{16}$。

[情景片段]

本课最难忘的一个片段出现在离下课还有 5 分钟的时候，对于这道题目的第 3 问已经出现了 3 种不同的方法，此时还有一位同学想发言。于是产生了如下对白：

Z生：在 BC 上任意取一点 K。

师：任意取？

Z生：没有，没有！使得 BD 什么叫作 α 角。

师：在哪里做？能不能用精准的数学语言来表达你的想法？你告诉我怎么做，做出来的图跟你所希望看到的一模一样。

Z生：在 BC 上任意取一点 K。

师：点 K 的位置可能性太多，我不知道怎么取呀！

Z生：听我说，听我说！要让那个角等于 ∠QBP。

师：哪一个角？

Z生：∠KDB = ∠QBP。

师：噢，明白了。

(转身画图，如图 8)我们能不能说以 BD 为始边，D 为顶点，在 △BCD 的内部作 ∠KDB = ∠QBP，射线 DK 交 BP 于点 K，或者直接说作线段 BD 的垂直平分线交 BP 于点 K。

Z生：再过 K 作 BD 的高，然后算出 BK 的长。

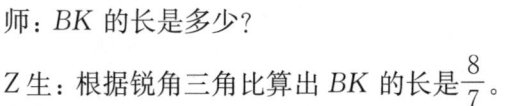

师：BK 的长是多少？

Z生：根据锐角三角比算出 BK 的长是 $\dfrac{8}{7}$。

师：啊！这么神奇！秒出 BK 的长度呀！其他同学听懂了吗？我们随便问一个同学试试。S 生你懂吗？

S生：差不多吧！

师：为什么 BK 的长是 $\dfrac{8}{7}$？

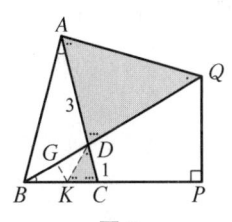

S生：……

众生：三角比呀！三角比得到的。

师（故作惊慌）：用什么样的三角比才能得到这个答案呀？你们之间是有多大的默契呀？这样的跳跃都能一步到位？我完全不明白！

学生们哄堂大笑。

Z生（得意扬扬）：根据第2问的最后一种锐角三角比的解法我们已经算过，所以 $BD=2$，$BG=1$，那么 $BK=\frac{8}{7}$。

师：哦，原来是这样！（为了帮助更多的同学理解，我继续一边在黑板上板书，一边口头简述Z的解题思路）

计算出 $DK=BK=\frac{BG}{\cos\angle CBD}=\frac{8}{7}$ 之后，然后根据 $\angle BDC=\angle ADQ=\angle BCD$，$\angle QAD=\angle DKC$，证出 $\triangle CDK \backsim \triangle DQA$，得到 $\frac{CD}{DQ}=\frac{DK}{QA}$，再将 $CD=1$，$DK=\frac{8}{7}$，$QA=4$ 代入比例式，进而求得 $DQ=\frac{7}{2}$，然后运用第2问中求出的函数解析式求得 $CP=\frac{45}{16}$。

Z生（得意扬扬）：对呀对呀，就是这样。

众生会心地微笑和记笔记。

师：回顾这道题目的研究过程，想一想这么多同学不同的发言、不同的方法对我们自己将来独立面对类似的压轴题有什么帮助和启发？

A生：嗯！……

B生摇摇头，笑。

班级安静1分钟。此时w生抬起头自信地看着老师。

师：那么w同学你来说说看。

W生：体现了转化的数学思想。

师：怎么体现的？具体体现在哪里？

W生：第1问通过两个相似三角形转化对应线段成比例，从而求出线段长。

师：那么第2问呢？

W生：通过锐角三角比转化成线段成比例，确定 y 与 x 的解析式。

师：第3问呢？第3问中的转化思想具体体现在哪里？

W生：本来打算求x的值，只要求出y值就可以了。

师（走上讲台，对照图形进行圈画）：大家看黑板上的三个图，每一个图都是将求解线段DQ的长度作为主要矛盾来处理。只要解出函数值就可以求解自变量的数值。

[案例分析与反思]

分析一：在课堂教学中，根据试题的重点、难点或学生容易出现思维障碍处甚至于计算的出错处，有针对性地设计错误点，引导学生去讨论，让学生来纠正，有利于保护学生创新意识，培养学生的探索能力。

当教室中各种疲态尽显之时，教师可以故意出错，以期学生发现错误、剖析错误最后达到规避错误的目的，也可以故意装傻以期学生将跳步的过程进行细化。在前文的教学片段中添加辅助线和得到线段BK的长度两处产生了矛盾。前者教师反复询问的目的在于规范作图语言和强化辅助线的功能性，后者教师帮助基础薄弱同学复习这个等腰三角形中顶角的余弦值，这是部分学困生在听课过程中想问不敢问的问题，通过教师的适时"装傻"和适当"示弱"进一步解释和强化。

分析二：真实的课堂不可能教师一帆风顺地提问，学生一马平川地回答。适当的矛盾冲突才是最珍贵的即时生成资源。本节课上到35分的时候基本完成这节课的教学任务，但是此时还有学生举手希望表达自己的观点怎么办？固定的课堂时间和活泼的解题思路产生矛盾怎么办？

无论根"以学生为本"的教育指导思想，还是促进师生情感融合的育人角度看，笔者都坚持认为：让学生说！学习是学生自己的，数学思维是学生自己的，数学题目是学生自己的，数学课堂还是学生自己的。引导学生研究难度比较大的压轴题，我的原则是"做得好不如说得好"。会做仅仅是在规定时间内能够综合运用各种数学知识，形成比较优化的解题策略来解题，但是能够站起来表达自己的想法相比会做就显得更加熟练，更加流畅，不仅需要较高的数学思维水准，还需要具有较高的语言表达能力以及各类数学语言的规范使用。对听课同学来说教学舞台上换了主演也能让本来可能静水无澜的课堂气氛更加轻松活跃。

分析三：长期以来初中数学教师重视新课、概念课，轻视复习课、试卷讲评课和作业讲评课，主要现象有：

1. 重讲评轻反馈现象。教师对讲评内容和方法根本就没有做深入的思考，对讲评课讲什么缺乏了解。闭门造车，忽略了对学生学习情况的掌握。

2. 重结果轻过程现象。部分教师在讲评过程中心情急切，总想给学生多讲一些,讲评急于破题,把讲评的重点放在这个题应该怎么做和讲懂讲通讲透上,结果学生听得头头是道,再做再考还是不会。多次做过讲过的题仍不得分,这固然有学生的原因,教师的讲评也存在很大的问题。主要原因有两个:一是教师没有引导学生对出错的原因作具体的分析;二是忽视了对"怎么想到这样做"的过程探究。这样就导致讲评起点过高,脱离了学生的实际需要。

3. 没有突出方法的训练。数学学科方法包括观察、猜测、探究验证、比较、分类、归纳、概括等。讲评的重点放在知识上,缺乏思路分析,缺乏思维过程的展现,讲评课的效果可想而知。

4. 逐一对答案的讲评仍有市场。讲评无目的现象突出,随心所欲、不分主次、详略。根据多次听课观察发现的种种现象后的反思,本课设计围绕一道题目进行一题多解和多解归一的讲评,希望通过教师有意识地引导将学生的数学问题解决从就题论题上升到研究解决同一类问题的通法通则,进一步上升为用数学思想方法来研究数学问题的层次。

分析四:数学复习课中,舍得留白。读完题目之后要舍得留时间让学生思考,接完题目之后要舍得留时间让学生反思,一题多解之后要舍得留时间让学生回味,多解归一之后要舍得留时间让学生整理笔记,快下课的时候要舍得留时间让学生小结,学生遇到困难的时候要舍得留时间让学生互相帮助,学生展示之后要舍得留时间让学生互相评价和教师及时小结。真实的复习课一定不会是"唱一唱,跳一跳,拍拍手,弯弯腰"这样看似热闹,实则肤浅的,而应该是教师和学生之间的教学相长,应该是学生和学生之间的取长补短,应该是数学知识和数学思想之间的互相渗透,应该是极具个人特色的各种思路的相互碰撞,应该是数学思维的多角度地欣赏和全方位地分享!

点评

对于数学优秀生源相对较多的民办学校而言,关注数学学习困难相对较多的学生固然重要,但是课堂提问与表达的公平与公正已经不仅仅体现在学习困难较多的学生身上,而是体现在对于数学优秀生的课堂发言问题的倾听与回应。

在数学困难生相对较多的课堂上,教学者敢于倾听并即时回应学生的课堂发言,视乎不是一件十分困难的事(这里暂不讨论课堂上故意忽视某些与教学预设不吻合发言的现象),但是在数学优秀生相对较多的课堂上,认真倾听并且能够即时回应学生的发言,则是一个挑战。不是每一位数学教师都能够接住学生的问题。

因此，对于优秀生源相对集中的民办学校而言，课堂提问与表达的公平与公正已经不仅仅体现在对于部分学习困难生的关注上，而恰恰体现在对于数学优秀生发言的倾听与回应上。从这个意义上说，我对胡素芬老师在本案例中的教学行为十分赞赏。

本案例的文字中虽然有些口头用语（如学生Z的发言与胡老师的回应），但这些语言在当时的课堂教学环境中必然是十分生动。"在哪里取点？能不能用精准的数学语言来表达你的想法？你告诉我怎么做，做出来的图跟你所希望看到的一模一样。"类似的语言，在本案例中不止一处，我们的课堂所需要的，其实就是类似如此的生动、具象的课堂交流表达。关注提问与表达，我们所关注的恰恰就是这样的提问与表达。

"真实的课堂不可能教师一帆风顺地提问，学生一马平川地回答。适当的矛盾冲突才是最珍贵的即时生成资源。"胡老师的这个论点非常正确，正是因为这样的理念，所以胡老师才能够在即将下课的5分钟内，依然能够倾听并回应优秀学生的发言，且能够立足这个意外的课堂生成资源，组织全体学生学习、运用。

我欣赏这个案例还有另外一个原因，那就是在本案例中，胡老师并没有就题论题，而是立足题目，组织学生进行一题多解、多解归一训练。

从这个案例所描述的情境，我们对于胡素芬老师主持的市级课题"走出题海——数学思想方法在初中复习课中的研究与实践"的研究过程与研究成果充满了期待。

（上海市嘉定区教师进修学院　孙琪斌）

"物体位置的确定"教学设计

一、教材分析

"物体位置的确定"选自苏科版教材八年级第 1 册第 5 章第 1 节。这一节教材编写的特点有三个：一是连续性。第 4 章已经学习了平方根、立方根和实数，理解了数轴上的点和实数一一对应的关系。本课研究物体位置的确定为后继内容——第 5 章第 2 节的平面直角坐标系奠定基础，起到了承上启下的过渡作用，体现数学的传递性。二是应用性。选取贴近学生生活的素材作为教学确定物体位置的学习载体，从中让学生体会数学知识和现实生活的必然联系，体现数学的现实性。三是开放性。教材上的教学内容留给学生极大的思考空间，需要学生综合以前的知识，通过观察、猜测、操作、计算、推理、想象等多方面能力共同配合确定物体的位置，培养空间观念，体现了数学的思考性。

二、学情分析

知识准备方面，前期的几何学习中学生已经掌握了三角形的相关知识，如全等三角形的判定定理和性质定理、等腰三角形的性质定理以及轴对称图形的性质等。近期学生刚刚结束第四章有关实数的学习，理解数轴上的点与数一一对应，初步体会"由数定形"和"由形定数"的双向关系。

数学能力方面，学生的数感已经逐渐形成，运算能力逐步增强，逻辑推理能力和抽象思考能力有一定程度的提高，但还需要进一步加强。

此外，八年级的学生已经具有一定的空间想象能力，正处于形象思维到抽象思维的过渡阶段。此时开展物体位置的确定到平面直角坐标系的学习符合学生的年龄特征和心理特点，顺应知识的发展过程。但是由于跨地区借班上课，对于学生的基本情况不明确，学生对于三角形中特殊三角形的边角关系理解是否到位，对于中垂线性质定理的掌握是否扎实，对于物体运动全过程的观察力是否敏锐都直接影响本课教学目标的实现。

三、教学目标

（1）知道可以用数量（一对有序数对）来描述物体（一个点）的位置，并能初步运用。

（2）知道数量的变化与位置的变化具有紧密联系，从中感受运动变化的观点。

（3）经历研究数量变化和位置变化的全过程，逐步提高发现问题、提出问题、分析问题和解决问题的能力，体会数形结合的数学思想和数学的应用价值。

四、教学重点与难点

物体位置的确定的必要性和合理性。

五、教法分析

本课采用活动探究和问题驱动式教学方法。通过设置一系列探究活动和问题交流引导学生实践、观察、分析、讨论、猜测和验证，引导学生经历数量变化和位置变化的全过程，感受运动变化呈现的数据规律和几何特征。在整个学习过程中，不仅始终贯穿了"由数到形"和"由形到数"的数形结合思想，而且学生逐步学会从生活的角度理解数学，从数学的角度观察生活，加深对数学的应用性的理解。

六、教学过程

（一）创设情境，以点连线

从图1中我们可以看出动车由上海虹桥出发第一站是金山北，那么宜兴是上海始发的第几站？上海始发的第3站是什么站？

图1

1. 活动探究

"一带一路"分别指的是丝绸之路经济带和21世纪海上丝绸之路，由2013年9月和10月由中国国家主席习近平分别提出的伟大构想。

2. 问题

(1) 在城市中、陆地上我们可以用标志物来描述事物的位置及其位置变化,但任何地方都有标志物吗?哪些地方有?哪些地方没有?

(2) 航行在茫茫大海上,运输船只怎样随时向基地报告自己的准确位置?(引出课题)

(3) 在城市、海洋、沙漠、草原这些地方,你会选标志物法、经纬度法中的哪一种来描述位置?你发现了什么?

3. 设计意图

(1) 通过站点和站名之间的互换复习数轴。

(2) 通过创设"21世纪海上丝绸之路"的情景,由简单的连点成线入手引出课题,体现"数"与"形"之间的紧密联系,进行定性研究。

(二)再创情境,以数描点

1. 活动探究

试根据表格提供的数据,在地图上描出某台风中心位置的移动。(展示作品)

表 1

时 间		东经(°)	北纬(°)	时 间		东经(°)	北纬(°)
8月22日	02:00	130.7	19.6	8月25日	02:00	122.1	25.5
	14:00	128.9	20.9		14:00	120.4	25.5
8月23日	02:00	127.1	22.2	8月26日	02:00	117.9	24.3
	14:00	125.5	23.5		14:00	116.6	23.8
8月24日	02:00	124.5	24.6	8月27日	02:00	114.4	23.4
	14:00	123.5	25.3				

2. 问题

(1) 观察描述台风中心位置的表格数据和台风移动路径图:

① 表内描述台风位置的每对数据都相同吗?

② 每对数据所描出的点的位置相同吗?

③ 通过以上两点的探讨,你发现了什么?

(2) 在经纬度法确定物体位置的时候,经度和纬度的数据互相调换后被描述的物体的位置是否发生变化?

(3) 为什么从上海到宜兴的高铁动画中一个数字就可以确定物体的位

置,而地图上描出点需要两个数字呢?

(4)举几个生活中的具体事例来说明两个有顺序的数字就可以确定物体的位置?

(5)类似这样的例子举得完吗?请爸爸妈妈、亲戚朋友一起来举呢?那么我们能不能找出这些例子中的共同点——用什么来确定平面上物体的位置?

3.设计意图

(1)通过熟悉简明的台风中心移动的现实情景将学生引入"有序数对"与"点"的研究,从定量研究的角度揭示两者间一一对应的数学本质。

(2)经历从生活实例中抽象出数学内容,再根据数学内容回到生活中去的过程,初步体会从生活的角度理解数学,从数学的角度观察生活。

(三)数据找点,点对应数

1.活动探究

如图2,围棋棋盘由纵横各19条平行线相交成361个交叉点组成。对局

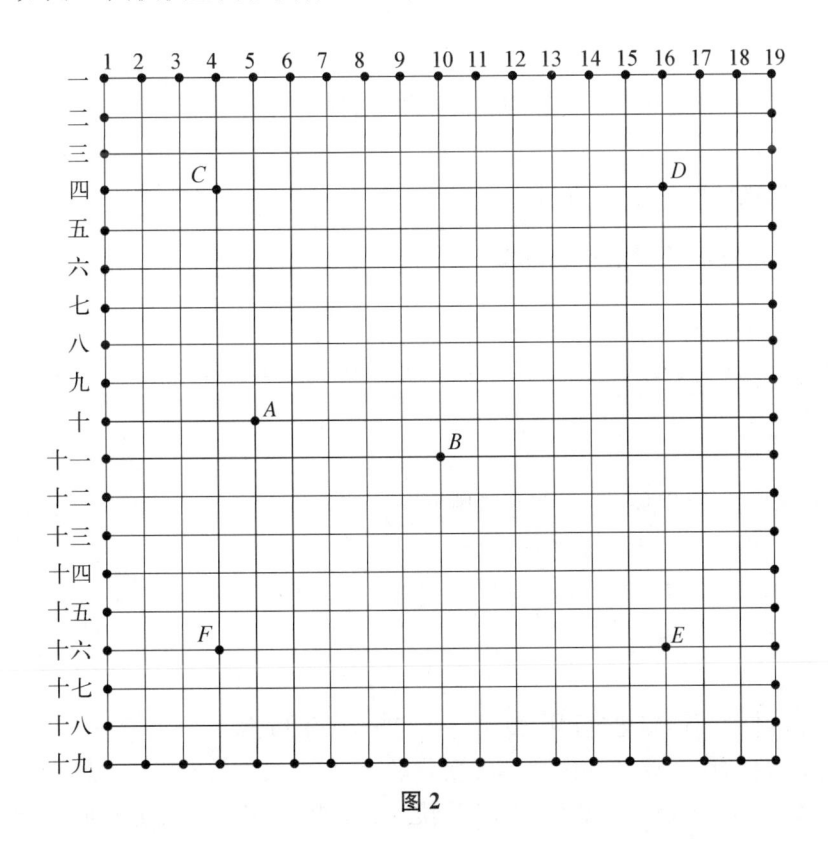

图2

时,双方在棋盘的交叉点上轮流下一个子。我们把纵线从左到右用阿拉伯数字编为第 1-19 路,横线自上而下用中文数字编为第一至十九路,按照先纵后横的次序就可以准确地描述棋子的位置。例如,图中的点 A 记为"5,十";点 B 记为"10,十一"。

2. 问题

(1) 分别说出棋盘上的点 C、D、E、F 的位置。

(2) 试在图中画出点 $M(7,六)$;点 $N(13,十六)$。

(3) 如果把"先纵后横"的次序改成"先横后纵",其他不变,请说出点 A 的位置;

(4) 如果把"纵线从左到右用阿拉伯数字编为第 1 到 19 路"改成"纵线从左到右用阿拉伯数字编为第 19 到 1 路",其他不变,请说出点 A 的位置;

(5) 在(4)的基础上,如果我们继续把"横线自上而下用英文字母编为第 a 至 r 路",请说出点 A 的位置;

(6) 为什么同一个棋盘、同一个点,可以用这么多不同的有序数对来描述呢?

3. 设计意图

(1) 通过围棋棋盘的问题,进一步掌握有序数对和点的一一对应关系;

(2) 通过改变编号的顺序,改变纵向和横向的编号数据等活动体会确定物体的位置过程中的相对性。

(四)动感体验,说理计算

1. 活动探究

如图 3,l 是线段 BC 的垂直平分线,点 A 沿着直线 l 自上而下运动。

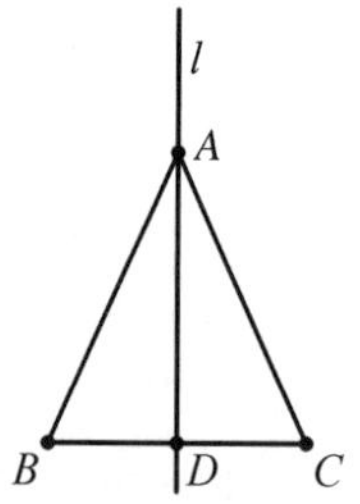

2. 问题

(1) 图 3 中哪些量发生变化?哪些量不变?

(2) $\angle BAC$ 的大小是如何变化的?

(3) 点 A 在什么位置时,△ABC 是等边三角形?△ABC 是直角三角形?

图 3

3. 设计意图

(1) 体会图形变化过程中数量"变"与"不变"的关系。

(2) 经历研究数量变化和位置变化的全过程,在图形变化过程中观察数据变化规律,逐渐培养学生独立发现问题,自主提出问题,进而分析问题,解决问题的能力。

（五）自主探究，小组交流

1. 活动探究

点 P、Q 在直线 l 外（如图 4），在点 O 沿直线 l 从左向右运动的过程中，形成了无数个三角形：$\triangle O_1PQ$，$\triangle O_2PQ$，…，$\triangle O_nPQ$，$\triangle O_{n+1}PQ$……

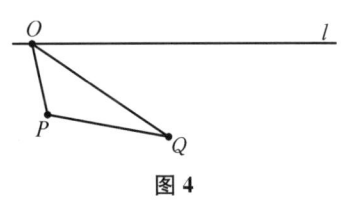

图 4

2. 问题（小组讨论）

（1）观察这些三角形的周长是如何变化的。

（2）由此可以发现：在这样的运动变化过程中，这些三角形的周长有没有变化？怎么变化？这无数个三角形的周长有没有最小值？有没有最大值？如果有，试确定点 O 的位置。

（3）联系比较两个几何问题，还有什么发现？

3. 设计意图

（1）模仿前一题的研究流程，逐步进行自主研究，在小组讨论中发现问题，提出问题，分析问题，解决问题。

（2）引导学生体会数量变化和位置变化关系。

（3）利用几何画板让学生体会动态几何中"以数定形"和"以形助数"的数形结合思想。

（六）阅读感受，学以致用

心电图是检查、诊断心血管疾病的重要手段之一。

心脏肌肉收缩时，会产生一股股微小的生物电流，这些变化的电流所产生的电压可以通过心电图机放大后显示出来，形成一条波形的连续曲线，成为心电图。

心电图把有关数据直观反映出来，建立了"数"和"形"的联系。

设计意图：通过阅读，让学生感受生物电流的数量变化可以转化为图形变化；在阅读和表达中增强解释问题能力，体会数学的应用价值。

（七）回顾小结，感悟提升

最后请大家回顾整节课的上课内容，结合自己和其他同学在这节课上的表现，谈谈自己的所见所闻、所思所想。

设计意图：引导学生复习数轴三要素，逐渐形成从一维数轴到二维平面的知识建构，充实知识网络，展望三维坐标系的形成，完成从线到面，从面到体的扩充。

（八）课后作业，拓展思考

作业：课本第119页5.1习题。

思考：观察围棋棋盘上的点 C 和点 F，点 F 和点 E 的位置关系和数量特征。（如图5）

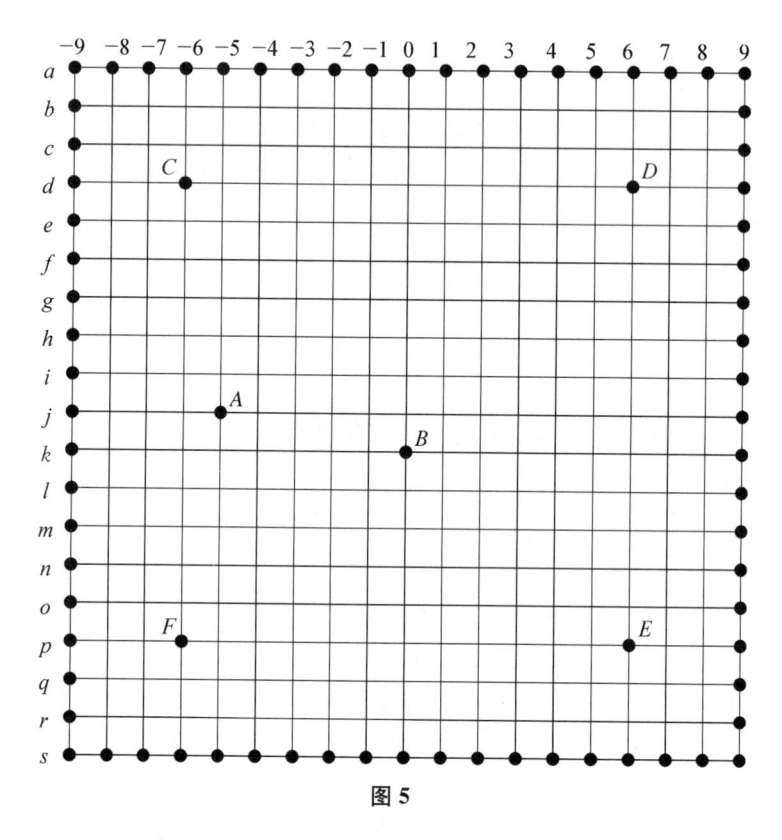

图5

例谈概念课中的六个结合点

概念是思维的细胞,是表达知识的基本方式。人们通常在感觉直觉观念等过程基础上综合运用比较、分析、综合、抽象和概括等一系列方式获得概念。数学概念兼顾客观性与主观性、具体性和抽象性、确定性和灵活性、独立性和系统性等特征。数学概念的学习是数学学习的基础,数学概念教学是数学教学的基础。本文主要以"物体位置的确定"这节课为例,补充一些其他案例谈一谈数学概念教学中的六个结合点。

一、抽象与具体

数学的研究对象是现实世界中的空间形式和数量关系,这是具体的现实的材料,同时数学又是以极度抽象的形式来反映现实世界的空间形式和数量关系,这是非常抽象的。事实上,高度的抽象性是数学的三大特征之一。在由概念形成方式或概念的同化方式获得数学概念的过程中注意数学概念的抽象性与具体性是上好概念课的关键。因此在常见的概念教学活动中,基本都是按照"给例子—找属性—举例子—找规则(下定义)—再辨析"的五个环节的套路来实现的,"给例子"和"举例子"都是现实生活中的具体事例,而"找属性"就是让学生根据教师给出的例子,用数学的眼光抽象出具体事例中的数学本质属性,"再辨析"就是根据这一数学概念的内涵与外延,让学生进一步认清概念的本质,以便学生应用概念解决问题。

"物体位置的确定"这节课主要讲清楚了两个问题:物体的位置需要描述,物体的位置可以描述。这节课的探究活动一中,基本完成了"给例子—找属性—举例子—找规则(下定义)"四个环节。让数学课堂上的概念教学从生活中来,引导学生找出平面上物体的确定需要两个有顺序的数对这一数学属性,再让学生回到生活中去,发挥想象自行举出类似的例子。根据生活—数学,数学—生活,两次往返,加深学生对于平面上物体的位置与两个有顺序的数是一一对应的理解。把新知识和学生原有的生活经验和数学现实(一根数轴)联系起来,把命题信息和知觉信息结合在一起,有利于学生形成新的认知结构——平面上的点和两个有顺序的数一一对应。后面根据棋盘的问题引导学生对于"两个有顺序的数"这一概念进行辨析,找到规则中最重要的两点:定顺序,定编号。

二、严谨与直观

严密的逻辑性是数学的三大特征之一,严谨性是数学的独特之美。具体表现在数学定义准确地揭示了数学概念的本质属性;数学结论存在且确定,对错分明,绝不模棱两可;数学逻辑推理严密,从公理开始演绎到最后一个环节不允许有一句假话,甚至于不允许一个错误的符号。爱因斯坦说:"为什么数学比其他一切科学受到特殊尊重,一个理由是它的命题是绝对可靠和无可争辩的,而其他一切科学的命题在某种程度上都是可争辩的,并且经常处于会被新发现的事实推翻的危险之中。"著名教育家弗赖登塔尔就把严谨性原则作为数学教学的基本原则之一。

但是由于我们面对的是十几岁的初中生,过分强调严谨性往往会让学生对数学产生一种畏惧心理,甚至于失去学好数学的信心。直观在前,严谨在后,严谨的知识如果离开直观,学生无法接受。正因如此许多数学教学论的著作提出了严谨性和量力性相结合的原则。这里所指的量力性是指"严谨性的要求应受到学生可接受性的制约"。也就是说,在学生可接受的范围内,数学教学必须遵循严谨的原则。所以在概念的引入时强化或突出直观思维的培养,将概念的引入到概念的归纳这一过程节奏放慢,在概念的形成过程中愿意而且舍得花时间和精力,而在后面下定义和概念的辨析中强调严谨性,将直观和严谨有机结合,对于提升学生学习信心,提高数学教学质量肯定是利大于弊的。

笔者曾在听课中见到过教师把概念的产生、引入、抽象、概括、归纳等环节统统省略,要求学生背熟定理后直接进入练习环节。这看似节约了大量时间,但是由于概念的产生过快,概念的辨析不够,概念的理解不深刻,导致后期学生在概念上经常出错。因此在概念教学中,教师应该舍得花时间引导学生对于知识的引入、运动全过程的探究,让学生掌握数学知识的来龙去脉,兼顾概念辨析和应用时的严谨,不仅能够激发学生的学习积极性,而且有利于学生数学知识结构的建构。

"物体位置的确定"一课教学设计的其中一个例题,选用原来教材的处理是把围棋棋盘中横线条和纵线条分别进行编号,约定顺序,然后要求学生确定点的纵和横的两个数据,给出数据组要求学生描出点。考虑到后期学习如何建立平面直角坐标系之后,即将展开进行点的平移和坐标系的平移,所以在围棋棋盘背景下设置改变规则中的纵横编号的先后顺序,改变纵横的编号等一系列问题,引导学生从观察中学会思考,从思考中找出"两个有顺序的数"的两个规则。

再举一个例子,在2017年2月的一次周测卷中笔者将2015年山东省滨州市中考卷的第12题放在了该周测卷选择题第3题,阅卷过程中发现参加考试的213人,选对此题者189人,有24人出错。看上去这个问题初三年级学生基本过关了,可是在随后的问卷调查中发现有156人回答这个答案是猜对的,另外33人中也基本上是通过画图猜测或者带入点的具体坐标猜测,能够通过严格推理证明得到正确答案的学生凤毛麟角。

例题1:2015年山东省滨州中考卷第12题

如图1,在 x 轴的上方,直角 $\angle BOA$ 绕原点 O 按顺时针方向旋转。若 $\angle BOA$ 的两边分别与函数 $y=-\dfrac{1}{x}$、$y=\dfrac{2}{x}$ 的图像交于 B、A 两点,则 $\angle OAB$ 大小的变化趋势为(   )。

A. 逐渐变小   B. 逐渐变大
C. 时大时小   D. 保持不变

图1

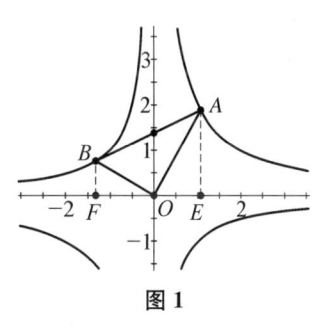

过点 A、点 B 分别作 x 轴的垂线,垂足分别为点 E 和点 F,易证 $\triangle AOE \backsim \triangle OBF$。

解法一:设点 A 的坐标 $\left(a, \dfrac{2}{a}\right)(a>0)$,点 B 的坐标 $\left(b, -\dfrac{1}{b}\right)(b<0)$,则 $OE=a$,$AE=\dfrac{2}{a}$,$OF=-b$,$BF=-\dfrac{1}{b}$。

因为 $\dfrac{BF}{OE}=\dfrac{OF}{AE}$,可得 $a^2b^2=2$,$ab=-\sqrt{2}$,所以 $\tan\angle OAB=\dfrac{BF}{OE}=\dfrac{-\dfrac{1}{b}}{a}=-\dfrac{1}{ab}=\dfrac{\sqrt{2}}{2}$。

解法二:$\dfrac{S_{\triangle BOF}}{S_{\triangle AOE}}=\left(\dfrac{OB}{OA}\right)^2$,$\dfrac{OB}{OA}=\sqrt{\dfrac{S_{\triangle BOF}}{S_{\triangle AOE}}}=\dfrac{\sqrt{2}}{2}$,$\tan\angle OAB=\dfrac{OB}{OA}=\dfrac{\sqrt{2}}{2}$。

如果在学习反比例函数的相关概念的时候,教师引导学生对于反比例函数系数的几何意义加以理解和应用,我想利用第二种方法迅速快捷的解题并非难事。适当补充图2、图3的两道题目更加能够帮助学生加深严谨与直观的理解。

练习一：(1)点P是$y=\dfrac{k}{x}$图像上的任意一点,过点P作$PA\perp x$轴于点A,作$PB\perp y$轴于点B,求证：$S_{矩形OAPB}=k$。

(2)点A、点B是$y=\dfrac{k}{x}$图像上不重合的两点,过点A作$AC\perp x$轴于点C,过点B作$BD\perp x$轴于点D,试判断△AOC的面积与△BOD的面积是否相等,并说明理由。

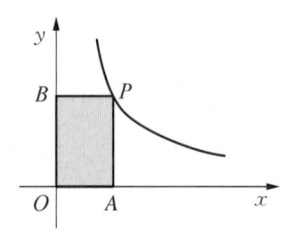

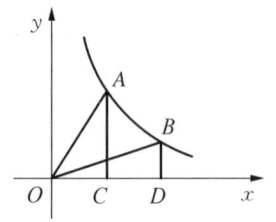

图2

练习二：过点O作两条射线$y=\dfrac{k_1}{x}$和$y=\dfrac{k_2}{x}$,分别交于点A、C、B、D,连接AB和CD,求证：$AB\parallel CD$。

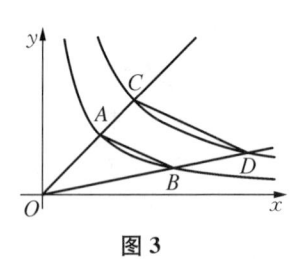

图3

三、过程与对象

数学概念兼有"过程"与"对象"的二重性。布鲁纳的发现学习论认为："认知是一个过程,而不是一种产品。"他强调,学生不是被动的、消极的知识接受者,而是主动的、积极的知识的探究者。在教学过程中,学生是学习的主体,是积极的探究者,教师的作用是要形成一种学生能够独立探究的情境,而不是提供现成的知识。因此,我们在教学过程中,不仅要使学生掌握课本上提供的知识,而且要让学生经历知识形成的过程,即所谓的"过程教学"。[1]在这样的教学过程中,以研究为主线,教师根据教学内容、学生的实际情况等创设一定的条件、环境和氛围,让学生自己发现问题,研究问题,通过联想、推理、综合、分析,获得新知,培养探究、实践的能力和创新意识。

"物体位置的确定"是一节典型的概念形成课。那么"两个有顺序的数"这一概念就是从过程开始,逐渐转变为对象的认知,最后共存于认知结构中。该课展示的是几个由静态的过程到动态的对象的概念形成过程。学生从补齐"一带一路"的航线图到标有经度、纬度的台风中心位置移动的位置地图,从教师给出例子到学生自己举生活实例,如电影票、停车位等,观察具有共同特征的现实实例,发现两个具有顺序性的确定的数据组成的"两个有顺序的数"与平面上的点的一一对应关系,经历方向互逆的多边活动过程凝聚成一个静态的研究对象——两个有顺序的数确定物体位置。该课的后半阶段,主要引导学生观察几何图形中由点的位置变化产生的一系列变化,如角度大小的变化、线段长短的变化、三角形的周长大小变化等,引导学生思考位置变化和数量变化之间的关系。

四、论证与辨错

由于升学的压力、领导的重视、学校的任务等原因,每天都在进行的日常教学工作中,教师太需要、太重视正确结论的获得或求证,以致对错误信息的分析和纠正往往不够重视。这种教育观念最终会导致数学教学过于追求正确率,是当下功利主义的社会价值取向的一个浓缩,将培养学生只重视结果不重视过程的价值观。初中生在数学课上出错的原因多种多样,但常见的错误大概有以下几种:知识性错误(不能正确理解题意,概念性质混淆不清,忽略公式定理成立的条件)、逻辑性错误(虚假论证,偷换概念,分类不当,循环论证,不等价变换)、策略性错误(不能正确识别模式,缺乏整体观念,不会反向思考,不能恰当转化问题)、心理性错误(心理能力不足,缺乏正确的心理势态)和潜在假设。[2]

事实上,对学生的错误进行统计分析,研究错因,辨析纠错恰好是数学教学工作的一个重要组成部分。课堂是允许学生出错的地方。因此在概念的形成过程中,"找属性""下定义"和"再辨析"几个环节都是学生容易出错的,而出错的信息和细节往往是学生掌握程度的真实反映,而抓住这些出错点成为课堂的生成资源,引导学生进行互相评价和自我评价,不仅有可能刺激学生的记忆,成为课堂上的亮点,而且对概念的形成也能起到"一波三折"的强调效果。以"物体位置的确定"这节课中学生对于围棋棋盘的几个问题回答为例,审题不清楚的学生容易把表示点的第一个数字和第二个数字写反,理解能力不强的学生只能根据点写出两个数字,不能根据数字在棋盘上描出对应的点。

五、新颖与适度

初中数学的教改倡导"创设情境—建立数学模型—解决数学问题"的教学

模式。其中"创设问题情境"作为一个好的开端成了整节课是否有效的关键。在课堂教学活动中,教师根据教学内容和教学对象的不同,选择性的创设问题情境,不但能够完善学生的认知结构,激发学生的探究欲望,强化学生的学习动机,发展学生的创新意识,而且也是全面提高数学课堂有效性的重要途径。创设的情境包括生活情景、数学故事、竞赛机制、类比变式等等。

在许多公开课上,为了使自己的课堂设计具有特色或时代感,有的教师会选择一些新颖的具有时代气息的问题作为引入素材,有的教师挖空心思炮制各种故事或剪接各种影片。十几年以前区内公开课中笔者执教沪教版的"平面直角坐标系"就是以一段动画片作为情景引入的。

苏科版的教材中有关"物体位置的确定"一节内容安排了两个情景引入,情景一是给出表格,提供关于时间和台风中心的经纬度数据要求学生在地图上描出台风中心移动的路径,设计意图是希望学生根据气象部门提供的数据可以在地图上描出台风中心移动的路径这一事实想象中概括出用"一对数"确定平面上"一个点"的位置,体会用数量变化描述位置变化,位置变化可以由数量变化呈现的"数量"和"位置"之间的紧密联系。情景二安排了"海军舰艇编队的航迹"这一问题,设计意图是引导学生思考"航行在茫茫大海上,海军舰艇编队怎样随时向基地报告舰艇位置?"这一问题,引导学生用"两个有顺序的数"来确定"点"的位置,再次体会数与形的内在联系。同时借助2002年的舰艇编队环球十国访问对学生适时进行爱国主义教育。考虑到研究事物变化规律的过程中应该先定性再定量的基本方法,笔者将两个情景顺序互换。又因为近年来"一带一路"经济体是社会热点,所以选取类似海洋航行背景下的"一带一路"中21世纪海上丝绸之路的补齐航线问题作为第一个情景引入,要求学生根据地图上的港口点,连出两条的大致线路。设计意图是首先进行定性研究,让学生体会一个"数"和"形"相关联的大致印象。将原来的情景一调整为情景二,根据表格信息描出台风中心移动的路径。在定量研究(描点和连线)的过程中,让学生进一步体会一组两个有顺序的数是如何确定物体的位置,物体位置的变化可以怎样通过数据来描述的。

以"三角形的中位线"一课为例,有以下几种常见的引入方式。

情景一:想知道一个池塘的长度 CD(如图1),又不能直接测量,怎么办?在学生想出的所有方案中挑出图一的方案,肯定方案的正确性并进一步要求证明。

情景二:在三角形 ABC 的两边 AB 和 AC 上分别取中点 D 和 E(如图2),猜测 DE 和 BC 的关系并证明。

图1

图2

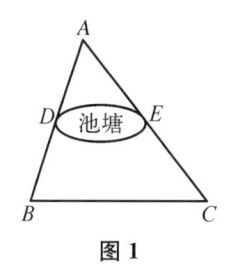

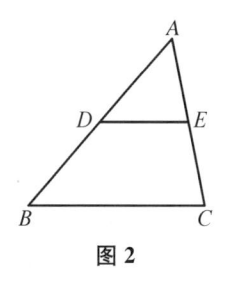

情景三：要求学生把课前准备好的一个任意三角形纸片三角形剪一刀，然后把它重新拼成一个平行四边形！为什么可以这样做？

通过上面几种情景引入的比较，不难发现在创设情境的过程中比较常见的两个误区：一是过于追求形式，忽略情景与一节课的教学目标之间的契合度；二是只关注现实生活，不承认数学现实也可以充当情景。情景一的引入除了较为老套，没有新鲜感之外放手让学生探究测量方法的过程与三角形中位线的教学重点契合度不高，揭示数学本质的特点明显不如情景二和情景三。

六、独立与系统

客观事物不仅自身是由许多方面的因素构成的，而且同其他事物相互制约、相互作用的。数学概念也不例外，数学概念具有鲜明的独立性和系统性。数学概念往往是"抽象之上的抽象"，先前的概念往往是后继概念的基础，逐渐形成了数学概念的系统性，公理化体系是这种系统性的最高反映。同时数学概念又具有独立性，一个概念和另一个概念是不同的。在理解和应用数学概念中，注意独立性和系统性是提升概念课教学的立意和品质的保证。

"物体位置的确定"一课中"两个有顺序的数"这一概念的引入及其反映属性源于现实生活，但在与现实内容脱离的过程中体现出相对独立性。同时，该课的后继内容"平面直角坐标系"中出现的"两个有顺序的数"与坐标平面内的点一一对应这一概念是建立在"实数与数轴上的点一一对应"的基础上。从一维直线到二维平面，高中教材中从二维平面到三维立体形成了一个结构严谨的概念体系，并将三者之间的逻辑联系清晰地表达出来。而这一体系的形成恰好符合数学教材螺旋式上升的特点。

以"平行四边形"一课为例，平行四边形的定义和性质定理毫无疑问是这节课的教学重点，通常教师给出平行四边形的定义之后就出示平行四边形的性质定理，接下来的大部分时间主要用于练习的完成和解答。这种教学方式固然没有科学性错误，但是无法体现概念教学的系统性。作为一节章节起始课,这节课所承载的教学任务不仅仅是平行四边形的性质定理的应用,而应该是由三角形的研究方式迁移到四边形的研究方式,由三角形的研究过程迁移到四边形的研究过程,再提出特殊的四边形——平行四边形的相关知识的研究和平行四边形性质定理的获得过程。这样教学能够避免数学概念的零散化和碎片化,而且可以引导学生将新学习的概念和已有的数学知识联系起来,建立起新旧知识之间的联系,将独立的概念放到立体的数学知识结构中去,逐渐形成较为完善的数学概念系统。概念学习的最终结果是形成一个概念系统,将单个的概念纳入已有的概念网络中,不断充实更新,逐步完善原有的概念网络,网络的结点越多,通道越丰富,概念理解才能更加深刻。

总之,在概念教学中重视概念的形成过程揭示概念中每一个字的真正含义,抓住概念的本质特征引导学生清楚概念的内涵和外延,注重概念的比较联系各个概念间的联系与区别,强化概念的巩固、发展与应用,为学生学好数学奠定坚实的基础。

参考文献

[1]　布鲁纳.教育过程[M].北京:文化教育出版社,1982.
[2]　戴再平.数学习题理论[M].上海:上海教育出版社,1991:164-192.

第二部分
解题研究

例说解题教学的复习课设计

2017年初的上海市各区一模考试已经落下了帷幕。笔者在完成各区的考卷汇总之后进行了初步小结,总体感觉非常不错,四平八稳,从各个渠道获得的信息可知大多数学生在本区的一模考试中都能够得心应手。由于这些试卷和题目体现了一定的知识广度和基础性,因此解题时的思路也比较丰富和灵活。然而在初三第二学期的复习课过程中大量的习题讲评课和试卷分析课无法回避。怎样改变讲评试题教师"口若悬河"而学生"昏昏欲睡"的境况?怎样教会学生根据题目呈现的信息,选择恰当的角度切入,找到线索,分析问题解决问题?本文将结合2017年上海市嘉定区一模卷的第23题,从一节试卷讲评课出发谈谈如何从一道题目的讲评过程中进行初三后期复习课和试卷讲评课的设计。

一、教学过程简介

1. 试题呈现

如图1,在△ABC中,点D在BC边上,且满足$CA^2 = CD \cdot CB$。

(1) 求证:$\dfrac{AD}{AB} = \dfrac{AC}{BC}$;

(2) 如图2,以点A为圆心,AB为半径画弧交AC的延长线于点E,连接BE,延长AD交BE于点F。求证:$\dfrac{EF}{BF} = \dfrac{AD}{BD}$。

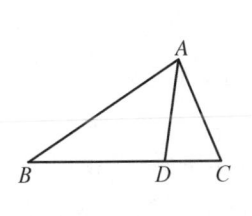

图1

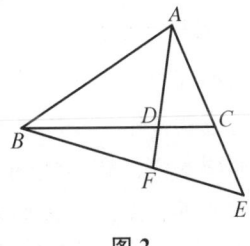

图2

2. 分析和解决问题

(1) 分析：这是一个典型的共角共边形相似的基础图形。由已知条件中的"$CA^2 = CD \cdot CB$"加上图形条件"$\angle ACD = \angle BCA$"，毫无悬念地得到结论"$\triangle ACD \backsim \triangle BCA$"。

证明：因为 $CA^2 = CD \cdot CB$，所以 $\dfrac{CA}{CD} = \dfrac{CB}{CA}$。

又因为 $\angle ACD = \angle BCA$，所以 $\triangle ACD \backsim \triangle BCA$。

所以 $\dfrac{AD}{AB} = \dfrac{AC}{BC}$。

(2) 观察结论。需要求证的结论的左边部分是共线的两条线段长度之比，无论是证明还是相关计算都应该将这两条共线的线段进行转化。

转化的途径有两条，寻找或构造相似三角形。基于以上分析，尝试过点 B 作 AE 的平行线，交 AF 的延长线于 G，不仅构造了基础图形，而且构造另一组共角共边的相似三角形。

解法一：

证明：如图 3，过点 B 作 AE 的平行线，交 AF 的延长线于 G。

因为 $\triangle ACD \backsim \triangle BCA$，所以 $\angle CAD = \angle CBA$。

因为 $BG \parallel AE$，所以 $\angle G = \angle CAD$，$\angle G = \angle CBA$。

又因为 $\angle BAD = \angle GAB$，所以 $\triangle ABD \backsim \triangle AGB$。

所以 $\dfrac{AD}{AB} = \dfrac{BD}{GB}$，即 $\dfrac{AB}{GB} = \dfrac{AD}{BD}$。

因为 $BG \parallel AE$，所以 $\dfrac{EF}{BF} = \dfrac{AE}{GB}$。

又因为 $AE = AB$，所以 $\dfrac{EF}{BF} = \dfrac{AB}{GB}$，$\dfrac{EF}{BF} = \dfrac{AD}{BD}$。

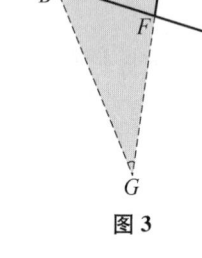

图 3

3. 方法迁移，一题多解

波利亚说过：没有任何一道题是可以解决得十全十美的，总剩下一些工作要做。笔者认为，"剩下的工作"就是解题后的反思交流，引导学生在课堂上进行反思交流不仅可以促进学生对数学问题的本质理解，而且可以引导学生不断优化解题策略。

苏霍姆林斯基说："在学生的脑力劳动中，摆在第一位的不是记住别人的思想而是让本人进行思考。"面对看似比较困难的第 2 问，牢牢抓住上述分析过程中的转化途径，还有没有其他类似的等价的或者类似证明方法呢？学生

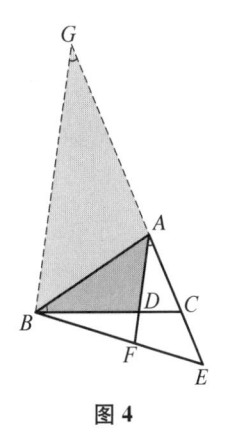

的数学思维积极活跃,在课堂上的短暂沉默之后出现了各种添加平行线的方案来研究和分析这个问题。

解法二:过点 B 作 $BG \parallel AD$,交 CA 的延长线于点 G。

易证 $\triangle ABD \backsim \triangle BGA$,从而进一步证明 $\dfrac{AD}{BD}=\dfrac{AB}{AG}$。

因为 $BG \parallel AF$,所以 $\dfrac{EF}{BF}=\dfrac{AE}{AG}$,$\dfrac{EF}{BF}=\dfrac{AD}{BD}$。

解法三:如图 5,过点 E 作 CB 的平行线交 AF 的延长线于 G。

通过证明 $\triangle CAD \backsim \triangle CBA$,得到 $\dfrac{CD}{AD}=\dfrac{AC}{AB}$,易得 $EG=AD$,进而证明 $\dfrac{EF}{BF}=\dfrac{AD}{BD}$。

解法四:如图 6,过点 E 作 AF 的平行线交 BC 的延长线于 G。

通过证明 $\triangle CAD \backsim \triangle CBA$,得到 $\dfrac{CD}{AC}=\dfrac{AD}{AB}$,易得 $AD=DG$,从而证出 $\dfrac{EF}{BF}=\dfrac{AD}{BD}$。

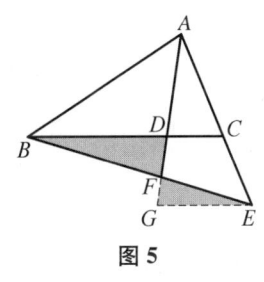

图 5

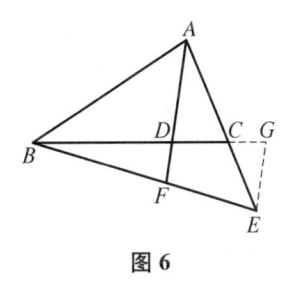

图 6

仔细观察作为研究对象出现的燕尾形这一基础图形变化,组成这一图形的基本要素中有 6 个点,分别是点 A、点 B、点 C、点 D、点 E 和点 F。按照解决燕尾形的一般规律,过每个点至少都有 2 种平行线的添加方法,那么通过添加平行线解决此题的方法至少有 12 种。前面的 4 种证明方法恰好是过点 B 添加平行线和过点 E 添加平行线的几种方法。考虑到有限的课堂时间和多种证明方法之间的矛盾,课堂上除了让提出不同证明方法的学生自由自主发表意见和观点,教师应该利用几何画板将可能产生的 12 种方法提前制作成课件。这个课件既可以作为学生发言的辅助,又可以将来不及讲的方法做一个展示效果,还可以将多种证明方法进行归类小结,在学生进行课堂小结时进行提示和引导。

下面的图 7 到图 14 展示的分别是过点 A、点 C、点 D 和点 F 添加平行线构造相似三角形和平行线分线段成比例的基础图形,从而将 BF 和 EF 这两条共线的线段比进行转化成相似比和其他线段比的求解问题。

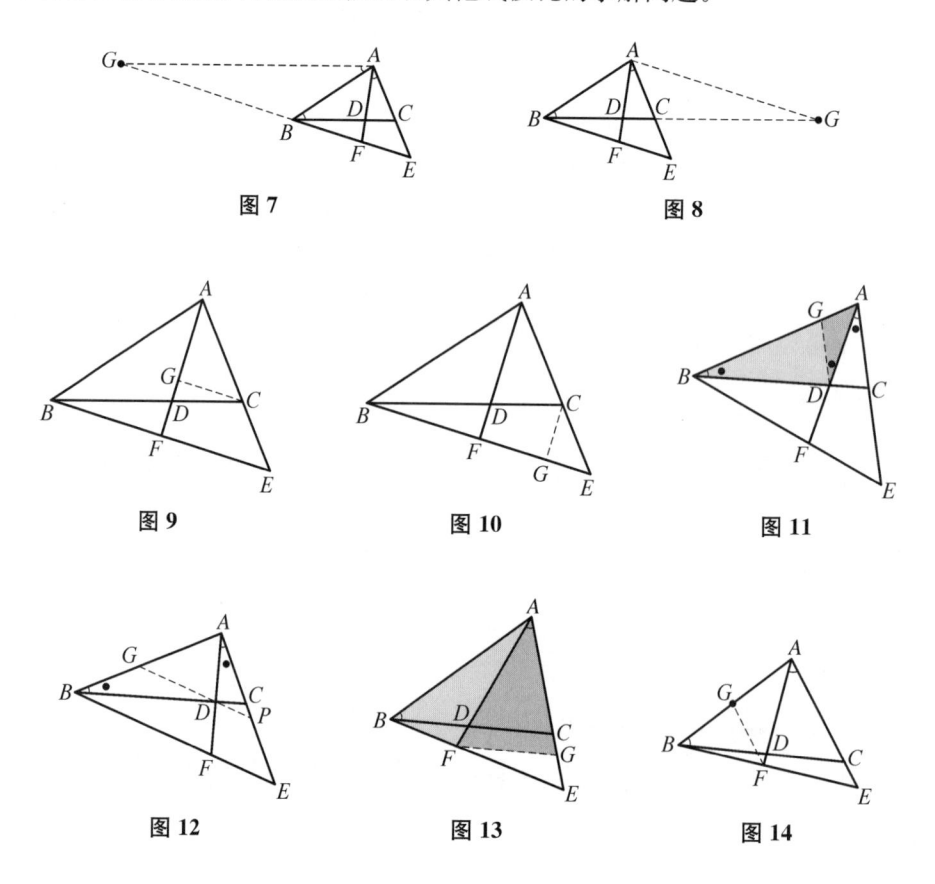

图 7

图 8

图 9

图 10

图 11

图 12

图 13

图 14

4. 课堂中学生的"另类"思考

本课执教教师在巡视学生练习过程中发现有的学生并没有局限于添加平行线以达到构造相似三角形的目的,而是另辟蹊径利用面积法通过分析研究三角形的面积证明此题,于是教师鼓励想出这个方法的学生站上讲台,介绍自己的证明方法。

证明:如图 15,过点 D 作 $DH \perp AC$ 于点 H,作 $DN \perp AB$ 于点 N,过点 F 作 $FG \perp AC$ 于点 G,作 $FM \perp AB$ 于点 M。

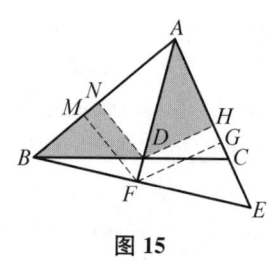

图 15

因为 $\dfrac{S_{\triangle AEF}}{S_{\triangle ABF}} = \dfrac{EF}{BF}$，$\dfrac{S_{\triangle AEF}}{S_{\triangle ABF}} = \dfrac{FG}{FM}$，所以 $\dfrac{FG}{FM} = \dfrac{DH}{DN}$。

根据(1)结论可知 $\angle CAD = \angle ABC$，又因为 $\angle AHD = \angle BND = 90°$，所以 $\triangle ADH \backsim \triangle BDN$，$\dfrac{DH}{DN} = \dfrac{AD}{BD}$，$\dfrac{EF}{BF} = \dfrac{AD}{BD}$。

在这位同学讲解完之后，教室里静默了片刻就响起了掌声。在之前的课堂上每种方法的呈现后从教师点评到师生共同点评的启发之下，掌声后已经有学生自主进行了证明方法的比较。面积法和之前的添平行线法比较而言，虽然选择的辅助线不同，证明过程中用到等高的三角形面积比等于底之比等面积比与线段比之间的转化，但是证明过程和判定相似三角形、利用相似三角形性质定理证明线段成比例的部分相同。也就是说，虽然证明的切入点不同，但是对于转化和化归的数学思想的应用是相同的。

面对不同思维层次的学生，面对不同的学习和升学目标，教师合理选择教学资源，精心准备使用教学资源的角度和方法，采用多样化的教法来进行例题精讲，让每位学生经历添加平行线构造基本图形的过程，体会克服困难勇于挑战的喜悦，感受数形结合和转化的数学思想，领悟研究燕尾形的通法和面积法之间的区别和联系，享受多样性灵活性的数学思维带来的体验，对于多种解题策略的优点和缺点进行比较，逐渐学会优化解题策略。

5. 变式训练

变式一：2016年上海市嘉定区一模卷第25题 如图16，已知 $\triangle ABC$，$\angle ABC = 90°$，$\tan \angle BAC = \dfrac{1}{2}$。点 D 点在 AC 边的延长线上，且 $DB^2 = DC \cdot DA$。

(1) 求 $\dfrac{DC}{CA}$ 的值；

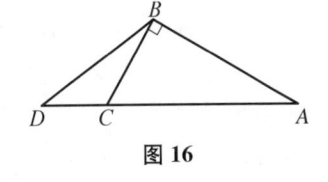

图 16

(2) 如果点 E 在线段 BC 的延长线上，连接 AE，过点 B 作 AC 的垂线，交 AC 于点 F，交 AE 于点 G；

① 如图17，当 $CE = 3BC$ 时，求 $\dfrac{BF}{FG}$ 的值；

② 如图18，当 $CE = BC$ 时，求 $\dfrac{S_{\triangle BCD}}{S_{\triangle BEG}}$ 的值。

图 17

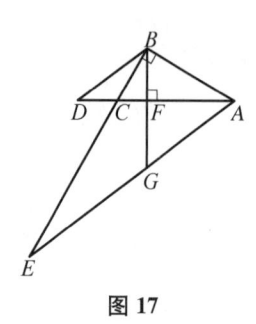

图 18

变式二：如图 19，在 △ABC 中，AB=BC，点 D 在 BC 边上，点 E 在 AD 边上，且满足 $CA^2=CD \cdot CB$，$\dfrac{AE}{BD}=\dfrac{AC}{AB}$。

(1) 求证：CD=CE；

(2) 求证：$\dfrac{DE}{AC}=\dfrac{CD}{AB}$；

(3) 当 BD=CD 时，求 $S_{\triangle CDE} : S_{\triangle CAE}$ 的值。

变式三：如图 20，点 P 是 ∠MON 的平分线上一点，以 P 为顶点的角的两边分别于射线 OM、ON 交于 A、B 两点，如果 ∠APB 绕点 P 旋转时始终满足 $OP^2=OA \cdot OB$，且 ∠MON=60°。

(1) 求 ∠APB 的度数；

(2) 若 OP=4，连接 AB，求出 $S_{\triangle AOB}$。

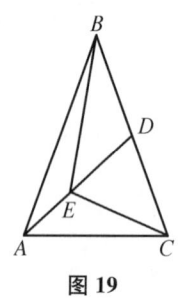

图 19

图 20

二、教学启示

数学课固然离不开数学题，但是一节有效的数学课绝对不仅仅只有数学题。一道令人回味的例题或试题在课堂教学中不仅能够调动学生的数学学习积极性，提高课堂教学效率，而且能够促进学生发展求新求异的数学思维、提升分析问题和解决问题的能力。

当然初三数学的复习时间有限，需要复习的中考知识点众多，时间紧和任务重似乎成了一组不可调和的矛盾。但兵法有云："伤其十指不如断其一指。"因此，与其一节课设计成面面俱到，满堂灌输，不如选择具有代表性的典型例题，多方位多层面使用这些例题引导学生展开一题多解的思考，进行多解归一的小结，引导解法的比较和图形归纳，逐步让学生体会虽然证明过程中添加不同的辅助线，但是添加辅助线的基本思路和构造的目标是基本一致的。在课堂教学中坚持一题多解的发散和多解归一的升华,有助于学生形成分析问题研究问题的常规思路。纵观上述罗列出的各种证明方法,看似方法不一样,但是为了研究共线的两条线段长度比,添加平行线构造相似三角形的目标是一致的。

习题课的课堂教学,例题教学是关键。例题与习题的关系是纲目关系,纲举则目张。在本节课的例题教学中,教师通过基本图形构造法引导学生借助图形直观感悟数学的转化思想以及强化常规解题策略。在本课的设计中应注意了以下几点:

1. 激活、检索与本题相关的数学知识。知识的激活、检索缘于题目给出的已知条件题目给出的图形等信息,例如结合题目的条件,第1问的问题和"共角共边型"相似三角形的图形,基于学生已经掌握的相似三角形的相关性质定理等知识,由第1问的结论联系将共线的两条线段比转化成相似三角形的线段比值问题。

2. 在难点处启发思考。思考源于问题,而思考需要时间。课堂教学时教师要沉得住气,给学生留有充分的思考时间,并能在难点处进行适当启发,如对于大多数学生感到困惑的第2问分析研究过程中通过适当的设问和追问启发学生的思路,明确添加辅助线的用途;利用多媒体课件进行动态演示,有意识地引导生生交流,与同伴思维分享和经验交流等。

3. 及时归纳思想方法与解题策略。从方法论的角度考虑,数学习题教学,意义不仅在习题本身,而且在于体会数学思想方法,学习分析问题和解决问题。习题仅是学习方法策略的载体,及时进行方法策略的总结不仅重要而且必要。因此,设计这节复习课的重点不仅仅在于一题多解的多样性,也不仅仅在于一题多变的灵活性,更大的意义在于通过解题教学使学生逐渐领会添加辅助线构造基本图形的构造法的价值和贯穿于分析问题、研究问题过程中各种基本图形的分解与组合,抽象与具体中的双向数学思维训练。

4. 通过变式训练深化数学思想方法的理解。解题教学的目的是通过少而精的例题教学,既能够复习巩固学生所学过数学知识,又能够在解题的过程中发展学生的思维能力。适当地开展一题多解和一题多变是实现解题教学这一目的的有效方法和常见途径。通过一题多变可以使学生熟练掌握与本题相关和相似的一系列问题,能够以一道题为载体解决多个或多类数学问题,有利于学生发现各种类似问题之间的联系和差别,从而更好地体会由条件产生的细微变化对结论造成的影响。例如本课设计的变式练习部分,通过一题多变的练习题组设计学生能够高效的复习数学知识,自主发现数学知识之间的内在联系，加深对相关数学知识的纵向理解，从而达到"讲一题""懂一串""会一类""通一片"的喜人局面。

三、结束语

以这道 2017 年上海市嘉定区一模卷的第 23 题为例进行一题多解和一题多变的课堂设计，使得由共角共边的相似三角形引发对共线的线段长度比的探讨逐渐深化，使得这一系列题组形式逐渐完整，相对应的数学思想得以深化。而一题多解和一题多变使得就题论题的单维度教学过程逐渐演变成以题论法，研究符合某种特征的图形的特点，进而根据这些特点寻找解决这一类问题的通法通则，继续发展成以题论道，以解题教学为载体感受转化思想的魅力，体会构造法的精妙，真正落实三维教学目标，从每个课堂设计环节细微之处向学生传播勇于尝试、不怕失败的正能量！

面对数学教学，面对问题研究，面对求知学生，无论按照怎样的标准选择教学方法，无论准备什么样的教学资源，在课堂上使用各种教学手段调动学生积极性，引导学生经历发现问题、分析问题、解决问题的过程是不会变的，引导学生反思解题过程，升华解题方法，提升学习品质是不会变的，引导学生对待事物能够进行科学分析和探究活动，逐渐形成不怕艰苦，孜孜不倦的学习态度和生活态度是不会变的！

注重理性思考　促进数学思维

一、试题出处

2018年上海市中考卷第25题　如图1,已知⊙O的直径$AB=2$,弦AC与弦BD相交于点E,$OD \perp AC$于点F。

(1) 若$AC=BD$,求弦AC的长;

(2) 如图2,若已知E是弦BD中点,求$\angle ABD$的余切值;

(3) 连接AD、CD、BC,若BC是圆内接正n边形的一条边,CD是正$n+4$边形的一条边,求$\triangle ACD$的面积。

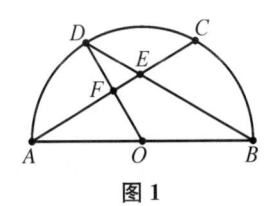

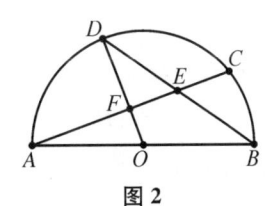

图1

图2

二、试题多解

本题解题的入口较宽,难度不大,解法多样。以本题的第2问为例解法较多,不同学生的认知水平不同,解题的切入点不同,所以产生各种不同的解法。接下来选取部分有代表性的解法以飨读者。

解法一: 如图3,过点D作$DH /\!/ AB$交AC的延长线于点H。

因为$DH /\!/ AB$,所以

$$\frac{DH}{AB}=\frac{DE}{EB}, \frac{DH}{AO}=\frac{DF}{FO}$$

又因为E是BD中点,所以$DH=AB=$

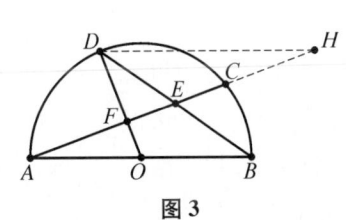

图3

$2,\dfrac{DF}{1-DF}=2,DF=\dfrac{2}{3},OF=\dfrac{1}{3}$。

在直角三角形 AFO 中，$AF^2+FO^2=AO^2$，所以

$AF^2+FO^2=AO^2$，$AF=\dfrac{2\sqrt{2}}{3}$

同理可得 $\dfrac{DH}{AO}=\dfrac{FH}{AF}$，$\dfrac{2EF+\dfrac{2\sqrt{2}}{3}}{\dfrac{2\sqrt{2}}{3}}=2$，$EF=\dfrac{\sqrt{2}}{3}$。

在直角三角形 DEF 中，$\angle DFE=90°$，$\cot\angle FDE=\dfrac{DF}{EF}=\dfrac{\dfrac{2}{3}}{\dfrac{\sqrt{2}}{3}}=\sqrt{2}$。

因为 $OD=OB$，所以 $\angle FDE=\angle ABD$，$\cot\angle ABD=\sqrt{2}$。

解法二：如图 4，过点 D 作 $DL \mathbin{/\mkern-6mu/} AC$ 交 BA 的延长线于点 L，具体解法同解法一。

解法三：如图 5，过点 E 作 $EI \mathbin{/\mkern-6mu/} DO$ 交 AB 于点 I，具体解法同解法一。

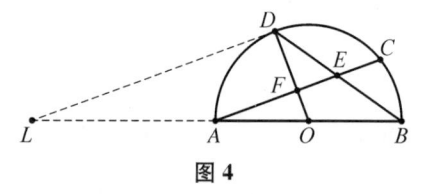

图 4

解法四：如图 6，过点 E 作 $EK \mathbin{/\mkern-6mu/} AB$ 交 OD 于点 K，具体解法同解法一。

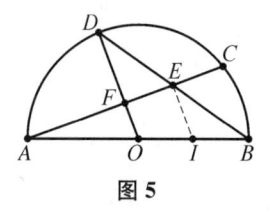

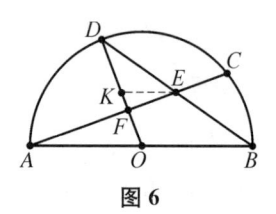

图 5

图 6

解法五：如图 7，过点 A 作 $AM \mathbin{/\mkern-6mu/} DO$ 交 BD 的延长线于点 M，具体解法同解法一。

解法六：如图 8，过点 A 作 $AN \mathbin{/\mkern-6mu/} BD$ 交 DO 的延长线于点 N，具体解法同解法一。

解法七：如图 9，在前几种方法求解线段 DF 和 OF 的基础上，另一种方法求出线段 EF 的解。

图 7

图 8

图 9

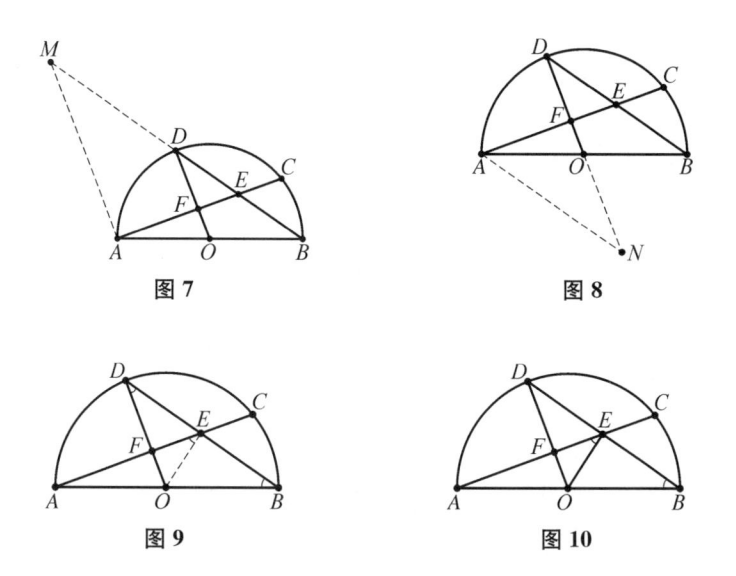

图 10

因为 E 是 BD 中点,所以 $OE \perp BD$,即 $\angle OEF = 90°$,且 $EF \perp OD$,$\triangle DEF \sim \triangle EOF$,$EF^2 = DF \cdot OF$。

又因为 $DF = \dfrac{2}{3}$,$OF = \dfrac{1}{3}$,所以 $EF = \dfrac{\sqrt{2}}{3}$,$\cot \angle FDE = \dfrac{DF}{EF} = \dfrac{\frac{2}{3}}{\frac{\sqrt{2}}{3}} = \sqrt{2}$。所以 $\cot \angle ABD = \sqrt{2}$。

解法八:如图 10,先证明 $\triangle AEO \sim \triangle ABE$,再得到 $\dfrac{AO}{AE} = \dfrac{AE}{AB} = \dfrac{OE}{EB}$,又因为 $AB = 2AO$,可知 $AE = \sqrt{2}AO$,所以 $\dfrac{OE}{EB} = \dfrac{1}{\sqrt{2}}$,则 $\cot \angle ABD = \dfrac{EB}{OB} = \sqrt{2}$。

解法九:如图 11,我们把直线 AC 看成三角形 OBD 的割线,根据梅涅劳斯定理可知 $\dfrac{DE}{EB} \cdot \dfrac{BA}{AO} \cdot \dfrac{OF}{DF} = 1$,所以很快可以求出 $DF = 2FO$,其余部分和解法一和解法二相同,不再赘述。

解法十:如图 12,连接 AD 和 OE。

因为点 O、点 E 分别是 AB 和 BD 的中点,所以 DO 和 AE 是 $\triangle ABD$ 的中线。

图 11

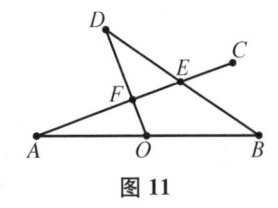

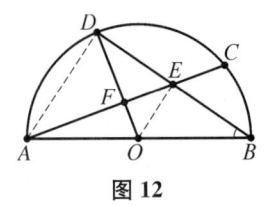

图 12

又因为 $OD=1$，所以 $DF=\dfrac{2}{3}$，$OF=\dfrac{1}{3}$。

又因为 $\triangle DEF \backsim \triangle EOF$，所以 $EF^2=DF \cdot OF$，$EF=\dfrac{\sqrt{2}}{3}$，$\cot\angle FDE = \dfrac{DF}{EF}=\dfrac{\frac{2}{3}}{\frac{\sqrt{2}}{3}}=\sqrt{2}$，$\cot\angle ABD=\sqrt{2}$。

三、特色解读

在考试结束后的一段时间里笔者时常能听到许多学生、家长、教师对这道中考压轴题的评价，众说纷纭之中思索发现，该题有以下三个特点。

1. 重视数学理解。重视数学理解尤其体现在重视对数学基础知识的理解。基础知识即初中数学课程中所涉及的概念、公式、公理、定理等。以压轴题的解题要求为例，重视学生的阅读能力和对题目、图形的理解，要求学生能揭示各知识点，如圆的等对等定理、圆的垂径定理、三角形的重心定理、平行线分线段成比例定理等的内在联系，从知识结构的整体出发去分析线段长度问题，研究角度转化问题，解决锐角三角比的求值问题，要求学生综合运用各种相关知识于一题。第 1 问中求"求弦 AC 的长"对同圆或等圆中的弦、弧、圆心角三者之间关系的理解是问题解决的关键。

2. 关注理性思考。理性思考就是根据概念对所面临的事物和问题进行推理和判断。本题注重学生的探究性学习能力，第 2 问中求"∠ABD 的余切值"需要学生联系基本图形，尤其是面对六点四线图中没有平行线的情况下尝试添加平行线解决问题。将所求角的余切值转换为相关线段之间的关系，要求学生能够实现知识间的联系和转换。

3. 着眼学科素养。这道压轴题着眼于学生数学核心能力的培育，如数学表达、运算求解、推理论证、空间想象等能力均在题目中有所体现，对课堂教学起到了较好的引导作用，引导课堂教学关注思维过程与方法，用数学的方式观察、思考、表达、解决所面对的问题。本题第1问重点考察推理论证能力,第2问重点考察数学表达、运算求解和空间想象能力。显然这次上海市中考卷的第25题对课堂教学起到了很好的导向作用,要求学生在读题后真正理解题意,清楚弧、弦、圆心角之间的关系才能解答,这些都使单靠"题海"大量刷题失去作用。引导课堂教学回归数学,避免"套路教学"。美中不足之处就是连续两年的压轴题中都没有考到函数关系式的问题,2018年的压轴题连分类讨论都没有出现,总是感觉缺少了一点数学味道。

四、基于试卷导向的教学建议

(一) 从"一课多题"到"一课一题"

如果隐藏这个图形中的半圆背景,其实此题的本质结构是一个"四线六点型",呈燕尾形,简单来说,图形由4条线段两两相交形成6个交点组成类似燕子尾巴一样的形状(如图13)。这个图形中的每个点都是由2条线段相交产生的,所以过这个点可以作另外两条线段的平行线,构造基础的A字形和X字形,列出比例线段进行运算求解。过每个交点作另外两条线的平行线,因为 $2 \times 6 = 12$,所以类似这样构造平行线的方法至少有12种。

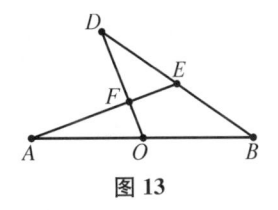

图13

所以解法一的特点是过点 D 作 $DH \parallel AB$ 交 AC 的延长线于点 H,构成两个基本X字形,解法一到解法六都是添加平行线求解线段 DF 和 OF 的长度,这样的构造平行线的方法还有6种。

解法七是主要是用射影定理求解线段长度。解法八是寻找"共角共边"型相似,运用相似三角形的对应线段成比例求解线段长度。解法九用的是梅涅劳斯定理一步算出线段 DF 和 OF 的长度。

如果学生对于中点,中线和中位线这些基础知识和知识间的内在联系掌握得比较牢固,那么解法十这种方法最简单,计算量最小,而且没有超出考纲的方法就能够自然生成。

以上五类方法中任意一类方法都不是一道题目,一次练习,一张考卷就可以把这类解题思路灌输给学生的,都需要"一课一题",甚至于"一题多课"将题目进行变式对学生加以解法的研究和思维的指导才可能做到的。

以最常见的第一类方法为例,教学过程中为了夯实基础,强化模型意识,教师可以补充以下两组练习题组。

例题1：如图14，在△ABC中，D在AC上，E在BC上，AE，BD交于点F。

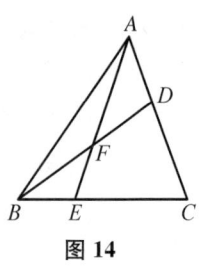

(1) 若 $\dfrac{AD}{DC}=\dfrac{2}{3}$，$\dfrac{BE}{EC}=\dfrac{1}{2}$，求 $AF:FE$（或 $BF:FD$）；

(2) 如图15，若 $\dfrac{AD}{DC}=\dfrac{2}{3}$，$\dfrac{BF}{FD}=\dfrac{3}{2}$，求 $BE:EC$；

(3) 如图16，若 $\dfrac{AF}{FE}=2$，$\dfrac{BF}{FD}=\dfrac{3}{2}$，求 $AD:DC$（或 $BE:EC$）；

(4) 如图17，若 $\dfrac{AD}{DC}=\dfrac{2}{3}$，$\dfrac{BF}{FD}=\dfrac{3}{2}$，求 $AF:EF$。

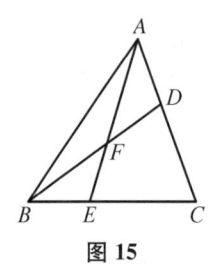

图14

图15 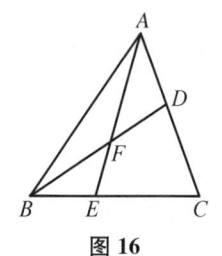　　　图16 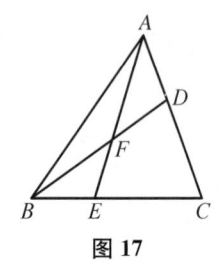　　　图17

例题2：已知△ABC的面积为1，D、E分别是AB、AC边上的点，CD、BE交于F点，过点F作FM∥AB，FN∥AC，交BC边于M、N。

(1) 如图18，当D、E分别是AB、AC边上的中点时，求△FMN的面积；

(2) 如图19，当 $\dfrac{AD}{DB}=\dfrac{1}{2}$，$\dfrac{AE}{EC}=3$ 时，求△FMN的面积；

(3) 当 $\dfrac{AD}{DB}=a$，$\dfrac{AE}{EC}=b$ 时，用含有 a，b 的代数式表示△FMN的面积。

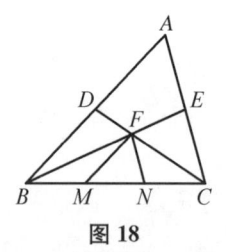

图18 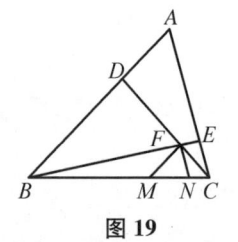　　　图19

(二) 从"直观感知"到"理性思考"

直观感知指通过对客观事物的直接接触而获得对事物认识的一种方式，

相对比较感性。理性思考是根据数学概念对所面临的题目和需要解决的问题进行逻辑推理和判断。由于这道题目中含有动态图形，而呈现在试卷上的是静态题目，所以更加需要教师在日常教学中注意通过"直观感知"引导学生实事求是(从寻找解题切入点开始学会解题到一题多解)，理性求真(从多解归一中理解隐藏在题目后面的数学本质)，思维求变(不断出现解题方法的创新，题目结构的创新，图形变化的创新等创新点)。

另外，引发学生"理性思考"的方法还有"多题一解"。例如，2010年上海市中考卷的第25题毫无疑问是2018年中考卷第25题的"姐妹花"，将这两道题目同时作为教学资源既能够在课堂上调动学生的数学思维活跃性，又能够引导学生自觉使用类比的学习方法进行知识迁移和能力迁移。

2010年上海市中考卷第25题 如图20，在直角三角形 ABC 中，$\angle ACB = 90°$。半径为1的圆 A 与边 AB 相交于点 D，与边 AC 相交于点 E，连接 DE 并延长，与线段 BC 的延长线交于点 P。

(1) 当 $\angle B = 30°$ 时，连接 AP，若 $\triangle AEP$ 与 $\triangle BDP$ 相似，求 CE 的长；

(2) 若 $CE = 2$，$BD = BC$，求 $\angle BPD$ 的正切值；

(3) 若 $\tan\angle BPD = \dfrac{1}{3}$，设 $CE = x$，$\triangle ABC$ 的周长为 y，求 y 关于 x 的函数关系式。

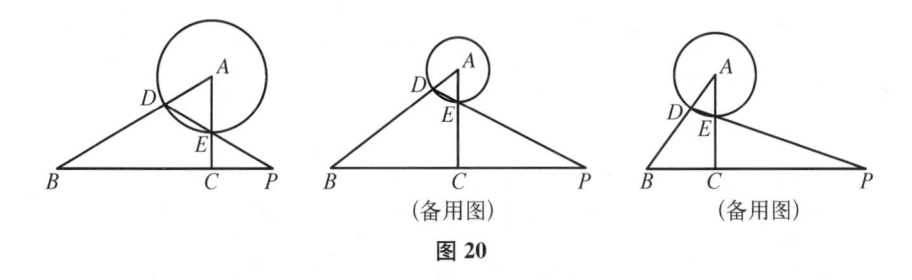

图 20

(三) 从"低阶思维"到"高阶思维"

"低阶思维"又称低效思维，哲学以及心理学的舶来词汇，指缺少辨析与判断或者识别的思维，并且在行为人的意识或精神上几乎没有任何对于眼前客观情况进行调查或探索的欲求，因此"低阶思维"又被称作"即时思维"。"高阶思维"，是指发生在较高认知水平层次上的心智活动或认知能力。它在教学目标分类中表现为分析、综合、评价和创造。高阶思维是高阶能力的核心，主要指创新能力、问题求解能力、决策力和批判性思维能力。高阶思维能力集中体现了知识时代对人才素质提出的新要求,是适应知识时代发展的关键能力。

无论在新授课还是在复习课中,教师都不能把数学知识孤立、零散地告诉学生,而应该注重知识和知识之间的内在联系,让学生清楚地明白每一个数学概念的内涵和外延,了解数学知识是一个立体的、相互关联的系统。发展学习者高阶思维能力应该蕴含在每一节数学课的教学设计和教学目标中。

将2017年上海市嘉定区一模卷第23题和2016年嘉定区一模卷第25题作为教学资源生成一节"共角共边型"相似的小单元复习课,在剥丝抽茧的条件分析过程中将相似三角形的基础图形、平行线的构造以及启发学生不断优化解题策略,都不是为帮助学生数学思维进阶的有效方法。

2017年上海市嘉定区一模卷第23题 如图21,在△ABC中,点D在BC边上,且满足$CA^2 = CD \cdot CB$。

(1) 求证:$\dfrac{AD}{AB} = \dfrac{AC}{BC}$;

(2) 如图22,以点A为圆心,AB为半径画弧交AC的延长线于点E,连接BE,延长AD交BE于点F。求证:$\dfrac{EF}{BF} = \dfrac{AD}{BD}$。

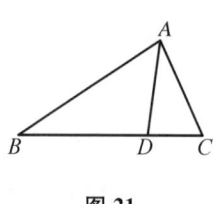

图21

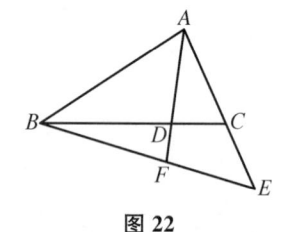

图22

2016年上海市嘉定区一模卷第25题 如图23,已知△ABC,∠ABC = 90°,$\tan \angle BAC = \dfrac{1}{2}$。点D点在AC边的延长线上,且$DB^2 = DC \cdot DA$。

(1) 求$\dfrac{DC}{CA}$的值;

(2) 如果点E在线段BC的延长线上,连接AE。过点B作AC的垂线,交AC于点F,交AE于点G。

① 如图24,当$CE = 3BC$时,求$\dfrac{BF}{FG}$的值;

② 如图25,当$CE = BC$时,求$\dfrac{S_{\triangle BCD}}{S_{\triangle BEG}}$的值。

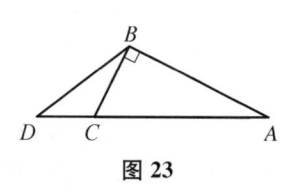

图23

142

图 24　　　　　　　　图 25

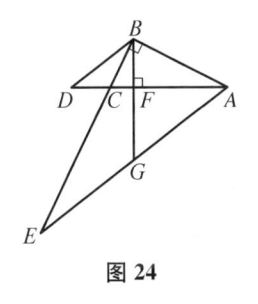

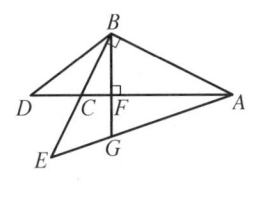

（四）从"解题教学"到"学科育人"

"新基础教育"研究提出"要通过教学实现学科对学生发展的独特价值"。这一目标不仅体现在日常教学过程中，也体现在评价系统中。作为学生第一次参加的"国考"，中考试卷中的试题也肩负着"学科育人"的重要使命。

这一目标的落实体现在 2018 年上海市中考第 25 题这道题目的分析和研究过程中将自己以前的学习顺序打乱并进行重组，按照数学知识内在的逻辑和解题所需要的线索组成能够突破的结构链，让学生从题目的已知条件出发充分体验发现和建构，根据题目所给的线索逐渐形成解题思路，逐步完善解题步骤。

在日常教学中进行解题思路的点拨和书写规范的要求之后，除了需要将重点知识进行梳理，重点方法进行归纳，还需要将解题的策略进行整理，引导学生对于求解目标的要求进行解题线索的寻找，例如本题第 2 问中如果学生清楚这两个解题线索模块，那么在学生与文本的对话中很快就能找到解题方法。在思维放散的一题多解和紧收的多解归一的过程中，通过数学中严密的推理论证、条件的等价转化、反思与检验等培养学生严密思考、言必有据、实事求是和科学严谨的学习态度，逐渐形成"联系与发展"的观点。

另外，在归纳小结时有意识地引导学生观察图形变化，但是基本要素的对应关系并没有发生变化；问题的呈现方式变化，但是数学本质并没有发生变化；出题的素材发生变化，但是解题的思路和策略并没有发生变化，强调"变中有不变"的基本观念。

例谈数学核心素养视角下的问题情境设计

为落实"立德树人",核心素养成为当前国际教育研究的热点,是我国新一轮课程改革的主要方向。基于数学核心素养的数学教学,就是要在数学教学活动中创设合适的问题情境,感悟数学的思想,积累数学思维的经验,逐渐形成和发展数学核心素养。

在目前的中学数学教学中,教师常常采取创设问题情境的方法,以激发学生的学习兴趣,促进学生对所学知识的理解,这样的教学形式是感性的,符合学生的心理特征和爱好兴趣等特点。如何设计问题情境顺利完成学生从感性认识到理性精神的过度,从而实现数学核心素养的形成与提高呢?在课堂教学中,教师应该结合学生所学数学知识的特点对学生进行理性精神的培养,从而使学生能够养成用数学的眼光看待问题,用数学的方法研究问题,用数学的思维解决问题的习惯,不断提升学生的数学学习能力。下面以沪教版初三教材的一个相似三角形的复习小专题为例,谈一谈如何在数学核心素养视角下进行问题情境的设计。

一、求是

求是属于解决问题的范畴,主要研究"是什么"或"怎么做"。本课设计的第一个问题就是让学生面对问题化的学习内容经历观察、提出猜想、推理论证等过程,在问题解决过程中积累数学活动经验,提炼数学模型,感悟数学思想方法,切实体验严谨求实的科学态度和探究真理的科学精神。

例题1:已知 $l_1 \parallel l_2 \parallel l_3$,而且平行线间的距离都是1。如图1,等腰直角三角形 ABC 的直角顶点 A 在 l_1 上,点 B 在 l_2 上,点 C 在 l_3 上,求 AB 的长。

解:如图2,过点 B 和点 C 分别向 l_1 作垂线,垂足分别是点 N 和 M。

因为 $BN \perp l_1$,$CM \perp l_1$,所以 $\angle BNA = 90°$,$\angle AMC = 90°$,$BN = 1$,$\angle BNA = \angle AMC$。

图1

图2

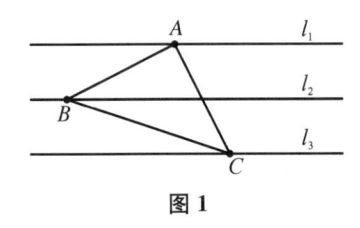

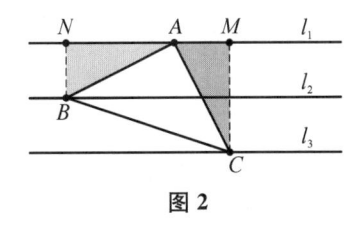

又因为等腰直角三角形 ABC 的直角顶点 A，所以 $\angle BAC = 90°$，$AB = AC$。

因为 $\angle NAB + \angle BAC + \angle CAM = 180°$，所以 $\angle NAB + \angle MAC = 90°$。

因为 $\angle NAB + \angle NBA = 90°$，所以 $\angle NBA = \angle MAC$。

在 $\triangle NBA$ 和 $\triangle MAC$ 中

$$\begin{cases} \angle BNA = \angle AMC \\ \angle NBA = \angle MAC \\ AB = AC \end{cases}$$

所以 $\triangle NBA \cong \triangle MAC$，$AN = CM = 2$。

在直角三角形 NBA 中，$AN^2 + BN^2 = AB^2$，所以 $AB = \sqrt{5}$。

创设情境的主要方式包括应用型问题情境、趣味性问题情境、开放性问题情境和认知冲突情境四种。很长时间以来很多教师对于其中的应用型问题情境存在不同程度的误解，认为只有"从生活中来，到生活中去"的生产、生活实际的应用才是应用型问题情境。但实际上数学应用问题除了生活实际应用，还有另一种不可或缺的类型，那就是数学问题在数学背景下的应用。这类问题同样能够调节学生的心理倾向，引导学生追溯问题的背景和原型，形成分析问题、解决问题的能力，使得数学思维逐渐聚合，提高数学应用能力。

作为一节课或者一个单元复习的第一问或第一题，创设一组等距离的平行线为背景的等腰直角三角形的问题情境，以宽阔的入口和典型的数学模型为特色，不仅降低解题难度，使得学生能够轻而易举地发现"一线三等角"的全等三角形，规范几何计算的数学表达，而且这个问题能够让学生用已有知识将这种解法一般化，为本课（单元）丰富而深入的数学探究活动奠定基础。

二、求真

在中学数学课堂教学中，由于数学学科具有高度抽象性、严密逻辑性和广泛应用性的特点，要求问题情境的设计应该旨在让学生在数学学习过程中叩问数学之真，指向理性之美。也就是探求"是什么"背后的真相，在"是什么"的基础上继续追问"为什么"。

例题 2：如图 3，直角三角形 ABC 的直角顶点 A 在 l_1 上，点 B 在 l_2 上，点 C 在 l_3 上，$\angle ABC = 60°$，求 AB 的长。

例题 3：如图 4，直角三角形 ABC 的直角顶点 A 在 l_1 上，点 B 在 l_2 上，点 C 在 l_3 上，$AB:AC=3:4$，求 AB 的长。

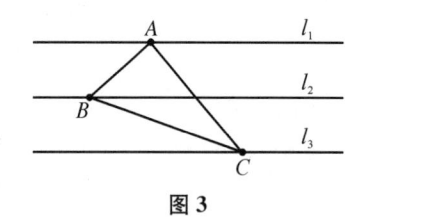

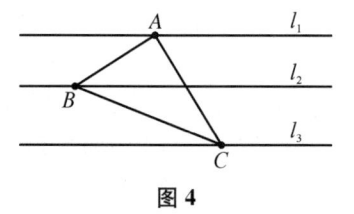

图 3　　　　　　　　图 4

创设问题情境时教师应该紧扣数学知识或技能，结合教学内容和问题与问题之间的内在联系精心选择例题，设计问题情境。这个环节建议加强师生互动，适当开展一题多解和多解归一的活动，不断引导学生寻找这一类问题的共同特点，并且逐步形成解决这类问题的基本策略，再现从全等到相似的过程，从中逐渐探究这类问题的深层结构和实质意义。在推进问题链不断变化的同时兼顾学生数学思维的多样性和发展性，明确区分创设这类问题情境的目的和手段。教师通过数学活动的开展让学生在严密的逻辑性与有意义的价值建构中真正求真，不仅知其然，更加关注所以然，以获得对所学知识和方法的正确、全面的认识。

三、求联

复习课相对新课而言，由于学生不是第一次接触，可能没有了学习新知识的新鲜感，很容易让学生感觉到枯燥，所以教师在复习课上要保证课堂的趣味性和学生一起创造出一个有趣、生动的课堂。而这种趣味性如果单纯体现在外在形式上热闹，比如"猜一猜""击鼓传花""智力大闯关"等活动虽有造势之说，但有损数学的优雅之美。因此复习课的趣味性应该集中体现在题目有质量的变化中，关注数学知识之间的内在联系，才能有效促进数学思维的发展和进步。在第二阶段的变式练习的过程中，通过对于直角三角形两条直角边的比值变化，加强学生对于"一线三等角"模型的认识和运用，促进学生体会变中有不变(题目给出条件变化但是解题方法基本不变)的数学规律。那么在第三阶段的变式过程中将研究的主体由"直角三角形"改变成"矩形"，进一步激发学生的研究兴趣，从而促使学生反思三角形和四边形的内在联系。

例谈数学核心素养视角下的问题情境设计

例题 4：如图 5，矩形 $ABCD$ 的顶点 A 在 l_1 上，点 B 在 l_2 上，点 D 在 l_3 上，点 C 在 l_4 上，$AB：BC=1：2$，求 AB 的长。

例题 5：如图 5，矩形 $ABCD$ 的顶点 A 在 l_1 上，点 B 在 l_2 上，点 D 在 l_3 上，点 C 在 l_4 上，$AB：BC=m：n$，求 AB 的长。

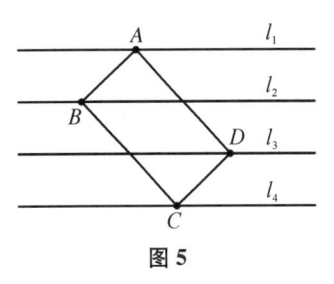

图 5

在复习课中对于数学的基础知识的复习关键不在求全，而在于求联。在数学学习过程中存在两种不同的追求长度方式：一是新知识的形成过程中探究新旧知识之间的关联；二是在问题解决时尝试用类比的思想找到已经具有的解题策略或方法。在第一阶段和第二阶段的题组设计中尤其体现了第二点，那么在第三阶段中更加需要教师努力达成的是引导学生思考三角形和四边形的关系，并在解题后进行有效的检查与反思。因此在设计问题情境时需要特别关注将零散的数学知识点（三角形、直角三角形、四边形、矩形等）放到有机的、立体的数学知识结构中去，逐渐完成数学知识的整体化和系统化的过程。

四、求变

求变就是在弄清"是什么""为什么"的前提下，走进"还有什么变化"或"还有什么发现"的境界继续探究。在背景变化、条件变化、问题变化、图形变化等错综复杂的变式过程中，教师逐渐引导学生思考从"会一题，懂一串，通一片"上升到"变中有不变"的境界。

变式一：如图 6，已知 $l_1 // l_2 // l_3$，等腰直角三角形 ABC 的直角顶点 A 在 l_1 上，点 B 在 l_2 上，点 C 在 l_3 上，AC 交 l_2 于点 D，若平行线 l_1 和 l_2 间的距离是 1，平行线 l_2 和 l_3 间的距离是 2，求 BD 的长。

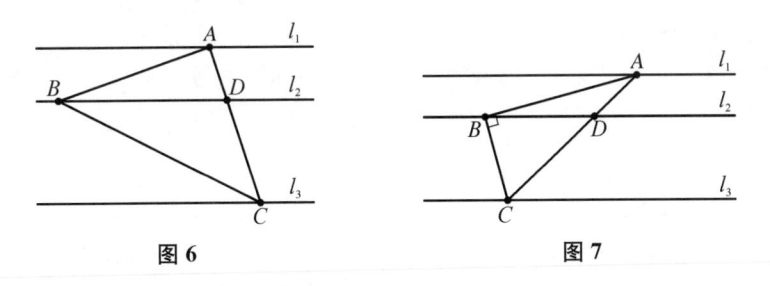

图 6

图 7

变式二：如图 7，已知 $l_1 // l_2 // l_3$，直角三角形 ABC 的点 A 在 l_1 上，直角顶点 B 在 l_2 上，点 C 在 l_3 上，AC 交 l_2 于点 D，$\tan C=2$，若平行线 l_1 和 l_2 间的距离是 1，平行线 l_2 和 l_3 间的距离是 2，求 BD 的长。

变式三：如图8,已知 $l_1 /\!/ l_2 /\!/ l_3$,等边三角形 ABC 的点 A 在 l_1 上,点 B 在 l_2 上,点 C 在 l_3 上,AC 交 l_2 于点 D,若平行线 l_1 和 l_2 间的距离是 1,平行线 l_2 和 l_3 间的距离是 2,求 BD 的长。

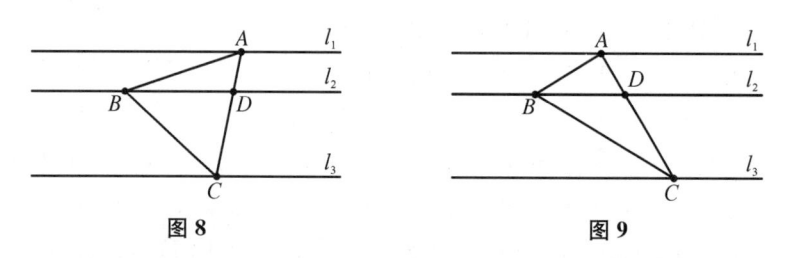

图 8

图 9

变式四：如图9,已知 $l_1 /\!/ l_2 /\!/ l_3$,三角形 ABC 的点 A 在 l_1 上,点 B 在 l_2 上,点 C 在 l_3 上,且满足 $AB=\sqrt{5}$,BD 平分 $\angle ABC$,AC 交 l_2 于点 D,若平行线 l_1 和 l_2 间的距离是 1,平行线 l_2 和 l_3 间的距离是 2,求 BD 的长。

变式五：如图10,已知 $l_1 /\!/ l_2 /\!/ l_3$,三角形 ABC 的点 A 在 l_1 上,点 B 在 l_2 上,点 C 在 l_3 上,且满足 $AB=\sqrt{5}$,$\angle ABC=45°$,AC 交 l_2 于点 D,若平行线 l_1 和 l_2 间的距离是 1,平行线 l_2 和 l_3 间的距离是 2,求 BD 的长。

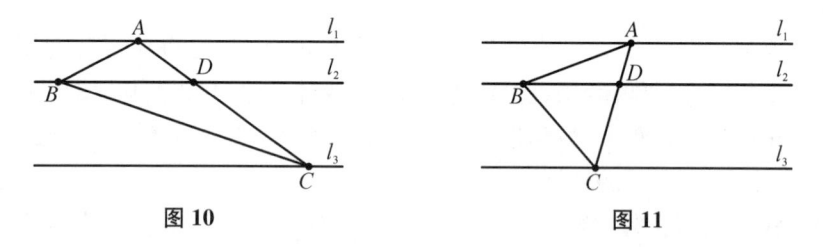

图 10

图 11

变式六：如图11,已知 $l_1 /\!/ l_2 /\!/ l_3$,三角形 ABC 的点 A 在 l_1 上,点 B 在 l_2 上,点 C 在 l_3 上,且满足 $AB=\sqrt{10}$,$\tan\angle ABC=2$,AC 交 l_2 于点 D,若平行线 l_1 和 l_2 间的距离是 1,平行线 l_2 和 l_3 间的距离是 2,求 BD 的长。

变式七：如图12,正方形 $ABCD$ 的顶点分别在直线 l_1、l_2、l_3、l_4 上,直线 $l_1 /\!/ l_2 /\!/ l_3 /\!/ l_4$,平行线之间的距离都是 1,则边 $AB=$_____。

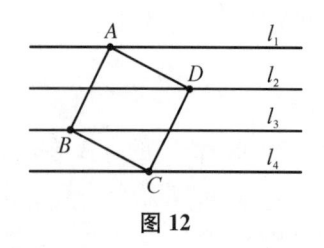

图 12

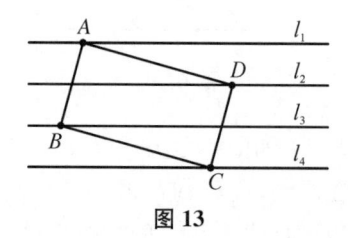

图 13

变式八：如图 13，矩形 $ABCD$ 的顶点分别在直线 l_1、l_2、l_3、l_4 上，直线 $l_1 /\!/ l_2 /\!/ l_3 /\!/ l_4$，平行线之间的距离都是 1，且 $AB:BC=1:2$，则边 $AB=$ _____。

变式九：如图 14，菱形 $ABCD$ 的顶点分别在直线 l_1、l_2、l_3、l_4 上，直线 $l_1 /\!/ l_2 /\!/ l_3 /\!/ l_4$，平行线之间的距离都是 1，且 $\tan\angle ABC=\dfrac{4}{3}$，则边 $AB=$ _____。

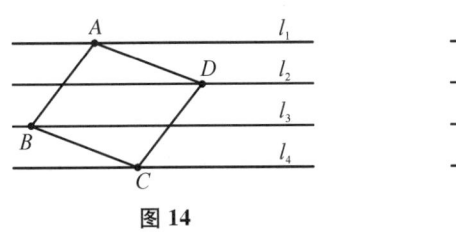

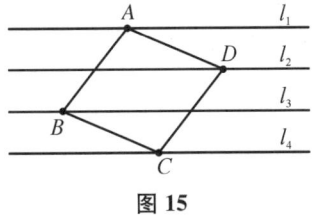

图 14

图 15

变式十：如图 15，菱形 $ABCD$ 的顶点分别在直线 l_1、l_2、l_3、l_4 上，直线 $l_1 /\!/ l_2 /\!/ l_3 /\!/ l_4$，平行线之间的距离都是 1，$\tan\angle ABC=k$，则边 $AB=$ _____。

整个问题情境的设计力求在"求实""求真""求联""求变"的过程中，逐渐加大了数学概念教学和解题教学的融合度，初步实现了数学复习课兼顾概念夯实和难度加深的两个要求，充分体现了数学问题情境的特点，即科学性、层次性、有效性和启发性，也从课堂设计角度引导学生感悟数学中的理性思考的四个境界，即实事求是、理性求真、内在求联和反思求变。

基于数学核心素养的教学要求教师提供时间和空间给学生自主探究感兴趣的现实问题，学生在这个探究的过程中经过自主探索和合作交流，有助于他们在数学知识与其应用之间建立即时联系。如果教学中的数学知识根植于各种情境中，将更有利于学生找到知识学习的意义，进而促进其数学核心素养的发展和理性精神的形成。

教学是一种艺术，与文学作品相类似也应该有"立意"的思考。"求是"，属于解决问题；"求真"与"求联"，则走进了发现问题和提出问题的范畴；"求真"与"求变"的过程蕴含并孕育着创新。因此，提高数学课堂教学境界、提升数学课堂教学立意，问题情景设计时不妨从"求真""求联"与"求变"入手。在实事求是的基础上找寻通法通解，规范书写；引导学生探求"是什么"背后的真相，在"是什么"的基础上继续追问"为什么"；领悟各个知识点之间的内在联系，从中获得规律并加以联想和推广；走进"还有什么变化"或"还有什么发现"的境界继续探究。

越来越多的教师已经认识到以中考分数为终极目标的课堂教学已经是一条"囧途",逐渐追求内隐于数学观念,外显于数学学习品质的数学学科德育才是"正道",精心设计每一个问题情境利用数学与理性帮助学生树立正确的数学观,将在其一生发展中发挥着重要的作用。

参考文献

[1] 杨九诠.三对关系中把握核心素养[N].中国教育报,2016-07-13(9).
[2] 孙琪斌.德,见一题一课;育,在一言一行[J].中学数学教学参考(中旬),2017(9):61-63.

改变条件 互换结论 拓展应用
——对于一道选择题的讲评的变式反思

初三的数学课虽然占用学生时间不长,但是五门学科中的数学成绩不弱。究其原因是数学复习课认真备课,每次周测卷坚持自编试卷,为了不让学生在题海中拼尽全力却毫无方向,数学教师坚持自己纵身跳进题海,奋力选择有价值的数学问题,或者将其连题成组,或者将其汇总成卷,让学生接触到的题目至少经过两遍以上的筛选。最近一个阶段在进行了各种函数的梳理和复习的基础上学生复习了相似三角形,于是在周测卷中笔者将2015年山东省滨州市中考卷的第12题放在了选择题第3题。阅卷过程中发现参加考试的213人中选对此题者189人,有24人出错。这似乎表明初三年级学生都基本过关了,可是在随后的问卷调查中笔者发现有156人回答这个答案是猜对的,另外33人中也基本上是通过画图猜测或者带入点的具体坐标猜测,能够通过严格推理证明得到正确答案的学生凤毛麟角。由此产生了这次试卷讲评的第一份教案:分析解题的各种方法并且辅以几道类似的习题加以巩固。

教案一:

例题1:2015年山东省滨州市中考卷第12题 如图1,在 x 轴的上方,直角 BOA 绕原点 O 按顺时针方向旋转。若 $\angle BOA$ 的两边分别与函数 $y=-\dfrac{1}{x}$、$y=\dfrac{2}{x}$ 的图像交于 B、A 两点,则 $\angle OAB$ 大小的变化趋势为( )。

A. 逐渐变小　　B. 逐渐变大　　C. 时大时小　　D. 保持不变

变式一:2013年四川省乐山市中考卷第10题 如图2,已知第一象限内

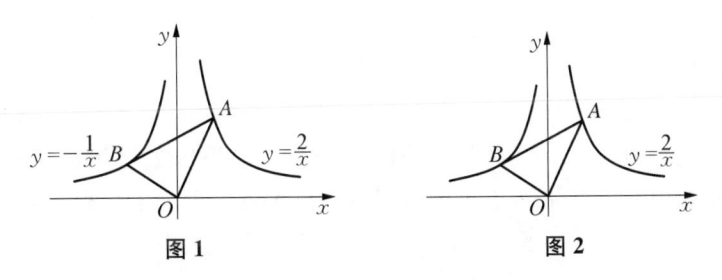

图1　　　　　　　图2

的点 A 在反比例函数 $y = \dfrac{2}{x}$ 的图像上，第二象限内的点 B 在反比例函数 $y = \dfrac{k}{x}$ 的图像上，且 $OA \perp OB$，$\tan \angle B = \dfrac{\sqrt{3}}{3}$，则 $k = $ _____ 。

变式二：在 x 轴的上方，直角 BOA 绕原点 O 按顺时针方向旋转。若 $\angle BOA$ 的两边分别与函数 $y = -\dfrac{2}{x}$、$y = \dfrac{8}{x}$ 的图像交于 B、A 两点，AB 交 y 轴于点 C，若点 C 是线段 AB 的中点，求点 A 和点 B 的坐标。

变式三：在直角三角形 AOB 中，$\angle AOB = 90°$，$OA = \dfrac{1}{2} OB$，点 A 在函数 $y = -\dfrac{1}{x}(x > 0)$ 上，点 B 在 $y = \dfrac{k}{x}(x < 0)$ 上，求 k 的值。

变式四：在 x 轴的上方，直角 BOA 绕原点 O 按顺时针方向旋转。若 $\angle BOA$ 的两边分别与函数 $y = -\dfrac{2}{x}$、$y = \dfrac{8}{x}$ 的图像交于 B、A 两点，以 OA 和 OB 为邻边作矩形 $AOBC$，点 C 在 y 轴上。分别过点 A 和点 B 作 $AE \perp x$ 轴，$BF \perp x$ 轴，垂足分别为 E 和 F，试确定 AE 与 BF 的数量关系。

变式五：在 x 轴的上方，直角 BOA 绕原点 O 按顺时针方向旋转。若 $\angle BOA$ 的两边分别与函数 $y = -\dfrac{1}{2x}$、$y = \dfrac{8}{9x}$ 的图像交于 B、A 两点，当直线 AB 与函数 $y = -\dfrac{1}{2x}$ 的图像有唯一的公共点时，求 A 和 B 两点的坐标。

在准备这道题目的试卷讲评课的过程中，笔者发现因为类似的习题较多，所以这一串题目由于题量大、题数多，显得杂乱无章，甚至于给人一种颠三倒四、略显混乱的感觉，很容易让学生在联系的过程中迷失研究方向，从而忽视最核心最本质的数学事实。怎么办？

基于常见变式训练的四种基本策略：一是条件变式（强化或弱化条件，改变条件）；二是结论变式（目标变式，将结论进行变化）；三是对称变式（条件和结论进行互换）；四是锁链变式（利用前面一问的条件进行后面疑问的推导和应用）。第一稿教案中一组变式那么多题目究竟应该如何安排才能够使这节习题讲评课的结构更加有条理，更加有效地促进学生数学思维的提高和发展？

在仔细审查一遍原题的两类比较典型的多种解法后，笔者发现在添加双高构造一直线上三等角的基础图形之后大致分为两大类：一是设点的坐标用代数计算这个角的正切值，二是利用相似三角形面积比的性质和反比例函数系数的几何意义来计算这个角的正切值。所以这节讲评课的第一个关键点是让学生一题多解，激发学生的创新思维，再根据从具体数值到用字母表示数，体会从特殊到一般的过程，自主探索得到结论；第二个关键点是正向和逆向使用这个公式，也就是进行对称式变式；第三个关键点是利用这个公式或者推导公式的过程去解决其他问题，也就是锁链式变式。根据这三个关键点，分别设置不同的题组，在每组变式题组的设置过程中都进行变式训练。

经过再三思考和反复琢磨，笔者又准备了第二稿教案。

教案二：

例题1：2015年山东省滨州市中考卷第12题 如图3，在 x 轴的上方，直角 $\angle BOA$ 绕原点 O 按顺时针方向旋转。若 $\angle BOA$ 的两边分别与函数 $y=-\dfrac{1}{x}$、$y=\dfrac{2}{x}$ 的图像交于 B、A 两点，则 $\angle OAB$ 大小的变化趋势为(　　)。

A. 逐渐变小　　　　　　B. 逐渐变大

C. 时大时小　　　　　　D. 保持不变

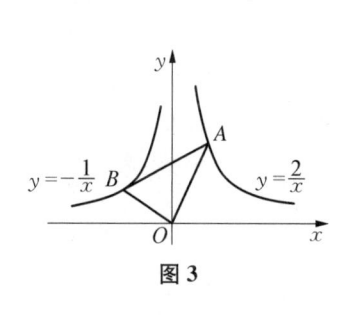

图3 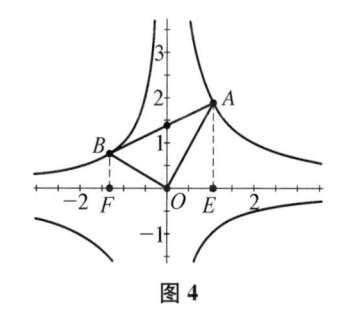　　　　　　　　图4

分析：如图4，过点 A 点 B 分别作 x 轴的垂线，垂足分别为点 E 和点 F，易证 $\triangle AOE \backsim \triangle OBF$。

解法一：设点 A 的坐标 $\left(a,\dfrac{2}{a}\right)(a>0)$，点 B 的坐标 $\left(b,-\dfrac{1}{b}\right)(b<0)$，则 $OE=a$，$AE=\dfrac{2}{a}$，$OF=-b$，$BF=-\dfrac{1}{b}$。

因为 $\dfrac{BF}{OE}=\dfrac{OF}{AE}$，可得 $a^2b^2=2$，$ab=-\sqrt{2}$，$\tan\angle OAB=\dfrac{BF}{OE}=\dfrac{-\dfrac{1}{b}}{a}=-\dfrac{1}{ab}=\dfrac{\sqrt{2}}{2}$。

解法二：$\dfrac{S_{\triangle BOF}}{S_{\triangle AOE}}=\left(\dfrac{OB}{OA}\right)^2$，$\dfrac{OB}{OA}=\sqrt{\dfrac{S_{\triangle BOF}}{S_{\triangle AOE}}}=\dfrac{\sqrt{2}}{2}$，$\tan\angle OAB=\dfrac{OB}{OA}=\dfrac{\sqrt{2}}{2}$。

第一组变式：改变条件。

变式一：如图5，在x轴的上方，直角BOA绕原点O按顺时针方向旋转。若$\angle BOA$的两边分别与函数$y=-\dfrac{3}{x}$、$y=\dfrac{1}{x}$图像交于B、A两点，则$\tan\angle OAB=$ _____。

变式二：如图6，在x轴的上方，直角BOA绕原点O按顺时针方向旋转。若$\angle BOA$的两边分别与函数$y=-\dfrac{2}{x}$、$y=\dfrac{7}{x}$的图像交于B、A两点，则$\tan\angle OAB=$ _____。

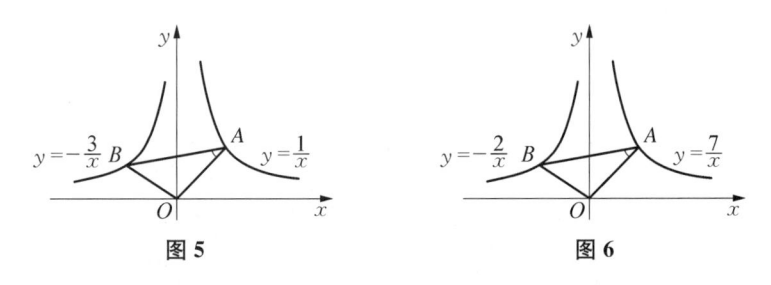

图5

图6

结论：已知直角BOA分别与函数$y=\dfrac{k_1}{x}$、$y=\dfrac{k_2}{x}$的图像相交于B、A两点，那么$\tan\angle OAB=\sqrt{\left|\dfrac{k_1}{k_2}\right|}$；$\tan\angle OBA=\sqrt{\left|\dfrac{k_2}{k_1}\right|}$。

第一组变式的目的是从不同数字到字母，引导学生的解题的过程中逐渐感悟出结论，并且充分体会从特殊到一般的规律，能够用字母表示数，引导学生在动点变化的题目中寻找不变的元素。

探究条件变化后结论是否成立，是基于对于问题核心的探索，在证明或计算过程中，把握问题的本质很重要的。纵观各地区各类型的考试卷，发现命题者经常通过更改题目的载体，强化或者弱化题目的条件等手段，改变题目的呈现形式，迷惑学生，其目的在于检查学生是否真的了解知识的实质，对这一类问题的解题策略和通法通则，考查的是学生的思维能力以及分析问题和解决问题的能力。因此教师在日常教学中就应该通过分析问题，引导学生理解题目，把握基础图形、核心问题和本质内容，逐渐学会用数学思想去分析客观世界,用数学方法去解决各种问题。

第二组变式:

变式一:2013年四川省乐山市中考卷第10题 如图7,已知第一象限内的点A在反比例函数$y=\dfrac{2}{x}$的图像上,第二象限内的点B在反比例函数$y=\dfrac{k}{x}$的图像上,且$OA \perp OB$,$\tan \angle B = \dfrac{\sqrt{3}}{3}$,则$k=$_____。

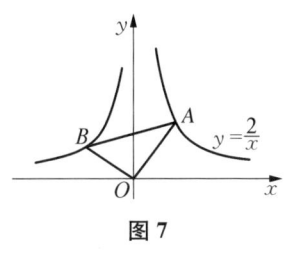

变式二:如图8,在直角三角形AOB中,$\angle AOB=90°$,$OA=\dfrac{1}{2}OB$,点A在函数$y=\dfrac{1}{x}(x>0)$上,点B在$y=\dfrac{k}{x}(x<0)$上,求k的值。

变式三:如图9,在直角三角形AOB中,$\angle AOB=90°$,$OB=nOA$,点A在函数$y=\dfrac{1}{x}(x>0)$上,点B在$y=\dfrac{k}{x}(x<0)$上,试用含n的代数式表示k。

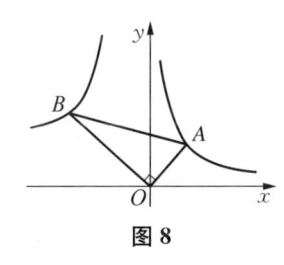

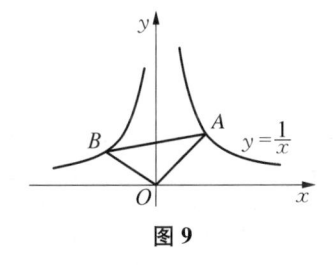

第二组变式属于对称性变式,是在相同背景下,从正反两个不同的角度思考可以由条件得到的结论,也可以由原结论得到原条件。其目的在于训练学生的双向思维,引导学生逐步体会根据第一组变式得出的结论不仅可以通过已知两个反比例函数系数求出两个锐角的三角比,还可以逆向使用公式,即已知一个反比例函数系数和一个锐角的三角比求解另一个反比例函数系数。坚持对于定理和公式进行逆向使用的训练,有利于培养学生数学思维的完备性。

第三组变式:

变式一:如图10,在x轴的上方,直角BOA绕原点O按顺时针方向旋转。若$\angle BOA$的两边分别与函数$y=-\dfrac{2}{x}$,$y=\dfrac{8}{x}$的图像交于B、A两点,

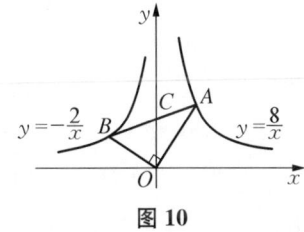

AB 交 y 轴于点 C,若点 C 是线段 AB 的中点,求点 A 和点 B 的坐标。

变式二:如图 11,在 y 轴的右边,直角 BOA 绕原点 O 按顺时针方向旋转。若 $\angle BOA$ 的两边分别与函数 $y=-\dfrac{1}{2x}$、$y=\dfrac{8}{x}$ 的图像交于 B、A 两点, AB 交 y 轴于点 C,若点 C 是线段 AB 的中点,求点 A 和点 B 的坐标。

变式三:如图 12,在 x 轴的上方,直角 BOA 绕原点 O 按顺时针方向旋转。若 $\angle BOA$ 的两边分别与函数 $y=-\dfrac{2}{x}$、$y=\dfrac{8}{x}$ 的图像交于 B、A 两点,以 OA 和 OB 为邻边作矩形 $AOBC$,点 C 在 y 轴上。分别过点 A 和点 B 作 $AE \perp x$ 轴,$BF \perp x$ 轴,垂足分别为 E 和 F,试确定 AE 与 BF 的数量关系。

图 11

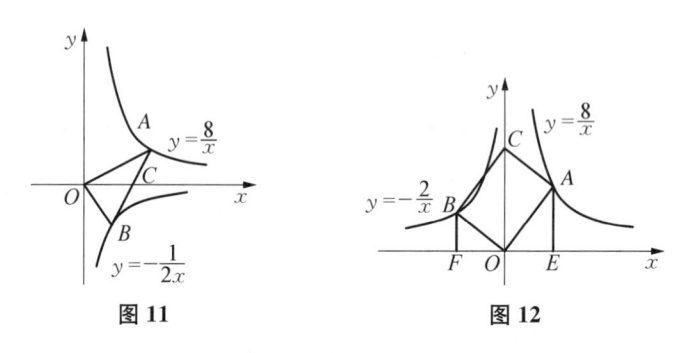

图 12

第三组变式属于锁链式变式,在经历了"条件变化""互换结论"的探究后,对于题目最内在、最本质的内容有了深刻的认识和理解,不再会被题目的形式所干扰,能够以"无厚如有间"的游刃有余的境地。新课标实施以来,常见考题立足于对学生应用意识和创新意识的考查,从具体情境中抽象出数学模型的基础上,也对数学的题目赋予应用价值。但是数学的应用除了容易想到的生活生产实际中的应用,更为隐性、更有层次感的应用是在数学领域内的应用。把探究出来的结论应用于其他的数学情境之中,以各种数学背景加以体现,以培养学生灵活运用定理和公式的能力。在前两组变式的基础上第三组变式题组就可以进行拓展应用,目的在于利用已经得到的结论或者已经探索出结论类似的方法,进一步研究和解决点的坐标或者线段长度之间的数量关系等其他问题,将这道简单的选择题进行进一步的拓展和延伸。

第四组变式:

如图 13,在 x 轴的上方,直角 BOA 绕原点 O 按顺时针方向旋转。若 $\angle BOA$ 的两边分别与函数

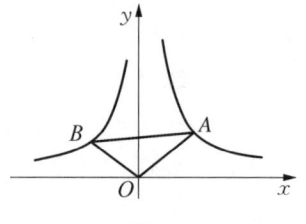

图 13

$y=-\dfrac{1}{2x}$、$y=\dfrac{8}{9x}$ 的图像交于 B、A 两点,当直线 AB 与函数 $y=-\dfrac{1}{2x}$ 的图像有唯一的公共点时,求 A 和 B 两点的坐标.

第四组变式属于加强版的锁链式变式,除了强调唯一的公共点这一特殊要求,初步渗透分类讨论的数学思想,还与第三组变式一起呈现对于原题的看似复杂的代数解法,并且在代数计算的过程中进一步体会通法通则和数学的理性精神。

在第二次上课后笔者再次反思,看似完整的课堂总觉得少了一些什么。合上笔记本继续思考:从解题层面看似基本的完成教学任务,但是还有没有改进的空间?苦思冥想之后笔者发现从图形运动的角度在第二组变式中应该利用几何画板制作一个动点轨迹的小课件,也就是说在已知一个反比例函数和一个锐角三角比不变的情况下,探索另一个象限中符合条件的点的轨迹,经过代数计算后再进行图形验证。这样应该能够更好地体现数形结合的数学思想,对于这类题目的解答和思考也应该会更加完整有效。另外还有一种变式的类型没有考虑,那么这一类型是否能够对于结论发散出去,进行进一步挖掘?这些都有待于进一步研究和打磨。

回顾从出卷—阅卷—备课—修正—上课—反思的整个流程,不难发现在这节试卷讲评课中,变式的要领是"改变条件,拓展结论和综合运用"。让思维变得深刻,变式教学是有效的教学方法之一。而在本课的第二次教案设计中将变式题目进行分组,突出了"改变条件,互换结论和拓展运用"是非常有效的变式手段。通过"改变条件",可以使学生切实感受到在题目的题干部分出示的条件,哪些条件对结论造成了直接影响,造成了什么影响,怎样造成影响;通过"互换结论"充分挖掘这一类题目的价值对学生周密完备的数学思维起到了锻炼作用;而"拓展运用"则体现了这一类题目在数学本身的应用价值。

变式的核心就是模型思想。将所学的内容整理归纳出类型和方法,并把类型和方法作为整体积累,经过加工提炼,得出有长久保存价值或典型结构与重要类型——数学模型,将其有意识地记忆下来,逐渐形成模型解题策略,增强模型解题意识。从思维角度看,利用数学模型解题体现了定势思维的正迁移的积极作用,是将"未知题目"转化成"已知类型",将"陌生图形"转化为"基础图形",将"非常规条件"转化为"标准题型"的划归过程。通过模型思想的学习,可以达到"知一题""会一类""懂一片"的学习目的,不仅使学生对于这一类问题所需要的知识理解深刻,而且在变式练习的过程中不断地主动思考、潜心分析、明确归类,从而真正起到增效减负的作用,将"苦做"变成"乐学",在课堂内外不断享受数学思维带来的喜悦和乐趣。

教书之道在度,学习之道在悟。想让学生更好地领悟真实的数学,就不能简简单单地讲题而忽略数学概念,分散数学知识,割离数学题目,甚至于不能找几道类似题目练习就算了。教书之道如何把握这个"度"？笔者认为无非是重视备课这一教学环节。不仅概念课要注重精心设计,还有习题课、复习课和讲评课都要反复思量认真准备,备好课之后不仅需要再三思量,更加需要不断磨课。在进行备课、反复磨课的过程中不断斟酌和思考怎样设计才能更加有利于发展学生的数学思维,怎样做上课才能起到事半功倍的教学效果,怎样研究才能让我们的数学课堂充满活力？根据常见的变式的四种类型,对于典型题目不断地改变条件,互换结论,拓展应用,并不断地钻研和探究。只有教师"度"的巧妙,学生才能"悟"的透彻;只有教师"度"得合理,学生才能"悟"得顺利;只有教师"度"得灵活,学生才能"悟"得长久！

切磋和琢磨

——从2016年上海市中考数学卷第25题感悟提高数学复习课的有效性

回顾2016年上海市中考数学卷我们发现该卷在试卷结构、知识内容、题型、题量、难度等方面与往年总体保持稳定。这份试卷中的试题重视基础,不少题目改编自教材内容。同时也关注应用,体现数学知识的应用价值:部分试题注重背景材料的选择和设计,力求时代性和多样性,如航拍无人机、搬运机器人等新科技产品的应用,对市民前往上海迪士尼乐园交通方式的调查等;背景材料以适当的表格、图形、图像等不同的形式呈现,体现了试题的多样性。

整张考卷有10%的中档和较难题分散在不同的试题中,有利于适当区分考生的认知水平。最后两道综合题尤其是第25题也是以数学基础为立足点,入口门槛低,解题途径宽,兼顾了不同考生的答题。

然而笔者长期在初三数学教学观察发现,有的课堂例题过难过偏,有的复习课就是练习课,学生没有充分的时间动口动手更没有时间回顾整理和加工相关的知识,还有的直接变成对对答案不解释理由。面对这样碎片化的复习,机械化的操练,数学复习课的效果可想而知。接下来笔者将以2016年上海中考数学卷的第25题为例子谈一谈如何提高数学复习课堂的有效性。

一、如切——思考解题方法

解题教学是数学教学的重点环节之一。著名数学家哈尔莫斯认为:"问题是数学的心脏。"解数学问题是研究和学习数学的重要途径。因此,数学解题教学的着眼点应是使学生通过解题掌握"双基"(基础知识、基本技能),发展能力,学会运用数学知识、方法去解决问题。数学题目是数学复习课的重要和主要的组成部分,数学题目不仅可以作为复习课的引入,还可以作为复习相关数学知识点的有效载体。

2016 年上海市中考卷第 25 题 如图 1 所示,梯形 ABCD 中,AB ∥ DC, ∠B=90°,AD=15,AB=16,BC=12,点 E 是边 AB 上的动点,点 F 是射线 CD 上一点,射线 ED 和射线 AF 交于点 G,且 ∠AGE=∠DAB;

(1) 求线段 CD 的长;

(2) 如果△AEG 是以 EG 为腰的等腰三角形,求线段 AE 的长;

(3) 如果点 F 在边 CD 上(不与点 C、D 重合),设 AE=x,DF=y,求 y 关于 x 的函数解析式,并写出 x 的取值范围。

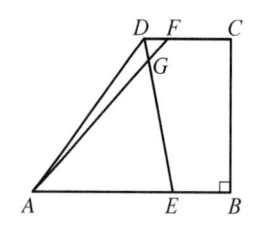

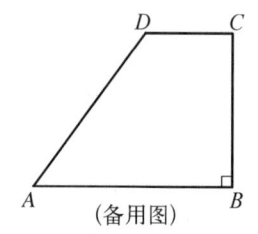

图 1

分析:已知梯形的三条边长求第四条边长常见的方法是添加平行线将梯形分成三角形和平行四边形来研究。本题中出现的梯形 ABCD 是直角梯形,那么顺理成章地过点 D 作 DH ∥ BC 交线段 AB 于点 H,将原有的直角梯形分成直角三角形和矩形,再根据已知条件利用勾股定理求出线段 AH 的长度,从而确定线段 CD 的长度。

解答方法一:

(1) 如图 2,过点 D 作 DH ⊥ AB,垂足为点 H;

在直角三角形 DAH 中,∠AHD=90°,AD=15,DH=12;所以 $AH = \sqrt{AD^2 - DH^2} = 9$;

又因为 AB=16,所以 CD=BH=AB−AH=7。

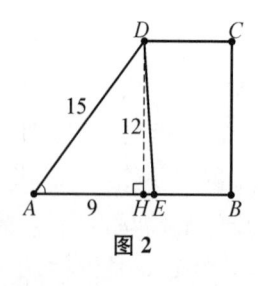

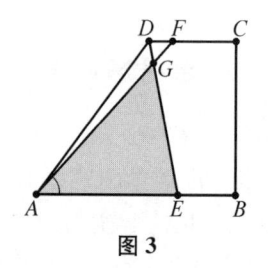

图 2 **图 3**

分析:根据题意,如果△AEG 是以 EG 为腰的等腰三角形,无非分两类进行讨论。最为直截了当的解题方法就是根据题目已经给出的条件,如图 3,观察图形特征,比如△AEG∽△DEA,△ADG∽△AFD等,列出线段的比例式,用x表示线段EG和AG,列出关于未知数x的方程来确定线段AE的长度。

(2) 因为△AEG∽△DEA,所以$\frac{AE}{DE}=\frac{EG}{AE}$,$\frac{AE}{DE}=\frac{AG}{AD}$,$EG=\frac{x^2}{\sqrt{12^2+(x-9)^2}}$,$AG=\frac{15x}{\sqrt{x^2-18x+225}}$。

在△AEG中,$EG=\frac{x^2}{\sqrt{x^2-18x+225}}$,$AE=x$,$AG=\frac{15x}{\sqrt{x^2-18x+225}}$。

根据△AEG是以EG为腰的等腰三角形,所以

$EG=AE$,$\frac{x^2}{\sqrt{x^2-18x+225}}=x$,解得$x=\frac{25}{2}$,

$EG=AG$,$\frac{x^2}{\sqrt{x^2-18x+225}}=\frac{15x}{\sqrt{x^2-18x+225}}$,解得$x=15$。

综上所述,当△AEG是以EG为腰的等腰三角形时,线段AE的长为15或$\frac{25}{2}$。

分析:根据题目的已知条件"梯形ABCD中,AB∥DC",我们可以找到一组X字形。利用平行线分线段成比例定理就可以列出比例式确定y与x之间的函数解析式。

(3) 如图4,在直角三角形DHE中,$\angle DHE=90°$,
$DE=\sqrt{DH^2+EH^2}=\sqrt{12^2+(x-9)^2}$;

因为△AEG∽△DEA,所以$\frac{AE}{DE}=\frac{EG}{AE}$

$EG=\frac{x^2}{\sqrt{12^2+(x-9)^2}}$

$DG=\sqrt{12^2+(x-9)^2}-\frac{x^2}{\sqrt{12^2+(x-9)^2}}$

因为$DF\parallel AE$,所以$\frac{DF}{AE}=\frac{DG}{EG}$,$\frac{y}{x}=\frac{12^2+(x-9)^2-x^2}{x^2}$;$y=$

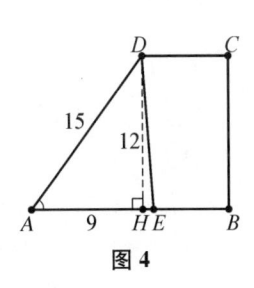

$\dfrac{225-18x}{x}$,x 的取值范围为 $9 < x < \dfrac{25}{2}$。

二、如磋——寻求一题多解

完成一道题目的基本解答之后,除了检查解题思路,验证答案是否正确之外还要引导学生思索有没有其他的解题方法。一题多解实际上是解题或证明定理、公式的变式,因为它的实质是以不同的论证方式反映条件和结论间的同一必然的本质联系。运用这种教学方式,可以引导学生对同一材料,从不同角度、不同方位,通过各种途径、多种方法思考问题,探求不同的解答方案,这样,既可显示学生解题的思维过程,增加教学透明度,又能够拓广学生思路,使学生熟练掌握知识的内在联系,使思维向多方向发展,培养思维的发散性。

例如上题中的第 2 问的解答除了上述第一种方式,还有其他解决方案。

方法二:$\triangle AEG$ 是以 EG 为腰的等腰三角形。

(1) $EG = AE$,则 $\angle AGE = \angle GAE$。

又因为 $\angle AGE = \angle DAB$,所以 $\angle GAE = \angle DAB$,此时点 G、F、D 重合。

如图 5,过点 E 作 $EH \perp AD$,垂足为点 H,$\cos A = \dfrac{AH}{AE} = \dfrac{7.5}{x} = \dfrac{3}{5}$,$AE = \dfrac{25}{2}$。

图 5

(2) $EG = AG$,则 $\angle GEA = \angle GAE$。

(3) 由于 $\triangle AEG \backsim \triangle DEA$,所以 $\angle GEA = \angle ADE$,$AD = AE = 15$。

综上所述,当 $\triangle AEG$ 是以 EG 为腰的等腰三角形时,线段 AE 的长为 15 或 $\dfrac{25}{2}$。

方法三:因为 $\angle AEG = \angle DEA$,又 $\angle AGE = \angle DAE$,所以 $\triangle AEG \backsim \triangle DEA$。

由 $\triangle AEG$ 是以 EG 为腰的等腰三角形,可得 $\triangle DEA$ 是以 AE 为腰的等腰三角形。

若 $AE = AD$,因为 $AD = 15$,所以 $AE = 15$。

若 $AE = DE$,如图 6,过点 E 作 $EQ \perp AD$,垂足为 Q,$AQ = \dfrac{1}{2}AD = \dfrac{15}{2}$。

图 6

在直角三角形 DAH 中,$\angle AHD = 90°$,

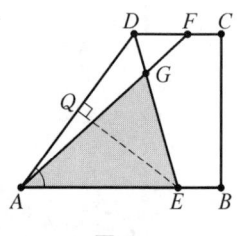

$\cos\angle DAH = \dfrac{AH}{AD} = \dfrac{3}{5}$；

在直角三角形 AEQ 中，$\angle AQE = 90°$，$\cos\angle QAE = \dfrac{AQ}{AE} = \dfrac{3}{5}$，$AE = \dfrac{25}{2}$。

综上所述，当 $\triangle AEG$ 是以 EG 为腰的等腰三角形时，线段 AE 的长为 15 或 $\dfrac{25}{2}$。

例题第 3 问还有如下 3 种解答方式。

方法二：如图 7，过点 A 作 $AH \perp CD$ 的延长线，垂足为点 H。过点 D 作 $DH_1 \perp AB$，垂足为点 H_1。

在直角三角形 DH_1E 中，$\angle DH_1E = 90°$，$DE = \sqrt{DH_1^2 + EH_1^2} = \sqrt{12^2 + (x-9)^2}$；

因为 $\triangle AEG \backsim \triangle DEA$，所以 $\dfrac{AE}{DE} = \dfrac{EG}{AE}$，$EG = \dfrac{x^2}{\sqrt{12^2 + (x-9)^2}}$，$DG = \sqrt{12^2 + (x-9)^2} - \dfrac{x^2}{\sqrt{12^2 + (x-9)^2}}$。

在直角三角形 AFH 中，$AH^2 + FH^2 = AF^2$，其中 $AH = 12$，$FH = 9 + y$，所以 $AF = \sqrt{y^2 + 18y + 225}$。

又根据 $\triangle ADG \backsim \triangle AFD$，可得 $\dfrac{AD}{AG} = \dfrac{AF}{AD}$，即 $AD^2 = AG \cdot AF$，所以 $AG = \dfrac{225}{\sqrt{y^2 + 18y + 225}}$。

因为 $DF \parallel AE$，所以

$$\dfrac{DF}{AE} = \dfrac{FG}{AG}$$

$$\dfrac{y}{x} = \dfrac{\sqrt{y^2 + 18y + 225} - \dfrac{225}{\sqrt{y^2 + 18y + 225}}}{\dfrac{225}{\sqrt{y^2 + 18y + 225}}}$$

$y = \dfrac{225 - 18x}{x}$，x 的取值范围为 $9 < x < \dfrac{25}{2}$。

方法三：如图 8，根据 $\triangle AGE \backsim \triangle DAE$，$\triangle AGE \backsim$

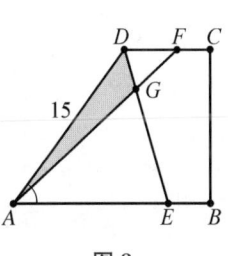

△FGD，所以 △DAE ∽ △FGD，$\dfrac{DF}{DE}=\dfrac{DG}{AE}$，$DE \cdot DG = DF \cdot AE$。

所以 $DE \cdot (DE-EG) = DF \cdot AE$，$DE^2 - DE \cdot EG = DF \cdot AE$。

又因为 △AGE ∽ △DAE 可以得到 $DE \cdot EG = AE^2$，所以 $DE^2 - AE^2 = DF \cdot AE$，$x^2 - 18x + 225 - x^2 = xy$。

所以 $y = \dfrac{225-18x}{x}$，x 的取值范围为 $9 < x < \dfrac{25}{2}$。

方法四：如图 9，以 FC 为始边在线段 CD 的下方作 $\angle HFC = \angle DAB$，$\angle HFC$ 的终边交线段 AB 的延长线于点 H。显然四边形 AHFD 为等腰梯形。

由题意易证 △ADG ∽ △AFD，可得
$AG \cdot AF = AD^2$ ①

由于等腰梯形 AHFD，所以 $\angle H = \angle DAE = \angle 1$，

因为 $\angle H = \angle 1$，$\angle 2 = \angle 2$，所以 △AGE ∽ △AHF

$\dfrac{AG}{AH} = \dfrac{AE}{AF}$，即 $AG \cdot AF = AE \cdot AH$ ②

由①②可得 $AD^2 = AE \cdot AH$，其中 $AH = 18 + y$，$15^2 = x \cdot (18+y)$，所以 $y = \dfrac{225-18x}{x}$，x 的取值范围为 $9 < x < \dfrac{25}{2}$。

定义域的确定则可以通过分析点 F 的运动状态过程中的 F 与 C 点重合和 F 与 D、G 两点重合的两个临界状态来计算得到（如表1）。

表1

F 不存在	F 与 C 重合 F 第一次出现	F 在线段 CD 上	F 与 D 重合 也与 G 重合	F 在线段 CD 的延长线上
		临界情况1	临界情况2	

但是一题多解的目的绝不是炫耀和卖弄，而是将各种解题方法呈现在学生面前，之后继续引导学生关注隐藏在这些解法背后的数学知识和数学思想方法。

三、如琢——提炼数学思想

在将数学题目进行一题多解之后教师应引导学生进行多解归一。如果说一题多解是培养学生数学思维的多样性和发散性,那么多解归一就是加强学生对于解决数学问题的通法通则的归纳和本质问题的规律的掌握。只有坚持一题多解和多解归一的训练,才能让学生真正体会伴随着一题多解之后产生的一定是多解归一,一题多解是复习数学知识的途径和手段,多解归一是数学思想方法的提炼和小结。教师在日常教学中应重视两者的先后顺序,引导学生体会两者的有机结合。

在几种证明方法之中,笔者认为无论是第 2 问还是第 3 问,解题的基本思路基本都是根据相似三角形或者平行线分线段成比例,利用某些角和线段之间的特征来解决问题。

对于第 2 问而言,方法一和方法二是根据"$\triangle AEG$ 是以 EG 为腰的等腰三角形"这一子条件就题论题对于 $\triangle AEG$ 进行分类讨论来解决问题,而方法三利用了转化的数学思想将对于 $\triangle AEG$ 图形特征的探讨转化到 $\triangle DEA$ 中,利用锐角三角比来解决问题。从方法一到方法三的拓展是学生思维从低到高的进步和升华。

第 3 问的方法一和方法二都是根据"$AB \parallel DC$"形成一组 X 字形的基本图形,从而确定四条线段之间的比例式,确定 y 与 x 之间的关系式。相比较而言方法一比方法二计算量略小一点,显得比较简单。那么方法三是已知 $\triangle AGE \backsim \triangle DAE$ 和 $\triangle AGE \backsim \triangle FGD$ 的基础上根据相似的传递性得到 $\triangle DAE \backsim \triangle FGD$,再研究出线段 DE、AE 和 DF 之间的等量关系式 $DE^2 - AE^2 = DF \cdot AE$,确定 y 与 x 之间的关系式。最大的亮点是方法四的构造法,它构造了一个等腰梯形 $AHFD$,通过 $\triangle ADG \backsim \triangle AFD$ 和 $\triangle AGE \backsim \triangle AHF$ 得到线段 AD、AE 和 AH 之间的等量关系式 $AD^2 = AE \cdot AH$,确定 y 与 x 之间的关系式,初步感受构造法的魅力。

纵观三个小问的多种解题方法,不难体会在分析问题研究问题的过程中实现了三种转化。

1. 已知与未知的转化,分析已知条件的内涵,挖掘其隐含条件,使得已知条件朝着明朗化的方面转化,例如"梯形 $ABCD$ 中,$AB \parallel DC$,$\angle B = 90°$,$AD = 15$,$AB = 16$,$BC = 12$",添一条高将梯形分成矩形和直角三角形就能求出线段 CD 的长。

2. 数与形的转化。把抽象的数学语言与直观的相似三角形图形相结合,使许多相似三角形的基础图形直观而形象,有利于发现线段之间的比例式,迅速找到解题途径。

3. 复杂与简单的转化。把一个复杂的、陌生的问题转化为简单的、熟悉的问题来解答。例如第 2 问的方法三就是把对于△AEG 图形特征的探讨转化到△DEA 来进行的。

当然本题的分析解决过程中也体现了数形结合思想,将抽象的数学语言与直观的图形三角形,梯形等结合起来,实现了数与形之间的相互转化。如果对数学题目中的条件和结论既分析其几何意义又分析其代数意义,就不难发现多种解题方法。

分类讨论思想是指当被研究的问题存在一些不明确的因素,例如"△AEG 是以 EG 为腰的等腰三角形"无法用统一的方法或结论给出统一的描述时,按可能出现的所有情况来分别进行研究讨论,从而得出各种情况下相互独立的结论。

方程思想是从问题的数量关系入手,运用数学语言将问题转化为数学模型,然后通过解方程(组)来使问题获解。一般方法是认真分析题中的各个量以及相互关系,用一个或者几个等量关系描述题目中所有的相等关系,建立方程(组)模型,进而确定未知数的值,使问题获得解答。例如第 2 问的方法一中就是利利用方程思想建立关于未知数 x 的方程,解方程来确定线段 AE 的长。

四、如磨——尝试一题多变

培养学生的创新思维能力是中学课程标准的基本要求,也是数学教学的重要任务。在初三数学复习课的教学中,在讲评试卷的压轴题时,培养学生创新思维能力的途径是多渠道的,笔者在长期的教学实践中发现,有效地进行一题多变教学是培养学生创新思维能力的有效途径之一。一题多变能够让学生在无限的空间里实现思维的飞跃,有助于开启学生的应变力、想象力、创造力之门;一题多变以问题探究为中心,通过研究一个问题的多种解法或同一类型问题的相似解法,有助于拓展学生思维的广度和深度。一题多变重在培养学生探究性学习的意识,激发学生的创造性学习的激情。

第一组变式:变换题设或结论。

变式练习一:如图 10,梯形 $ABCD$ 中,$AB \parallel DC$,$\angle B = 90°$,$AD = 15$,$AB = 16$,$CD = 7$,点 E 是边 AB 上的动点,点 F 是射线 CD 上一点,射线 ED 和射线 AF 交于点 G,且 $\angle AGE = \angle DAB$;求线段 BC 的长。

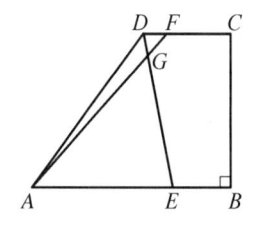

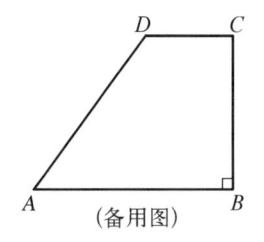

图 10

变式练习二：如图10，梯形 $ABCD$ 中，$AB \parallel DC$，$\angle B = 90°$，$AD = 15$，$AB = 16$，$CD = m$，点 E 是边 AB 上的动点，点 F 是射线 CD 上一点，射线 ED 和射线 AF 交于点 G，且 $\angle AGE = \angle DAB$；用字母 m 表示线段 BC 的长。

第二组变式：变换题型。

变式练习三：如图10，梯形 $ABCD$ 中，$AB \parallel DC$，$\angle B = 90°$，$AD = 15$，$AB = 16$，$BC = 12$，点 E 是边 AB 上的动点，点 F 是射线 CD 上一点，射线 ED 和射线 AF 交于点 G，且 $\angle AGE = \angle DAB$；如果点 F 在边 CD 上（不与点 C、D 重合），求证：$DE^2 - DE \cdot EG = DF \cdot AE$。

第三组变式：增加讨论类型。

变式练习四：如图10，梯形 $ABCD$ 中，$AB \parallel DC$，$\angle B = 90°$，$AD = 15$，$AB = 16$，$BC = 12$，点 E 是边 AB 上的动点，点 F 是射线 CD 上一点，射线 ED 和射线 AF 交于点 G，且 $\angle AGE = \angle DAB$；如果 $\triangle AEG$ 是等腰三角形，求线段 AE 的长。

当然变式的形式和方法还有很多种，如果加强对例题和习题教学的研究，通过科学合理地使用教学素材进行一题多变教学，不仅能够做一题，会一串，懂一片，大幅度提高课堂效率，更加重要的是能较好地培养学生思维的广阔性、独立性和创造性，促使学生形成良好的思维习惯和品质，更好地培养学生的个性特征和创新思维。

《诗经·卫风·淇奥》的篇首中所说："有匪君子，如切如磋，如琢如磨。"也就是说君子的自我修养就像加工骨器，切了还要磋；就像加工玉器，琢了还得磨。初三的数学复习课面对时间紧张，任务繁重的困难局面，需要执教者不断了解学情，研究教法，不断地分析钻研，不断切磋，经常琢磨，切实提高复习课的有效性。最终初三数学复习课堂就会像《淇奥》篇尾说的那样："有匪君子，如金如锡，如圭如璧。"而勤钻研、多总结的教师也将成为意志坚定，忠贞纯厚，心胸宽广，平易近人的教书贤人！

立足基础　强调发展

——2017年上海市中考数学卷特点分析和教学建议

2017年上海市初中毕业统一学业考试数学卷以《上海市中小学数学课程标准》和《2017年上海市初中数学课程终结性评价指南》为依据，紧扣教材，在立足基础的同时，有效考查了学生的数学学科素养，凸显了对学生数学能力的重视。2017年数学试题延续了历年来上海市中考数学试题的模式，试题难度适宜，试卷整体结构平稳。

一、特点分析

与往年相比，2017年上海市中考数学卷既有延续又有变化，既有传承又有创新。全卷主要有三个特点。

（一）重视教材，强调阅读

本卷试题对课堂教学起到了有效的导向作用，引导课堂教学回归教材。教材是课程资源的核心，抓住了教材，抓住数学学科本质，也抓住了学科本质的核心。[1]

历年以来的上海市中考数学卷中都不难发现教材的影子，本次中考试卷尤其如此。选择题中出现的数与式、函数与函数的相关概念、方程与不等式、统计初步、相交线与平行线、相似三角形、四边形、正多边形和圆等不仅是近十年来上海中考选择题的高频考点，而且是教材的重要教学内容。值得一提的是，2017年中考数学卷在综合题的部分也加强了试卷与课本知识的密切联系。例如第24题第3问中要求"将该抛物线向上或向下平移，使得新抛物线的顶点 C 在 x 轴上"考查了抛物线的平移，这是七年级第一学期教材中"11.1 图形的平移"的重要知识点，能较好地体现教材中确定平移的方向和距离的教学要求；第25题第3问中要求"记△AOB、△AOD、△COD 的面积分别为 S_1、S_2、S_3，如果 S_2 是 S_1 和 S_3 的比例中项，求 OD 的长"，利用黄金分割这一知识点可以比较快速的由图形特征得出比例确定线段的长度。无论是选择题还是综合题都能够联系教材,能较好地引导教师的课堂教学回归教材,而不依靠单纯的题海和刷题来提高学生成绩。

由于数学语言具有简洁、无歧义的特点,数学符号内涵丰富,具有一定的抽象性,所以数学阅读的过程是一个内部语言的转化过程,是新知识的同化和顺应过程。本次考试有大量带有实际应用背景的试题,同时对学生的文字阅读能力有一定的要求,比如本卷中第 16 题"一副三角板按图 3 的位置摆放。将三角尺 DEF 绕点 F 按顺时针方向旋转 $n°$ 后,如果 $EF \parallel AB$,那么 n 的值是",第 17 题中"分别以点 A、B 为圆心画圆,如果点 C 在 $\odot A$ 的内部",第 18 题"我们规定:一个正 n 边形的最短对角线与最长对角线长度的比值叫作这个正 n 边形的'特征值',记为 λ_n,那么 $\lambda_6 = $ _____",第 22 题"甲、乙两家绿色养护公司各自推出了校园养护服务的收费方案……"等。这些题目要求学生在阅读后真正理解题意,注意细节,挖掘隐含条件,进行顺利转化,进入深层思考分析,才能顺利解答。

(二)重视"双基",强调能力

本卷知识覆盖面广,结构稳定,区分度好,对于初中数学的基础知识,如基本定义、定理、公理、运算法则和基本思想方法,如待定系数法、方程和函数思想等都有不同程度的体现。

以 12 道填空题为例,其中涉及了数与式、不等式、函数、概率、统计、平面向量、三角比、四边形和圆的相关知识,主要考查学生对课本知识的掌握程度。以第 25 题第 2 问为例,首先此题考查的知识点没有局限于初三的知识,而是对八年级第一学期第 19 章第 3 节的直角三角形进行分类讨论,运用八年级第一学期教材中第 19 章第 9 节的勾股定理进行解答,反映出这张考卷对整个初中的数学知识的考查比较全面,使得整卷的知识覆盖面非常广。其次该题并没有给出完整的图形,而是要求学生先画出图形,再进行解答,引导学生重视在平时学习中作图能力的养成。第 25 题第 2 问的出现补齐作图这一短板,让学生通过考试体会"以形助数"的数形结合思想。

本卷加强了对学生分析、转化、讨论、想象等数学能力的考查,对于学生进入后期的数学学习提供有效的支持。第 16 题对旋转的相关知识点的综合应用能力有一定的要求。第 17 题考查了学生将两圆内切的几何问题转化为线段和差的代数关系,进而建立方程与不等式(组),体现了数形结合思想的应用与不同形态的数学语言之间的转化能力。第 24 题第 2 问"点 M 在对称轴上,且位于顶点上方,设它的纵坐标为 m,连接 AM,用含 m 的代数式表示 $\angle AMB$

的余切值",考查了字母代表数的思想方法,这是初中代数的重要思想方法之一。第 24 题解答过程中要求学生能够从待定系数法求解抛物线的表达式等代数思维到利用等腰三角形的性质分析 $OP=OQ$ 的几何思维进行转化。第 25 题第 2 问考查了由于直角三角形的直角不确定需要用到分类讨论的思想,第 25 题第 3 问对数学问题中的面积问题转化成线段比例研究的转化能力有一定要求。[2]

(三)重视应用,强调探究

义务教育的数学课程是学生未来生活、工作和学习的重要基础。在整个数学教育的过程中都应该培养学生的应用意识,学业水平考试作为教学评价的重要环节也突出了数学的应用性。本卷的第 11 题"某市前年 PM2.5 的年均浓度为 50 mg/m^3,去年比前年下降了 10%,如果今年 PM2.5 的年均浓度比去年也下降 10%,那么今年 PM2.5 的年浓度将是_____ mg/m^3"、第 22 题"甲、乙两家绿色养护公司各自推出了校园养护服务的收费方案……"等都特别注重发展学生的应用意识。

本次考试还非常重视对探究性学习能力的考查,比如第 6 题,往年这类试题常从基本概念出发进行考查。此外本次考试还从图形中角的关系出发,重视对学生思考过程和探究能力的考查,第 23 题的解题过程逐步推进,这是从一般到特殊的过程,可以引导学生体会探究数学问题的一个过程。2009 年以来填空压轴题的出题规律如表 1 所示。

表 1

2009 年	2010 年	2011 年	2012 年	2013 年	2014 年	2015 年	2016 年
翻折	旋转	旋转	翻折	翻折	翻折	旋转	旋转

正当大家都在猜测 2017 年的第 18 题到底是考旋转,还是考翻折的时候,这道新定义的填空压轴题给考生和教师耳目一新之感。第 18 题的内容是:"我们规定:一个正 n 边形的最短对角线与最长对角线长度的比值叫作这个正 n 边形的'特征值',记为 λ_n,那么 $\lambda_6 =$_____。"这道题是对熟悉的正多边形进行了最短对角线的新问题的研究,这些都引导了学生在平时学习过程中提高探究性学习能力,强调对于研究对象"全过程"的分析研究,利用已有的数学学习资源继续探究,在已有的学习经验上不断深入思考。

二、教学建议

根据2017年上海中考数学试卷反映出的信息以及2018年中考面临的问题,笔者有如下建议。

(一) 把握课标,重视教材,切入考纲

《上海市中小学数学课程标准》是课程的基本纲领性文件,规定的是国家对国民在数学方面的基本素质要求,对于数学教材、数学教育和评价具有重要的指导意义。数学教师应当理解课程标准,仔细研读教材,清楚教材中的知识体系,才能帮助学生数学知识的系统化和整体化;明确教材中的例题和习题的价值,才能帮助学生多角度的提升数学思维品质。

在把握课标的基础上,教师应该在尊重教材和使用教材的基础上进行教材的整合,紧抓教材中的每一个数学概念,关注数学概念的内涵和外延;研究教材中的每一道例题,领悟例题和习题的价值和作用。历年以来上海中考卷经常出现教材中类似的例题或习题,如以本卷第18题为例,在九年级第二学期教材中把第27章第6节"圆与正多边形"联系七年级第二学期第14章第3节等腰三角形整合出第二轮"正多边形中的线段和角"专题复习,那么从课本走向中考的过程将会比较流畅顺利。另外,如果在教学中能够创造性地把九年级第一学期教材中"24.2比例线段"的第2课时的例题3和24章阅读材料《话说"黄金分割"》进行整合,拓展出"黄金三角形"的相关内容,那么对学生理解题意和分析解答2017年的中考第25题中最具有区分度的第3问都会带来很大的帮助。只有把握课标,重视教材,才能适时切入考纲,才能保证学生数学思维发展的科学性。

(二) 提炼数学方法,关注数学思想

初中数学概念多达几百种,考纲上的考点也有一百多个。数学概念的教学要关注概念的形成和概念的同化,并从中引导学生体会各种数学思想。在概念的形成中注意让学生体会数学广泛的应用性。

面对题山题海,如何更加有效地帮助学生"增效减负"呢?教师可以将经典例题和习题进行拓展,实现一题多变的变式训练,去掉题目中的非本质属性,让学生对于一些数学概念的本质属性加深理解。教师可以自己跳入题海,题海拾贝,连珠成串,进行多题一解的教学,引导学生自主归纳题目的共同特点以及概括出具有共同特点的一类题目的解题策略。教师还可以经常引导学

生进行"多解归一"的小结和反思,总结通法通则,鼓励学生进行互相评价和自我评价。这样才能从"就题论题"上升为"以题论法"的境界。只有提炼数学方法,关注数学思想,才能使得学生数学思维发展具有灵活性和创造性。

(三) 强调过程意识

在教学过程中,学生是学习的主体,是积极的探究者,教师的作用是要形成一种学生能够独立探究的情境,而不是提供现成的知识。在教学过程中,不仅要使学生掌握课本上提供的知识,而且要让学生经历知识形成的过程,即所谓的"过程教学"。在这样的教学过程中,以研究为主线,教师根据教学内容、学生的实际情况等创设一定的条件、环境和氛围,让学生通过联想、推理、综合、分析,获得新知,培养探究能力。

除了重视数学概念的归纳和概括的过程性,数学习题课、练习课和试卷讲评课等课型也要强调过程意识。教师对于学生的错误进行统计,分析研究错误的原因和总结错误的种类,辨析纠错,这个环节恰好是数学工作的一个重要组成部分。而引导学生观察错误,分析错因,辩错论证的过程恰好能够有效地刺激学生的兴奋点,对解题方法的形成和解题策略的优化都有明显帮助。

无论是概念教学的强化还是解题教学的研究,都应该采用"以慢打快"的教学策略,只有重视学生数学思维的发生发展过程,才能培养学生自主发现问题、提出问题、探究问题和解决问题的能力,才能实现学生数学思维发展的主动性。

综上所述,2017年中考数学试卷符合考前预期,落实"教考一致",相对2016年试题在难度上基本持平略有提升,也从各个细节上体现了中考更加人性化、更加实用、更加具有指导教学的功能等特点。上海中考数学卷越来越朝着"年轻态"和"健康品"发展,留给未来考生更多发展的可能性与空间。

参考文献

[1] 余文森.核心素养导向的课堂教学[M].上海:上海教育出版社,2017:144.
[2] 胡素芬.重视概念理解,彰显育人价值[J].中学数学教学参考(中旬),2017(8):55-56.

重视概念理解　彰显育人价值

在2017年上海市初中毕业学业能力水平测试中,数学卷以重视基础,重视数学理解,关注学科素养等鲜明特点有效体现了"教考一致"、深入推行素质教育等命题的指导思想。而整张试卷中最能够引起人们注意的、最为精彩的就是第25题,本文将围绕此题展开具体研究及论述。

一、试题特色评价

（一）试题呈现

如图1,已知⊙O的半径长为1,AB、AC是⊙O的两条弦,且$AB=AC$,BO的延长线交AC于点D,连接OA、OC。

（1）求证：$\triangle OAD \sim \triangle ABD$；

（2）当$\triangle OCD$是直角三角形时,求B、C两点的距离；

（3）记$\triangle AOB$、$\triangle AOD$、$\triangle COD$的面积为S_1、S_2、S_3,若S_2是S_1和S_3的比例中项,求OD的长。

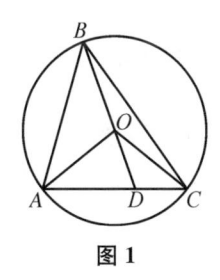

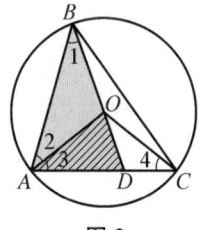

图1　　图2

解：(1) 如图2,因为$OA=OB=OC$,所以$\angle 1=\angle 2$,$\angle 3=\angle 4$。由弦$AB=AC$,得圆心角$\angle AOB=\angle AOC$,所以$\angle 1=\angle 2=\angle 3=\angle 4$。

又因为$\angle ADO=\angle BDA$,所以$\triangle OAD \sim \triangle ABD$。

(2) 因为等腰三角形的底角不可能为直角,所以不存在$\angle OCD=90°$的情

173

况。现在分以下两种情况讨论直角三角形 OCD。

① 如图 3,当 $\angle ODC = 90°$ 时,弦心距 $OD \perp$ 弦 AC,所以 BD 垂直平分 AC,$AB = CB$。所以 $\triangle ABC$ 是等边三角形,O 是等边三角形的中心。此时 $BC = \sqrt{3}$,$OC = \sqrt{3}$。

② 如图 4,当 $\angle COD = 90°$ 时,$\triangle BOC$ 是等腰直角三角形,此时 $BC = \sqrt{2}$,$OC = \sqrt{2}$。

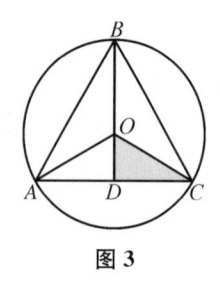

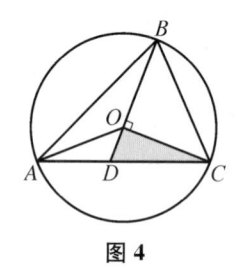

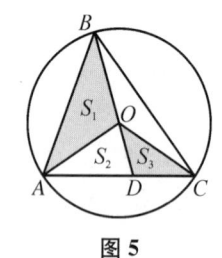

图 3 图 4 图 5

(3) 如图 5,因为弦 $AB = AC$,所以它们所对应的弦心距相等,也就是说 $\triangle AOB$、$\triangle AOD$、$\triangle COD$ 的高相等。

由于 S_2 是 S_1 和 S_3 的比例中项,易得 $AD^2 = AB \cdot CD$。

根据已知条件进行等量代换,得 $AD^2 = AC \cdot CD$。所以点 D 是 AC 的黄金分割点:

$$\frac{S_3}{S_2} = \frac{CD}{AD} = \frac{\sqrt{5}-1}{2},所以$$

$$\frac{S_2}{S_1} = \frac{OD}{OB} = \frac{\sqrt{5}-1}{2}$$

因为 $OB = 1$,所以 $OD = \frac{\sqrt{5}-1}{2}$,$OB = \frac{\sqrt{5}-1}{2}$。

(二) 特色解读

1. 重视数学概念,关注数学理解。

试卷具有不可替代的教学评价作用,中考卷尤其如此。数学教师以中考试卷上出现的试题为例根据教学进度进行教学反馈、调节,学生通过自我监控调节学习进程,重视性成形评价——发展的眼光。本题凸显一些初中数学中重要数学概念的核心,如圆的定义和性质、角平分线的性质定理等。

数学概念是人类对现实世界空间形式和数量关系的概括反映,是建立数学法则、公式、定理的基础,也是运算、推理、判断和证明的基石,更是数学思维、交流的工具。概念教学在数学教学中有关键地位,它一直是数学教学研究的一个主题。正确地理解和形成一个数学概念,必须明确这个数学概念的内涵——对象的"质"的特征,及其外延——对象的"量"的范围。

这道题目是以圆作为背景出题的。有关圆的概念,沪教版的初中数学课本中指出:"圆是平面上到一个定点的距离等于定长的所有点所组成的图形。"学生在读题审题时根据圆的概念的本质特征,也就是圆的性质定理,同圆的半径都相等。那就很容易发现一些特殊的三角形,比如等腰三角形、添加弦心距之后产生的直角三角形等有利于解题的信息。

这道题能够具体体现章建跃博士提倡的"三个理解",重现关于圆、相似三角形、勾股定理、角平分线的性质定理等数学知识的清楚辨析和灵活应用,引导学生在解题的同时将相关概念不断完善和精致,数学知识体系不断的整体化和系统化。只有在日常教学中教师足够重视数学概念教学,学生充分理解核心概念的内涵和外延,才能所向披靡分析研究综合题,势如破竹地解答类似此题的压轴题。

2. 重视基本图形,关注变与不变。

在几何问题的分析中,组成一个几何问题的图形的最简单、最重要、最基本的,但又是具有特定的性质,能明确地阐明应用条件和应用方法的图形,称为基本图形。平面几何中存在一些最基本的图形,例如直角三角形、正方形等等,其中包括许多边角相等的关系,线段比例关系甚至于面积关系。初中几何中的基本图形的数量并不很多,但就是这些数量不多的基本图形却演绎出一部能显现无穷变化的平面几何学。所谓的压轴题或者难题无非是将基本图形进行变化、组合、覆盖或者遮挡等改变。如果课堂教学中教师注重引导学生将简单的基本图形逐渐组合成复杂的几何图形,同时教会学生如何从复杂的几何图形中抽取或构造简单的基本图形,那么学生的图感将迅速增强,解题能力也会大幅度提高。

本题中第1问主要出现的是相似三角形中典型的共角共边形,第2问出现的是直角不确定的直角三角形。加强基本图形中的基本元素以及这些元素之间位置关系和数量关系的分析,从分析中发现随着镜面变化的主动点 B 和点 C 的变化,其他的元素也会发生相应的被动的变化。引导学生通过观察,对这一运动变化规律的探索,在变化过程中发现不变的量,比如 $\angle B = \angle C = \angle OAC$, $OA = OB = OC$ 等。在运动变化中探索问题的不变性,增强学生的观察力和多种情况分类讨论的分析能力。

除了提供的解题思路之外,对于第 1 问可以通过证明 △BAO ≌ △CAO 来确定 ∠BAO = ∠CAO,可以通过添加弦心距证明由半弦、弦心距和半径构成的直角三角形全等,可以通过以 BC 为底的两个等腰 △ABC 和 △OBC 的性质,还可以延长 AO 交 BC 于点 F,通过中垂线相关定理以及等腰三角形三线合一性质定理来完成证明。第 3 问可以通过 $S_1 = S_2 + S_3$ 将三角形的面积进行方程化处理,还可以延长 CO 交 AB 于点 E,构造出"截线",根据若干组全等三角形用梅内劳斯定理求解。

这道题目的解答突出了通法通则,淡化了复杂的技巧,减少了烦琐的运算。立足数学基础,入口门槛低,解题途径宽,兼顾不同考生的答题水准,让学生更多地将目光集中在基础图形的特征和体会变中有不变的理性精神上。

3. 重视数学思想,关注数学素养。

史宁中教授在《数学思想概论》中提出这样的观点:"数学发展所依赖的思想在本质上有三个:抽象、推理、模型。……通过抽象,在现实生活中得到数学的概念和运算法则,通过推理得到数学的发展,然后通过模型建立数学与外部世界的联系。"数学素养是人们通过数学的学习建立起来的认识、理解和处理周围事物时所具备的品质,通常是在人们与周围环境产生相互作用时所表现出来的思考方式和解决问题的策略。

这道题目最为明显的数学思想方法就是划归思想,也叫转化思想。第 1 问中将研究两个三角形相似问题转化成研究两个角相等的问题;第 3 问中通过添加辅助线将三角形面积比的比例中项问题巧妙地转化成线段比例中项问题。

另外,第 2 问中由于直角三角形 OCD 中的直角顶点不确定,同时运用了分类讨论思想和方程思想。

从分析问题到研究问题,从研究问题到解决问题的过程正是人类研究自然界的过程浓缩,是初中数学学习过程的高度抽象。整个解题过程就像一个学习过程,在这个过程中不仅有数学知识的积累,而且还有数学方法的掌握,数学思想的内化。坚持对试题的分析以及引导学生进行反思的教学有利于数学思维品质不断强化,数学思维有序性不断严密,数学知识的内在逻辑性不断增强,数学方法不断的多样化。

(三)试题的教学导向分析

1. 概念理解和解题教学并重。

在初中阶段,数学概念是构建学科知识体系的基础。概念对数学知识构建的重要性是不言自明的,所以概念教学和解题教学不分伯仲、同样重要。数学概念的形成是一个由特殊到一般、由直观到抽象的循序渐进的过程,所以用类比的方法引导学生在学习前一概念的基础上再学习后一概念有利于保证概念的系统性。

解题教学对于学生数学思维和数学能力的培养具有重要的作用。数学解题教学也是现代教学理念的体现,真正体现了学以致用的原则,实现了课本到生活的过渡,是重要的教学突破。

其实当前初中数学课的概念教学存在一定的问题,如为了赶进度、加难度,经常出现轻视概念教学、让概念教学走过场,甚至于用解题教学替代概念教学的情况。教师也没有引起充分的注意,常常采用"一个定义、三项注意"的简单粗暴的教学方式,在概念的背景引入上着墨不够,没有给学生提供充分的概括本质特征的机会,没有吃透概念的内涵和外延。长时间、大面积的错误做法严重偏离数学的正轨。学生在数学上耗费大量的时间和精力,结果可能对数学的内容、方法和意义知之甚少,"数学育人"也终将成为镜花水月。

实际上,概念教学可以提升教学效能,帮助学生理解数学原理和形成理性思维,高效解决一些疑难题目。概念是反映事物本质属性的思维形式。正确的概念是科学抽象的结果。《新课程标准》特别重视引导学生经历体验数学概念发现和创造的过程,指出:要引导学生在学好概念的基础上掌握数学的规律,进行基本技能训练并着重培养学生的能力。在初中阶段把握概念对疑难题目的理解和解决尤为重要。例如,紧扣圆、比例中项等概念就可以高效、快速地解决一些类似的压轴题。

2. 逻辑推理和代数运算并重。

逻辑推理也成为演绎推理,就是从一般性的前提出发,通过推导即"演绎",得出具体陈述或个别结论的过程。演绎推理的逻辑形式对于理性的重要意义在于,它对人的思维保持严密性、一贯性有着不可替代的校正作用。演绎推理的逻辑形式对于理性的重要意义在于,它对人的思维保持严密性、一贯性有着不可替代的校正作用。这是因为演绎推理保证推理有效的根据并不在于它的内容,而在于它的形式。演绎推理的最典型、最重要的应用,通常存在于几何证明中。

数学计算能力是初中的理科学习有一个非常重要的能力。计算能力缘何成为初中理科学习最重要的能力呢?首先是计算能力在各类考试中所占的比重颇大。其次是中考中的数学题涉及有计算的约占 90 分,尤其压轴题往往需要复杂的计算,计算在分值上体现很重要。再次是计算能力的影响,计算能力是学习理科科目的基础,除数学外,物理、化学这两门学科中也有非常复杂的计算考查,计算能力有欠缺,肯定会影响理化的学习。最后如果计算能力不过关,计算太慢或者准确率太低,会影响整体的答题速度。长此以往学习数学的心理上就会受到很大的影响,容易使得削弱数学学科的教育价值。

正如罗增如教授所言,如果把解题比作打仗,那么解题者的"兵力"就是数学基础知识,解题者的"兵器"就是数学基本方法,而调动数学基础知识、运用数学基本方法的数学解题学正是"兵法",也就是解题的思维策略。在一场大型"战役"中,强大的"兵力",充足的"兵器"和灵活的"兵法"都离不开迅速准确规范的数学运算。只有兼顾逻辑推理和代数计算才能在"兵戎相见时"做到"兵不厌诈"和"兵贵神速"。

3. 课堂立德和数学育人并重。

整张 2017 年的上海数学中考卷通过对学科素养的考查,体现立德树人、育人为本的教育目标和社会发展对人才培养的需求。数学学科的独特育人功能主要体现在三个方面:其一,数学在形成人的理性思维、科学精神,促进人的智力发展中发挥着不可替代的作用。数学的独特育人功能主要在培养学生的思维特别是逻辑思维上,要使学生学会思考,特别是学会"有逻辑地思考"、创造性思考,使学生成为善于认识问题、善于解决问题的人才。其二,数学育人的基本途径是对学生进行逻辑思维训练,让学生学会严格的逻辑推理,学会运算的方法和技巧。其三,学会使用数学语言,能用数学的方式阅读、表达和交流。数学学科育人的丰富内涵,从这道压轴题中亦可领略一二:其一,重视背景材料的选择和设计,并以准确的文字和适当的图形的形式呈现,这题通过三个并列问题重点突出培养学生的逻辑思维。其二,检查学生解题过程中所体现出来的逻辑推理是否严密,检测运算的基本方法和计算技巧是否合格。这题在破除某些应考思维定式上显得较有特色。同时这题关注数学表达、意义建构和数学的内在美,研究运动中的变与不变,论证过程适度融合运算与推理,问题情境力求自然、简洁、清晰,充分体现数学学科的育人价值。其三,以人的个性和谐发展为本,以绝大多数学生的长远的根本的利益为本,解答此题需要学生熟练地使用数学语言,用数学的方式阅读题目,表达自己的观点。同时蕴含在解题过程中的方程思想、化归思想和分类讨论等数学思想为学生的后续学习奠定坚实的基础,为进一步挖掘学生的创新潜能、进步的潜能、发展的潜能发挥了最大的可能性。

《国家中长期教育改革和发展纲要(2010—2020 年)》指出:育人为本。初中数学的基本出发点就是促进学生全面、持续、和谐发展。经过近年来的中考题尤其是 2017 年的数学中考卷 25 题的分析可以得出：数学课堂应该基于数学学科育人功能的最大化来设计教学和组织教学。

二、试题的商榷与改进

（一）试题商榷

压轴题的编制大概分为两类，一类是并列式，另一类是递进式。2017 年上海市数学中考卷第 25 题属于并列式，就是各小题之间相互独立，一个小题的计算错误不会影响到另一个小题，一般题干中的条件各小题都能调用，而各小题中自己的条件只能在该小题中调用，但说是独立的，也不绝对，因为很多思维方式是可以延续的，尤其是一些从特殊到一般结构的题型。在试题的编制中比较能体现理性精神的就是强调"变"和"不变"的对立统一。本题通过圆周上的动点发生变化导致弦、角等图形随之发生变化，在变化过程中如果能够出现渗透函数思想或者加入其他运动元素，类似翻折或者旋转，应该能够更加完整和精妙，更加具有数学味道。

（二）改进意见

1. 试题的表述可以多样化一些。近年来，各地中考试题中的数学文化题、数学应用题、图形新定义题不在少数。这三种类型的试题表述需要"阳春白雪"和"下里巴人"兼顾，既保证数学味道浓厚的规范、简练、准确的数学语言，又要让考生容易理解题目的意思。在呈现这道题目可以适当增加"圆"的背景知识增强数学题的阅读性，例如，两千多年前我国的墨子给圆的定义："圆，一中同长也。"也可以把古希腊哲学家芝诺曾将知识比喻为一个圆的素材作为阅读材料。

2. 试题可以尝试适当考查学生的应变能力和创新能力。由于考试时间受到限制，学生所用的解决问题的知识是初中所学过的，所用的解决问题的方法是初中生能够理解的，在这个基础上才能进行应变和创新。建议考查与创新能力密切相关的迁移能力、综合应用知识能力和突破思维定式的能力等数学学习品质。

正因为变式题组能够呈现数学问题和单元知识点，有利于提升学生思维，使得不同学生得到不同的发展。因此，笔者在重新编制试题或者进行改编的时候努力尝试从题目的表达和综合度等方面进行了一些尝试，一方面是对试题进行改进建议，另一方面是给相关复习课提供一些素材。

例题 1：已知圆的中心点为 O，弦 $AB=$ 弦 $AC=2$，$\angle CAO=\angle BAO$，射线 BO 交射线 AC 于点 D，直线 AO 与弦 BC 相交于点 F。

(1) 求证：$AF \perp BC$；

(2) 如图 6，若 $CD^2=DO \cdot DB$，求同长；

(3) 若 $\triangle CDO$ 与 $\triangle CAO$ 相似时，求 BC；

(4) $\triangle CDO$ 中有一个内角 $45°$，求 $\angle CAF$ 度数；

(5) 如图 7，$\triangle CDO$ 是等腰三角形，求 $\angle CAF$ 度数；

(6) $S_{\triangle COD}$ 是 $S_{\triangle AOB}$ 和 $S_{\triangle AOD}$ 的比例中项，求 AD。

图 6

图 7

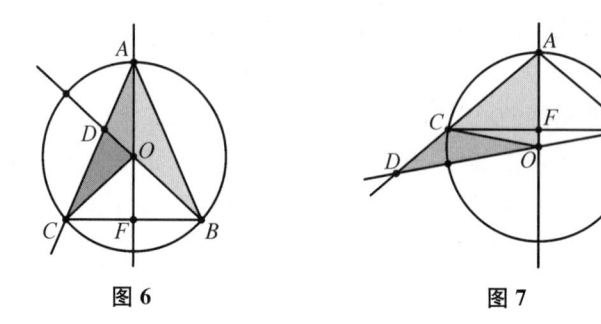

例题 2：已知 $AB=AC=5$，$BC=8$，作 $\triangle ABC$ 的外接圆，把 $\triangle BEF$ 沿着 CF 翻折得到 $\triangle B'EF$。

(1) 如图 8，当 $B'F \perp AB$，求 BF；

(2) 当 $B'E \perp EB$，求 BF；

(3) 连接 BB'，当 $\triangle ABC$ 与 $\triangle B'EB$ 相似，求 BF；

(4) 如图 9，连接 AB'，当 AB' 平行于 BC 时，求 AB' 和 DE 的长度；

(5) 如图 10，当点 C、A、B' 三点共线时，求 BF；

(6) 如图 11，当 FB' 平行于 AD 时，求 BF。

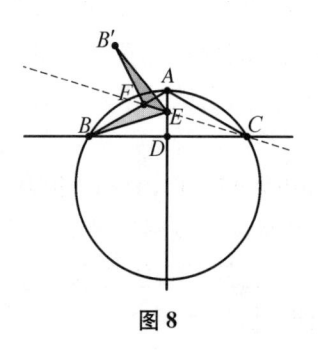

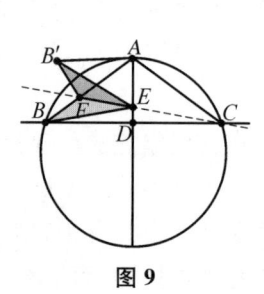

图 8

图 9

图 10　　　　　　　　图 11

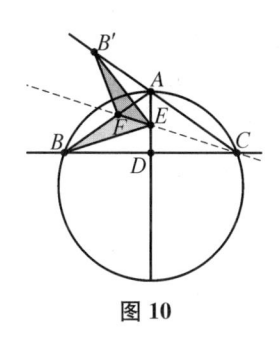

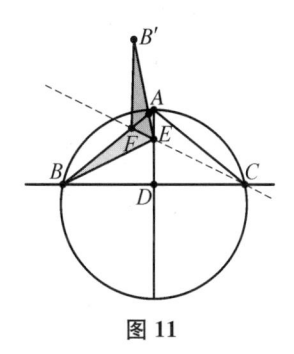

例题 3：已知在圆 O 中，$BC=AC=4$，$OC=3$，点 P 在直线 AB 上运动，把 $\triangle BOP$ 沿着 OP 翻折得到 $\triangle B'EF$。

(1) 如图 12，当 $\triangle AOQ$ 是直角三角形时，求 BP；

(2) 连接 $B'B$，若 $BP:B'B=25:48$，求 OP；

(3) 当 $B'P \perp OA$，求 BP；

(4) 连接 AB'，当 $\triangle APB'$ 是直角三角形时，求 BP；

(5) 如图 13，若 OB' 平行于 AB，求 BP；

(6) 当 $\triangle AOQ$ 是等腰三角形时，求 OP；

(7) 若 PB' 平行于 AO，求 OP；

(8) $S_{\triangle AOP}$ 是 $S_{\triangle AOB}$ 和 $S_{\triangle B'PO}$ 的比例中项，求 BP。

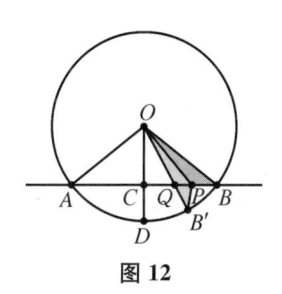

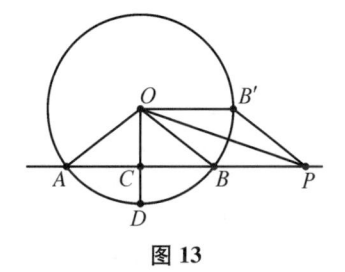

图 12　　　　　　　　图 13

在关注学生核心素养的前提下分析研究中考试题，关注试题在理性思考中的深度和广度，关注信息的捕捉和筛选，关注新颖设问的应对，关注不同领域知识的有机融合等方面，不仅有利于在今后教学中以基础知识和基本技能为抓手继续深化数学学科育人，而且还能够以试题为载体帮助学生积累丰富的活动经验，感悟重要的数学思想，更有效地提升学生自主学习能力。

初中毕业学业考试试卷的主要功能是水平认定与选拔。由于参加考试的人数众多，所以考试的影响力较大，因而在此基础上试题的编制和试卷的产生也肩负着更为重要的作用,也就是数学评价如何更好地发挥数学学科育人价值。无论从人文关怀角度,从数学能力的评价,还是从数学核心素养的考查来看,2017年上海市中考数学卷的最后一题以优美的背景、新颖的形式、宽阔的入口和典型的数学思想为特色,加大了对数学概念教学和解题教学的融合度,对于今后一段时期的初中数学课堂教学是一个重要的引导!

再谈 2017 年上海市中考数学卷压轴题
——压轴题讲题大赛有感

众所周知,问题解决是数学课堂教学的核心。因此,数学教学的有效性往往取决于问题本身的优劣。一个经过精心设计的问题情境能够强化学生所学的知识,一个精心挑选的问题能够激发深入的数学探究活动,同样,经历一次精心编排的中考压轴题讲解活动能够得到一些反思和感悟。

近代原子理论的提出者道尔顿指出,一个"好问题"必须具备下列条件中的一个或更多:一是问题要简单,使学生能认识并解决它;二是依靠学生的知识和能力能得出多种解法;三是能引导学生转向类似的问题;四是包含的数据能够被理解、分类、列成表格和分析;五是能够通过模型和简图解决;六是能马上引起学生的兴趣;七是通过学生现有知识或将要学到的知识能将一种解法一般化;八是能用一种再认的方式解决;九是答案要有意思。从中我们不难找出"好试题"的五条审美原则:一是容易接受的(不需要大量技巧);二是有多重解题方法(或者至少有多重思路);三是蕴含了重要的数学思想(好的数学);四是答案具有一定的美感;五是可以进一步开展和一般化(导致丰富的数学探究活动)。无论是九个条件,还是五个原则,如果一个问题符合标准的交集越多,那么这道题目优秀的程度就越高。基于五条审美原则,下面我们一起来分析、研究 2017 年上海市中考数学卷的第 25 题。

一、原题呈现

如图 1,已知 $\odot O$ 的半径长为 1,AB、AC 是 $\odot O$ 的两条弦,且 $AB = AC$,BO 的延长线交 AC 于点 D,连接 OA、OC。

(1) 求证:$\triangle OAD \sim \triangle ABD$;

(2) 当 $\triangle OCD$ 是直角三角形时,求 B、C 两点的距离;

(3) 记 $\triangle AOB$、$\triangle AOD$、$\triangle COD$ 的面积分别为 S_1、

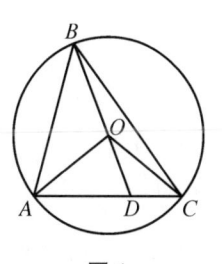

图 1

S_2、S_3,如果 S_2 是 S_1 和 S_3 的比例中项,求 OD 的长。

二、讲题特色

（一）增设情景

根据教育学和心理学的基本原理,根据学生年龄和认知特点的不同,在讲题过程中通过建立师生认知客体与认知主体之间的情感氛围,不断创设新颖愉快的题目情景,使得讲题在积极的情感和优化的环境中开展,让学生的情感活动参与认知活动,激活学生的情景思维、认知思维,提高学生的数学能力和数学思维。

1. 创设主场景的情景。七夕将至,夏日星空中最亮的 4 颗星,恰好有 3 颗星 A、B、C 在同一个圆上,第 4 颗星是这个圆的圆心 O,而且我们发现 AB 两颗星的距离正好等于 AC 两颗星的距离。连接 OB,并使得 BO 的延长线交 AC 于点 D,连接 OA、OC。求证:△OAD ∽ △ABD。

2. 增设分场景背景。在第 2 问中,假设点 O,点 C 和点 D 分别是牛郎星、织女星和天津四。每到七夕,它们就会构成一个直角三角形,当他们构成直角三角形的时候,求出 BC 这两颗亮星的距离。

（二）一题多解

一题多解,是数学教学中常常遇到的。所谓一题多解,是指从不同的角度,通过不同的途径,用各种有关的知识;寻求某一数学问题的不同解法。很多教师在呈现出一种解法后,都会追问一句:还有其他解法吗？学生由此展开不同方法的探究与交流。教师的这种基于解法多样性需求的追问,能在短暂的时间内激活学生的求异思维,生成与已有解法异样的思路或方法,对学生的思维训练和能力提升是有利的。

解法一：如图 2,因为 $OA=OB=OC$,所以 $\angle 1=\angle 2$,$\angle 3=\angle 4$。

由弦 $AB=AC$,得圆心角 $\angle AOB=\angle AOC$,所以 $\angle 1=\angle 2=\angle 3=\angle 4$。

又因为 $\angle ADO=\angle BDA$,所以 △OAD ∽ △ABD。

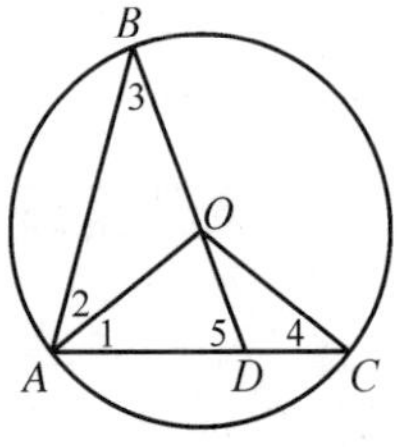

解法二：如图 3,由 $AB=AC$ 可得 $\angle 6=\angle 7=\alpha°$,再根据同圆的半径相等可以得到 $\angle 1=\angle 2$,$\angle 3=\angle 4$。根据三角形内角和定理不难发现 $\angle 1=\angle 3=\dfrac{180°-\alpha}{2}$,所以 △$OAD$ ∽ △ABD。

图 2

解法三：如图4，过点O作$OF \perp AC$于点F，过点O作$OG \perp AB$于点G，由$AB=AC$和$OF \perp AC$，$OG \perp AB$可得弦心距$OF=OG$，易证$\triangle BGO \cong \triangle AFO$，则$\angle 1=\angle 3$，所以$\triangle OAD \backsim \triangle ABD$。

解法四：如图4，过点O作$OF \perp AC$于点F，过点O作$OG \perp AB$于点G。

由$AB=AC$和$OF \perp AC$，$OG \perp AB$可得弦心距$OF=OG$，所以$\angle 1=\angle 2$，那么$\angle 1=\angle 2=\angle 3$，所以$\triangle OAD \backsim \triangle ABD$。

解法五：如图5，由$AB=AC$，可得$\angle ABC=\angle ACB$，由$OB=OC$，可得$\angle 6=\angle 7$，那么$\angle 3=\angle 4=\angle 1$，所以$\triangle OAD \backsim \triangle ABD$。

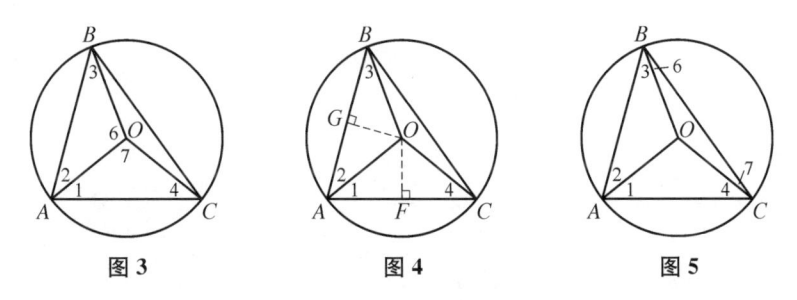

图3　　　　　图4　　　　　图5

被誉为"东方波力亚"的陕西师范大学博士生导师罗增如教授在2017年第一次全国压轴题说题比赛的闭幕式上说一题多解有两个作用：其一，多角度审视有助于接近问题的深层结构；其二，一个问题沟通不同的知识，有助于形成优化的认知结构，唯有沟通不同解法的知识联系，我们才有更多机会洞察问题的深层结构，形成优化的认知结构。通过对第1问进行一题多解的研究，不仅是对初中数学中圆的相关定理进行复习和应用，例如同(等)圆中同(等)弦所对的弧相等，而且是多角度地审视此题，对于这道压轴题的问题背景——圆最重要的两个性质——旋转不变性和轴对称性也进行了分析。

（三）数学思想方法

数学思想，是指现实世界的空间形式和数量关系反映到人们的意识之中，经过思维活动而产生的结果，通过数学思想的培养，数学的能力才会有一个大幅度的提高。掌握数学思想，就是掌握数学的精髓，数学思想在人类文明中起到了重要的不可替代的作用，无论是自然科学中的生物学、物理学，还是社会科学中的政治学、经济学、社会学、人口学、伦理学和哲学都参透着数学思想。每道压轴题中都会有一条明线，综合初中数学的部分基础知识和基本技能，同时也会存在一条暗线,那就是研究问题的数学思想方法,这道题目也不例外。

1. 分类讨论。在解答某些数学问题时,有时会遇到多种情况,需要对各种情况加以分类,并逐类求解,然后综合得解,这就是分类讨论法。分类讨论是一种逻辑方法,也是一种重要的数学思想,同时还是一种重要的解题策略,它体现了化整为零、积零为整的思想与归类整理的方法。对于第 2 问直角三角形 OCD 的哪一个内角是直角不确定,所以要进行分类讨论。

解:如图 6,因为等腰三角形的底角不可能为直角,而 $\angle OCD < \angle BCA$,所以不存在 $\angle OCD = 90°$ 的情况。下面分两种情况讨论直角三角形 OCD。

(1) 如图 7,当 $\angle ODC = 90°$ 时,弦心距 $OD \perp$ 弦 AC,所以 BD 垂直平分 AC,$AB = CB$。

所以 △ABC 是等边三角形,点 O 是等边三角形的中心,此时 $BC = \sqrt{3} OC = \sqrt{3}$。

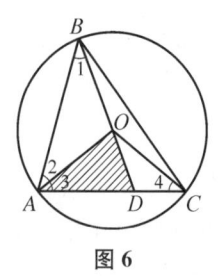

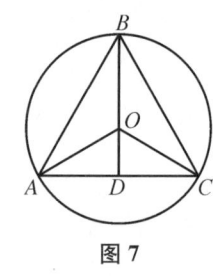

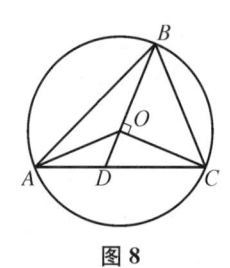

图 6　　图 7　　图 8

(2) 如图 8,当 $\angle COD = 90°$ 时,△BOC 是等腰直角三角形,此时 $BC = \sqrt{2} OC = \sqrt{2}$。

2. 转化思想。转化是把未知解的问题转化为已有知识范围内可解的问题的一种重要的思想方法。通过不断地转化,把不熟悉、不规范、复杂的问题转化为熟悉、规范、简单的问题,第 3 问的子条件中提供了三角形面积比的等量关系,由于 3 个三角形的高是相等的,所以将三角形的面积比问题转化成线段比问题研究就成了必然。

解:如图 9,因为弦 $AB = AC$,所以它们所对应的弦心距相等,也就是说△AOB、△AOD、△COD 的高相等。

由于 S_2 是 S_1 和 S_3 的比例中项,易得 $AD^2 = AB \cdot CD$。

根据已知条件进行等量代换,得 $AD^2 = AC \cdot CD$,所以点 D 是 AC 的黄金分割点,$\dfrac{S_3}{S_2} = \dfrac{CD}{AD} = \dfrac{\sqrt{5}-1}{2}$。

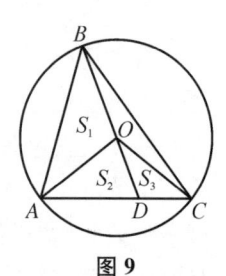

图 9

所以 $\dfrac{S_2}{S_1} = \dfrac{OD}{OB} = \dfrac{\sqrt{5}-1}{2}$，所以 $OD = \dfrac{\sqrt{5}-1}{2} OB = \dfrac{\sqrt{5}-1}{2}$。

将三角形的面积比问题转化成线段比问题，将图形问题转化成数量关系，将几何问题转化成方程问题，其中围绕这一核心转化思想而生的还有方程思想和数形结合思想。面对众多的数学知识，不断体会多种数学思想方法不失为事半功倍的有效学习方法。

（四）欣赏数学美

作为一门基础学科，数学肩负着重要的美育功能，在读题解题时引导学生以审美的心态去观察、思考、欣赏，同时考虑运用美学的方法研究题目，使解题过程和答案产生简单美、和谐美、对称美、相似美或者奇异美等效果。

1. 观其形。圆不仅指外形的圆，而且是一种哲学境界，是一种宇宙观，也是一种审美观，《圆点哲学》一书指出，"万物皆以圆统之"，"圆是宇宙运行的规律，是人类社会发展的规律，是万事万物生灭不息的总规律"，也是美学的总规律。作为初中几何的重要内容——圆不仅具有整体和谐的简洁美，更具有运动美，而圆的运动美的具体体现就是圆的旋转不变性和轴对称性。而圆的这两大性质分别对应了初中几何中的重要定理——等对等定理和垂径定理及推论。从图形结构上来说是一种有着深远的文化心理的美学观念，一种集体无意识的审美精神，具有图形上的理性美。

2. 赏其数。黄金分割在文艺复兴前后，经过阿拉伯人传入欧洲，受到了欧洲人的欢迎，他们称之为"金法"，17 世纪欧洲的一位数学家，甚至称它为"各种算法中最可宝贵的算法"。这种算法在印度称之为"三率法"或"三数法则"，也就是我们现在常说的比例方法，因为黄金分割在造型艺术中具有美学价值，在工艺美术和日用品的长宽设计中，采用这一比值能够引起人们的美感，在实际生活中的应用也非常广泛，建筑物中某些线段的比就采用了黄金分割，舞台上的报幕员并不是站在舞台的正中央，而是偏在台上一侧，以站在舞台长度的黄金分割点的位置最美观，声音传播得最好。就连植物界也存在黄金分割比例关系。举个例子，如果从一棵嫩枝的顶端向下看，就会看到叶子是按照黄金分割的规律排列着的。在很多科学实验中，选取方案常用"0.618 法"，即优选法，它可以使我们合理地安排较少的试验次数找到合适的工艺条件。正因为它在建筑、文艺、工农业生产和科学实验中有着广泛而重要的应用，所以人们才称它为"黄金分割"。这道压轴题的答案设置成黄金分割数可以理解为出题者对答题者的美育引导。

3. 摩其趣。俗语说：币有正反,剑有双刃。对于每年各地的中考压轴题也是有人欢喜有人忧,压轴题的两面性总是让人难以取舍。喜欢它的人醉心于压轴题的难度合理,区分度合适,蕴含综合的数学知识,体现明确的数学思想;而忧者则担心在计算上、逻辑推理上甚至于数学表达上出现短板。因此教师在讲题的时候不要引导学生单纯地解题,而要学会在解题过程中享受乐趣,享受灵机一动的感觉,享受思维碰撞的美妙,享受数学的合理性和趣味性。数学思维可以用数学语言来熟练表达,而数学语言的规范也能够启发数学思维的发展,师生能够从中发现数学是一个有趣的世界! 坚持用数学的眼光观察世界,学会用数学的方式思考问题,善于用数学的语言表达观点。

（五）一题多变

一个好问题可以进一步开展和一般化,导致丰富的数学探究活动,一道优秀的压轴题亦然。一题多变就是对某一问题的引申、发展和拓宽,改变问题的背景,增大发散程度,在变的过程中培养学生的求新求异的思维能力,让学生在不同角度、不同层次、不同情形、不同背景下重新认识题目。

变式题组 墨子有云："圆,一中同长也。"已知:圆,一中为 O,弦 $AB=$ 弦 $AC=2$,$\angle CAO=\angle BAO$,射线 BO 交射线 AC 于点 D。

(1) 求证：$AF \perp BC$;

(2) 如图 10,若 $CD^2 = DO \cdot DB$,求同长;

(3) 若 $\triangle CDO$ 与 $\triangle CAO$ 相似,求 BC;

(4) $\triangle CDO$ 中有一个内角 $45°$,求 $\angle CAF$ 的度数；

(5) 如图 11,$\triangle CDO$ 是等腰三角形,求 $\angle CAF$ 的度数；

(6) $S_{\triangle COD}$ 是 $S_{\triangle AOB}$ 和 $S_{\triangle AOD}$ 的比例中项,求 AD;

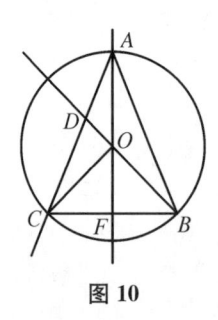

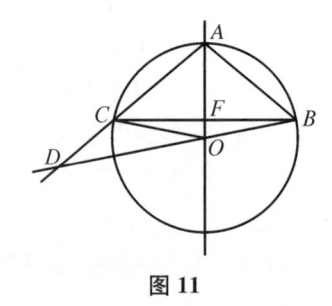

图 10 图 11

这组变式题和原中考压轴题虽然存在一定的差异,但是仍具有较高的匹配度。原题是定径动弦,变式是定弦动径;两题都在圆以及等腰三角形的背景下展开问题的讨论；从数学思想方法上也都考察分类讨论、转化、数形结合和方程思想；美学价值上依然保留黄金分割这一特色。现场讲题的过程中仅仅展示了(3)(4)和(6)，其中以(6)的变式最为精彩，原题(3)点 D 是线段 AC 的黄金分割点，变式(6)中得出了点 C 是线段 AD 的黄金分割点的结论，从题目的条件和结论的对称性上再次体现数学美。

三、讲题反思

（一）讲题的认识

讲题应该至少有两部分内容组成，一是讲清楚解题过程，其中包括讲解过程清晰，解题结果正确和解题方法巧妙；二是讲明白题目的价值，其中包括本题的功能与价值，学生容易产生的典型错误和错因分析，提炼解决类似问题的"一句话"通法通则，例如复杂的问题简单化、运动的问题静止化、一般的问题特殊化等等。当然影响讲题品质的因素有很多，但是对于讲题者而言需要做到以下三点：一是掌握数学知识的系统性和完整性；二是数学教学认知结构的完善程度；三是解题策略的有效性和艺术性。讲题过程中的难点突破方法应该分为战术上的突破和战略上的提高，战术上的突破包括数学思想方法的体会，解题技巧的熟练和解题经验的积累，战略上的提高主要是指数学知识结构网络化系统化，数学认知结构的完善程度和解题策略的多样性及有效性，良好的知识结构不仅具有显性的知识网络，还有解决问题的方法、策略和技巧。一道优秀的压轴题结构层次清晰，细节丰富；而一次合格的讲题就应该将问题解决作为目标，变隐形条件为显性，以理解能力促进分析能力，把提高数学思维能力放在首位。

（二）压轴题的结构

纵观近几年各地的中考和模拟考试的压轴题，一般都由 3 个小题组成，分为并列式和递进式两大类。所谓并列式，就是各小题之间相互独立，一个小题的计算错误不会影响到另一小题，一般题干中的条件各小题都能调用，而各小题中自己的条件只能在该小题中调用，说是独立的，也不绝对，因为很多思维方式是可以延续的，尤其是一些从特殊到一般结构的题型。所谓递进式，就是小题之间由浅入深，前一题的结果可以作为后一题的条件，环环相扣，也可以看成是命题人对考生的一个提示。对于这种结构的题型，既要注意前后关联性，也要注意数据的计算一定要反复验证，以免影响后面的结论。

压轴题的题型一般建立在基本图形的基础上，比如特殊四边形、三角形、圆和相似的一些基本图形。因此，特殊四边形、三角形、圆和相似图形是命题的重点，而且还会结合图形运动，也就是最近几年的热点——动态几何，动态几何包括点动、线动和形动。

南京师范大学博士生导师单墫先生在《解题研究》一书中提出了12条解题要诀，其中一条为：解题"应力求简单自然，直剖核心"。数学解题时，只有经过深度思考，洞察问题的本真结构，才能直剖核心，透出思路，发现美感。而洞穿问题的本质结构在于，解题者在自己的思维的内源性意识结构机能中，找到诱发问题本源性结构思路的启示。这种启示的发现，很大程度上取决于主体思考问题的深度，思考问题的方式与思考问题的经验，是极具个性化的思考过程。所以无论面对学生还是教师，讲题时不仅仅需要分析已知条件和已知图形中包含的数学要素，引导学生思考这些要素的连接方式和功能特征，而且还应该呈现不同水准的已有思考问题的经验、采用思考问题的方式和思考问题的多种方式。解题活动的核心价值是掌握数学，是通过解题学数学；讲题活动则是通过讲解、分析、示范等引导学生分析研究题目以促进学生数学思维品质的提升，这也正是数学教育最重要的育人价值体现。

斗 转 星 移

——从一道作图题浅谈转化思想

一切问题的解决都离不开转化与化归,尤其是数学问题。它既是一种数学思想,又是一种数学能力,是中考重点考查的最重要的思想方法。数形结合思想体现了数与形的相互转化;函数与方程思想体现了函数、方程、不等式间的相互转化;分类讨论思想体现了局部与整体的相互转化,建模思想是数学问题和现实问题的转化,很多的数学思想方法都是转化与化归数学思想的具体体现。各种变换方法、分析法、反证法、待定系数法、构造法等都是转化的手段,转化与化归是数学思想方法中的灵魂。

布鲁姆在《教育目标分类学》明确指出:数学转化思想是"把问题元素从一种形式向另一种形式转化的能力"。《新课程标准》要求:"数学教学活动必须建立在学生的认知发展水平和已有的知识经验基础之上。"学生学习数学的实质是:将生疏问题转化熟悉问题的过程,教师要深刻挖掘新教学内容的量变因素,对于学生要掌握的新知识,努力做到使学生通过努力能够接受的水平上来,缩小接触新内容时的陌生度,避免因研究对象的变化而产生心理障碍,这样做可达到事半功倍的效果。如果学生在掌握"双基"的同时,接受了数学思想,学会了数学方法,就能激发学习数学兴趣,提高分析问题和解决问题的能力,并为以后的学习数学打下坚实的基础。

接下来,笔者谨以引导学生面对一道题目逐渐深入、逐渐完整的探索过程的记录来分享转化与化归思想的过程以及由转化思想而生出的分类讨论思想、数形结合思想和构造法自身散发出的令人不能抵挡的朴素魅力与强大力量。

最初呈现给学生的题目如下所示。

例题1:如图1,在四边形 $ABCD$ 中,E、F 分别是 AD、BC 边上的点,以 E、F 为两个端点的折线 $E-P-Q-F$ 将四边形 $ABCD$ 分割成两部分(P、Q 两点都在四边形 $ABCD$ 内部),试求作经过 F 点的一条直线段,使这

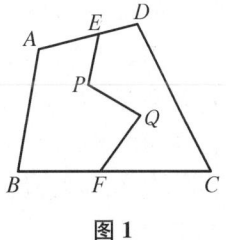

图1

条直线段将四边形 ABCD 分割成的两部分的面积之比与由折线 E-P-Q-F 分割成的相等。

在解决这个问题的开始阶段,接近学生最近思维发展区的部分是做一些三角形面积关于比例式的尝试。然而尝试后发现,假设一条符合条件的直线段然后根据两次分割面积的错开部分以面积比为等量关系列等式并不能帮助作图,面积比的讨论结果仅仅还是流于关于面积的等式形式而已。在此仅作一种当原来面积左右两部分面积相等的特殊情况的讨论。

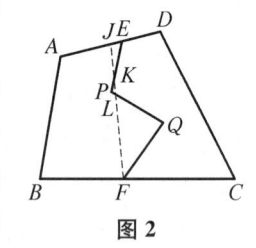

如图 2 情况下,假设 AD 上一点 J 与 F 的连线段将四边形 ABCD 分割,线段 JF 分别与线段 PE 与 PQ 交于点 K、L,且由线段 JF 分割成的四边形 ABFJ 与四边形 DCFJ 的面积之比等于由折线分割成的多边形 ABFQPE 与多边形 DCFQPE 的面积比相等。这里设多边形 ABFQPE 的面积为 S_1,多边形 DCFQPE 的面积为 S_2,然后假设 $S_{\triangle JEK}=a$,$S_{\triangle PKL}=b$,$S_{\triangle FLQ}=c$,于是我们可以得到等式:$\dfrac{S_1}{S_2}=\dfrac{S_1-a+b-c}{S_2+a-b+c}=k$(并设其比值为 k,$k>0$),那么 $\dfrac{-S_1}{-S_2}=k$,若 $a+c-b\neq 0$,可根据等比性质得到 $\dfrac{S_1-a+b-c-S_1}{S_2+a-b+c-S_2}=k$,而此时 $k=-1$,显然不可能;因而若有假设中的直线段 JF 符合题意,分割出的"参差"部分面积一定需要满足"$a+c=b$"。

图 2

上述讨论方式对成立的条件描述很清楚,然而对我们准确地做出直线段却并没有什么实质性帮助。因此,这样的讨论不再继续。

既然化整为零地对面积进行计算没有办法取得突破,那么我们就开始考虑用整体代换的可行性。首先,我们以七年级讨论涉及平行线间距离问题时的一道习题作为一个提示。

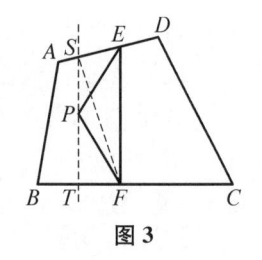

例题 2:如图 3,在四边形 ABCD 中,E、F 分别是 AD、BC 边上的点,以 E、F 为两个端点的折线 E-P-F 将四边形 ABCD 分割成面积相等的两部分(P、Q 两点都在四边形 ABCD 内部),试求作经过 F 点的一条直线段,使这条直线段仍将四边形 ABCD 分割成面积相等的两部分。

图 3

在图 3 中我们首先连接 EF，使面积分割的局面变成三块，原来右边的多边形 $CDEPF$ 又被分割成了四边形 $CDEF$ 和 $\triangle PEF$，然后过点 P 作直线平行于 EF，交 AD、BC 分别与点 S、T，由于平行线间的距离处处相等，那么在直线 ST 上的任意一点与线段 EF 构成的三角形都会与 $\triangle PEF$ 面积相等，使得这一点与 C、D、E、F 围成的多边形面积总是与原来分割出的多边形 $CDEPF$ 面积相等。于是根据题目要求，我们连接 SF，直线段 SF 就是所要求作的线段。

那么如果将例题 2 中分割面积的要求从面积相等改成维持分成的两块面积比不变，上述方法是否适用呢？当然适用，因为原本在面积和保持不改变的情况下，面积比不变，就意味着两块面积的值分别都不变。这种解决问题的思路在之前一种对面积的计算办法中也有体现。

那么我们尝试进一步来解决例题 1 的问题。

如图 4，我们先按解决例题 2 的方法来做一部分，使得 $\triangle PEQ$ 与 $\triangle SEQ$ 面积相等，从而将原来折线分割出的右侧多边形 $CDEPQF$ 变换成了等积的多边形 $CDSQF$，于是问题转化回到了例题 2 的样子，例题 1 中的"两折"线被转化成了"一折"线，也就变成了如何将 $\triangle QSF$ 转化的问题了。我们只要让题 2 的方法重演，如图 5 和图 6 做出过点 Q 的 ST 的平行直线 $S'T'$，并连接线段 FS'，就顺利地解决了这个问题。至此，这道题目的探索貌似戛然而止。

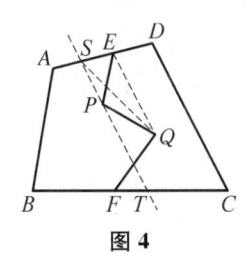

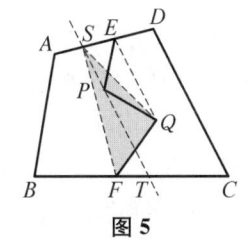

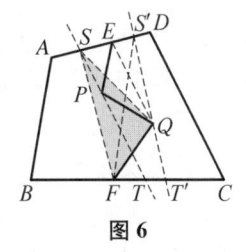

图 4　　　　　图 5　　　　　图 6

数学问题的解决不仅仅在于单一的就题论题，而且在解决问题的过程中数学思维得到了锻炼数学思想亦能闪闪发光，更加重要的是让师生共同感受到了转化思想妙不可言的意境，体现了构造法的研究欣赏价值。

然而在"问题解决"的过程中，教师不仅希望学生能够综合所学得的知识，并把这些知识应用到新的、未知的情境中去，更加希望学生使用恰当的方法和策略解决已有的问题之后，继续探索类似的问题和猜想已有的方法是否能够解决类似的问题。因此，在"问题解决"教学中，数学思想、数学方法或策略的运用，其中转化与化归显得尤为重要。正如爱因斯坦曾经说过："提出一个问题往往比解决一个问题更重要,因为解决一个问题也许是一个数学上或实验上的技能而已。而提出新的问题、新的可能性,从新的角度去看旧的问题,却需要有创造性的想象力,而且标志着科学的真正进步。"提出问题是一切创造活动的起点。怎样提出适当的、有价值的问题呢?怎样将这个问题进行变式或者拓展呢?通常的做法有逆向转化、条件一般化、条件特殊化、结论转化、背景转化等等。

在看似已经解决了这个问题之后,我们发现事情可能并没有我们想象的那么简单,点 S 和点 S' 都只能在边 AD 上吗?还是也可以在 AB 或 CD 上呢?如何继续提出一个有价值的问题呢?于是我们尝试将例题 1 与例题 2 中的"如图"去掉,继续作探索。

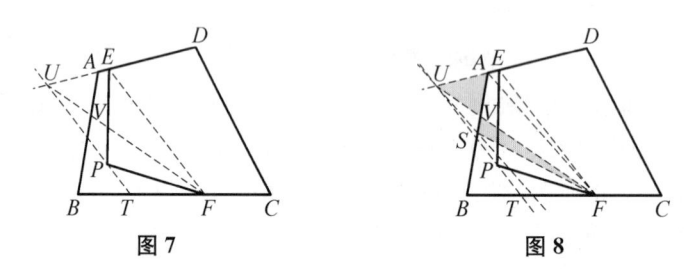

图 7

图 8

如图 7 和图 8,我们还是先考虑例题 2 的"意外"情况。当过点 P 作线段 EF 的平行直线只能与 DA 的延长线相交于 U 点时,我们连接线段 UF,交边 AB 于点 V,那么虽然 $\triangle UEF$ 与 $\triangle PEF$ 的面积相等,能帮助分割四边形 $ABCD$ 面积的只有四边形 $AVFE$ 这一部分,我们需要为 $\triangle UAV$ 在四边形 $ABCD$ 形内再找一块等面积图形。而由于我们是要用一条经过点 F 的直线段来分割面积,因此容易想到要在线段 BV 或 DE 上取一点,使这一点与线段 FV 或 FE 围成与 $\triangle UAV$ 等积的三角形。在这两者中,注意到 $\angle UVA = \angle BVF$ 这一组对顶角,可知这个割点在 BV 上时,只需满足到 V 点的距离与 FV 的长的乘积与线段 UV 与 EV 的长的乘积相等就满足条件。

记这个割点就是我们要找的 S 点,那么我们就是需要令 S 点满足 $SV \cdot FV = AV \cdot UV$ 即 $\dfrac{SV}{AV} = \dfrac{UV}{FV}$,那么这就好办了,只需连接 AF,再过点 U 作直线平行于 AF,与 AB 交于 S 点即可。同时,可以看出,S 点能保证在线段 AB 上,当 E、P 两点分别在 A、B 两点上时,S 点才能落在 B 点上与之重合,而根据题意,这一幕并不会发生。

此时,线段 FS 就是一条经过点 F 且能够替代折线 E-P-F 分割四边形

$ABCD$ 并保持分割成的两块图形面积比不变的直线段。

有了这样的解题经验,我们以同样的思路解决例题1的"意外"情况。如图9所示,最终线段 FS' 就是所要求作的直线段。

至此,我们相信,对于"两折"线,这个问题都可以用上述办法解决了。如果问题变成了图10这样的呢?

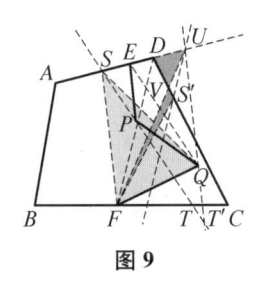

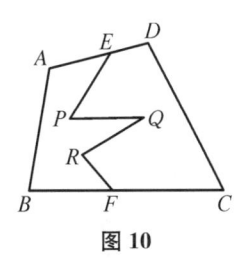

图 9　　　　　　图 10

如果"三折"线也可以如法炮制,那么是不是可以说不论中间的折线是由多少段直线段接成的,都可以用上述方法解决呢?"一生二,二生三,三生万物。"在组织教学接近尾声的时候,教师不妨以高昂饱满的精神,以充满激情的声音告诉学生:"期待将来,或可以此推测用一条曲线分割四边形 $ABCD$ 成两块的面积的比值不变的画图方案。我们一起努力吧!"

回顾整个问题解决的过程,反思问题解决过程,不难发现在这个问题解决和拓展的过程中至少实现了三种数学解题中常见的基本转化类型和转化方法。

第一,运用数与形之间的"转化",化抽象为直观。

初中数学是以"数"与"形"这两个基本概念为基础而展开的。《初中数学新课程标准》在学习内容中要求:"能运用图形形象地描述问题,利用直观来进行思考。"如第一个问题解决的初级阶段运用面积的比例式进行推导尝试画出直线段的过程,实际上可以归为通过图形将复杂或抽象的数量关系,直观形象地翻译出来。将三角形面积相等的要求转化为切割部分面积相等的要求,将三角形面积成比例的要求转化为切割部分面积成比例的要求,探索出一条以形助数的科学合理的解题途径;达到解决学生心中存在的困惑,培养学生的数学解题能力的目的。

第二,把生疏"转化"为熟悉,缩小接触新知识的陌生度。

《初中数学新课程标准》要求:"数学教学活动必须建立在学生的认知发展水平和已有的知识经验基础之上。"学生学习数学的实质是:将生疏问题转化熟悉问题的过程,教师要深刻挖掘新教学内容的量变因素,将学生要掌握的新知识,加工到使学生通过努力能够接受的水平上来,缩小接触新内容时的陌生度,避免因研究对象的变化而产生的心理障碍,这样做可达到事半功倍的效果。利用七年级学过的平行线间的距离相等来确定同底等高的三角形面积相等作为解题的切入点就是将陌生的问题转化为熟悉问题的具体体现。

第三,把综合问题"转化"为基础问题,变复杂的问题为简单。

数学解题的过程是分析问题和解决问题的过程,对于较难(繁)的问题,通过分析将此转化成几个难度与学生的思维水平同步的小问题,再根据这几个小问题之间的相互联系,以局部知识的掌握为整体服务,从而找到解题的捷径。对于面积比值保持不变和面积等分这两个问题,显然面积等分更加简单是面积比值保持不变问题的基础问题。因此在解决面积比值相等的问题前首先研究面积等分的问题就是实实在在地将复杂的问题变简单,切切实实地将综合问题转化为实际问题。

综上所述,转化思想贯穿在数学解题的始终。而转化思想具有灵活性和多样性的特点,没有统一的模式可遵循,需要依据问题提供的信息,利用动态思维去寻求有利于问题解决的变换途径和方法,因此学习和熟悉转化的思想,有意识地运用数学变换方法,去灵活地解决有关数学问题,将有利于提高数学解题的应变能力和技巧。数学因转化而美妙,思维因化归更精彩!

陈题多解 回味无穷

——以一题多解为载体，提升复习课中多解归一的有效性

文玩，不用不晶莹润泽；玉器，不盘不润泽透亮；香茶，不品不馥郁回甘；陈题，不整理不能体会解题之乐，不反思不能品味解题之趣。如果说解题的过程要出现思维火花的碰撞之美，那么比较陈题的多种解法，归纳解题思路，理顺解题策略就是把玩数学思维的千姿百态和欣赏数学方法的暖玉生香。

2014年上海市浦东新区二模数学试卷最后一题是一道综合度比较高，思维性比较强的题，对于第3问的解答有多种解题方法。而一题多解是培养学生准确理解和灵活运用数学解题策略的有效途径，也是培养学生发散思维能力的方式之一。在初三考试的压轴题中，由于涉及的常量和变量较多，已经掌握的数学知识也较多，这也就造成了一题多解的现象。要想得到正确的答案，可以有很多途径，正所谓"条条大路通罗马"。在处理这部分题目时，首先要理清条件，构建基本图形，搞清众多常量和变量间的关系，通过多种途径解决问题，这样可以有效地提高分析问题、解决问题的能力，优化解题策略，锻炼发散思维。初三的教学压力大，教学任务重，教学课时紧张，很多一线教师将大量的精力花在赶进度上面，而不太舍得将一些问题花一节课或两节课甚至更多的时间让学生充分讨论进行比较教学，分享彼此数学思维的璀璨，欣赏数学思想碰撞产生的绚丽。下面通过这个实例来说明这个问题。

2014年上海市浦东新区二模卷第25题 如图1，已知在△ABC中，$AB=AC$，BC比AB大3，$\sin B=\dfrac{4}{5}$，点G是△ABC的重心，AG的延长线交边BC于点D。过点G的直线分别交边AB于点P、交射线AC于点Q。

(1) 求AG的长；

(2) 当$\angle APQ=90°$时，直线PG与边BC相交于点M，求$\dfrac{AQ}{MQ}$的值；

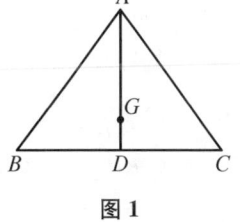

(3) 当点 Q 在边 AC 上时,设 $BP=x$,$AQ=y$,求 y 关于 x 的函数解析式,并写出它的定义域。

解:(1) 在 $\triangle ABC$ 中,因为 $AB=AC$,点 G 是 $\triangle ABC$ 的重心,所以 $BD=DC=\dfrac{1}{2}BC$,$AD \perp BC$。

在直角三角形 ADB 中,因为 $\sin B = \dfrac{AD}{AB} = \dfrac{4}{5}$,所以 $\dfrac{BD}{AB} = \dfrac{3}{5}$。

因为 $BC-AB=3$,所以 $AB=15$,$BC=18$,$AD=12$。

因为 G 是 $\triangle ABC$ 的重心,所以 $AG = \dfrac{2}{3}AD = 8$。

(2) 在直角三角形 MDG 中,因为 $\angle GMD + \angle MGD = 90°$。

同理,在直角三角形 MPB 中,$\angle GMD + \angle B = 90°$,所以 $\angle MGD = \angle B$。所以 $\sin\angle MGD = \sin B = \dfrac{4}{5}$。

在直角三角形 MDG 中,因为 $DG = \dfrac{1}{3}AD = 4$,所以 $DM = \dfrac{16}{3}$,$CM = CD - DM = \dfrac{11}{3}$。

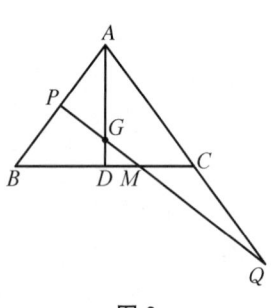

如图 2,在 $\triangle ABC$ 中,因为 $AB=AC$,$AD \perp BC$,所以 $\angle BAD = \angle CAD$。

因为 $\angle QCM = \angle CDA + \angle DAC = 90° + \angle DAC$。

又因为 $\angle QGA = \angle APQ + \angle BAD = 90° + \angle BAD$,所以 $\angle QCM = \angle QGA$。

又因为 $\angle CQM = \angle GQA$,所以 $\triangle QCM \sim \triangle QGA$。

所以 $\dfrac{AQ}{MQ} = \dfrac{AG}{MC} = \dfrac{24}{11}$。

图 2

对于第 3 问的解法笔者有如下思考。

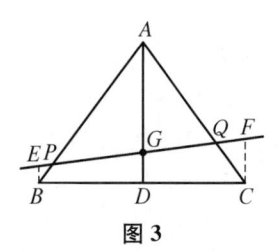

证法 1:如图 3,过点 B 作 $BE \parallel AD$,过点 C 作 $CF \parallel AD$,分别交直线 PQ 于点 E、F,则 $BE \parallel AD \parallel CF$。

因为 $BE \parallel AD$,所以 $\dfrac{AP}{BP} = \dfrac{AG}{BE}$,即 $\dfrac{15-x}{x} = \dfrac{8}{BE}$,

图 3

$BE = \dfrac{8x}{15-x}$。

同理可得 $\dfrac{AQ}{QC} = \dfrac{AG}{CF}$，即 $\dfrac{y}{15-y} = \dfrac{8}{CF}$，$CF = \dfrac{8(15-y)}{y}$。

因为 $BE \parallel AD \parallel CF$，$BD = CD$，所以 $EG = FG$。

所以 $CF + BE = 2GD$，即 $\dfrac{8(15-y)}{y} + \dfrac{8x}{15-x} = 8$，$y = \dfrac{75-5x}{10-x}$ $\left(0 \leqslant x \leqslant \dfrac{15}{2}\right)$。

思考：毫无疑问，这是相对比较简单的做法，也是当年阅卷组给出的标准答案。这种解法是第1问解题思路的延续，根据等腰三角形"三线合一"的特点，容易找出 $AD \perp BC$，所以自然就能够想到过点 B 作 $BE \parallel AD$，过点 C 作 $CF \parallel AD$，分别交直线 PQ 于点 E、F，这样一来 $BE \parallel AD \parallel CF$，而且点 D 恰好是线段 BC 的中点，那么线段 DG 顺理成章地成为直角梯形 $BEFC$ 的中位线，将中点这一个位置条件转化成数量上的等量关系，利用梯形中位线定理就可以找到 x 和 y 之间的关系式。

执教者引导学生对于证法1进行总结后发现添加两条平行线之后与原有图形可以形成三条平行线，而夹在中间的平行线段恰好是梯形的中位线。根据这个特点来启发学生，能不能继续构造平行线组呢？由此或许会引发证法2。

证法2：点 D 是 BC 的中点，需要再找到一个中点，构成三角形或梯形的中位线，于是尝试着过点 D 作 $DM \parallel AB$ 交 PQ 于点 M，过点 C 作 $CN \parallel AB$ 交 PQ 的延长线于点 N，这样就构造了一个梯形 $BPNC$，而线段 DM 恰好是这个梯形的中位线，利用梯形中位线定理就可以找到 x 和 y 之间的关系式。

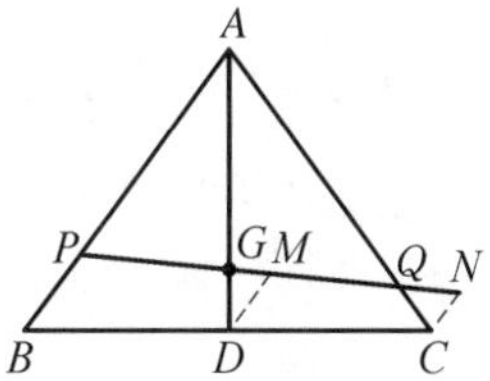

如图4，过点 D 作 $DM \parallel AB$ 交 PQ 于点 M，过点 C 作 $CN \parallel AB$ 交 PQ 的延长线于点 N，因为 $AB \parallel DM \parallel CN$，所以 $\dfrac{CD}{BD} = \dfrac{MN}{PM}$。

图4

因为 $CD = BD$，所以 $MN = PM$。

根据 $DM \parallel AB$，可以得到 $\dfrac{DM}{AP} = \dfrac{DG}{AG}$，$DG = \dfrac{15-x}{2}$。

同理可得 $\dfrac{CN}{AP} = \dfrac{QC}{AQ}$，$CN = \dfrac{(15-x)(15-y)}{2}$，$BP + CN = 2DM$，即 $x +$

$$\frac{(15-x)(15-y)}{2}=15-x，所以$$

$$y=\frac{75-5x}{10-x}\ (0\leqslant x\leqslant \frac{15}{2})$$

将这两种证法都呈现在黑板的同一个区域内，引导学生反思和比较。师生共同做小结：证法 1 和证法 2 的不同点在于证法 1 添加上底和下底构成了一个直角梯形，证法 2 添加中位线和下底构造了一个普通梯形。两种方法的共同点是都构造了梯形，并且都存在梯形的中位线，利用梯形中位线和梯形上底和下底的数量关系确定等量关系求出 y 关于 x 的函数解析式。课上到这里不妨继续追问，引导学生继续思考：既然利用梯形的中位线定理，那么我们可不可以使用三角形的中位线定理解决问题呢？继续观察图形的过程中学生们将发现点 D 是线段 BC 的中点，于是能够自然而然地联想到在 AB 边或者 AC 边上再取一个中点，连接出一条三角形 ABC 的中位线。

证法 3：如图 5，取 AB 的中点 E，连接 DE。

因为点 D 是 BC 的中点，点 E 是 AB 的中点，所以 $DE \,/\!/\, AC$，$DE=\frac{1}{2}AC$，$\frac{DF}{AQ}=\frac{DG}{AG}$，$\frac{EF}{AQ}=\frac{PE}{AP}$，即 $DF=\frac{y}{2}$，$EF=\frac{y}{15-x}PE$，又 $PE=\frac{15}{2}-x$，$EF=DE-DF=\frac{15}{2}-\frac{y}{2}$。

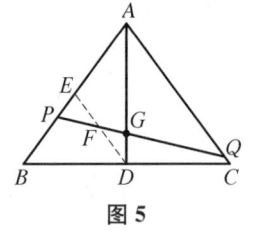

图 5

所以 $\frac{y}{15-x}\left(\frac{15}{2}-x\right)=\frac{15-y}{2}$，$y=\frac{75-5x}{10-x}\ \left(0\leqslant x\leqslant \frac{15}{2}\right)$。

反思：线段 BP 与 AQ 不在同一条直线上，所属的三角形从直观上看也没有相似的可能性，所以添平行线构造基本图形就成为解题的必然。如果说前面两种方法都是通过添加两条平行线构造梯形，利用梯形中位线定理列出等量关系确定 y 与 x 的关系式的，那么在等腰三角形 ABC 中，点 D 是 BC 的中点，能不能找到另外一条边的中点，连接得到三角形的中位线来找到 y 与 x 的关系式？因此取 AB 边或 AC 边的中点 E，连接 DE 得到中位线 DE。根据三角形的中位线定理可以得到两条线段的平行关系，由平行关系得到基本图形 A 字形和 X 字形，列出比例式找到函数解析式。

课堂上的讲解到这里已经进入了一个小高潮，因为以上三种解法都是围绕中位线这一概念构造梯形或三角形的中位线，利用中位线的数量特征来求

解 y 与 x 的关系式。通过执教者提问引导学生继续思考：那么有没有不用中位线也能产生平行线的方法呢？回答是肯定的，构造基本图形 A 字形或 X 字形也可以成为获解此题的基本思路。

顺着添加平行线的思路走下去，短暂沉默的课堂中即将爆发出构造基本图形的闪闪思维火花。接下来两种方法都是添加平行线构造 X 字形寻找等量关系解决问题的。

证法 4：如图 6，过点 P 作 $PE \parallel AC$，交 BC 于点 F，交 AD 的延长线于点 E。

因为 $PE \parallel AC$，所以

$$\frac{BP}{BA}=\frac{PF}{AC},\ \frac{PE}{AQ}=\frac{GE}{AG}$$

所以 $PF=x$，$BF=\dfrac{6}{5}x$，$DF=9-\dfrac{6}{5}x$。

所以 $EF=15-2x$，$DE=12-\dfrac{8}{5}x$。

将上面的数据代入 $\dfrac{PE}{AQ}=\dfrac{GE}{AG}$，可以得到

$$\frac{15-x}{y}=\frac{16-\dfrac{8}{5}x}{8}$$

所以 $y=\dfrac{75-5x}{10-x}\left(0\leqslant x\leqslant \dfrac{15}{2}\right)$。

图 6

延伸思考：

证法 5：如图 7，过 B 作 AC 平行线，交 QP 延长线于点 M，交 AD 延长线于点 N。

因为 $AQ \parallel MN$，所以 $\dfrac{AQ}{MN}=\dfrac{AG}{GN}$，$MN=2y$，则 $MB=2y-15$。

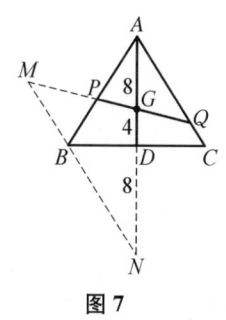

图 7

因为 $AQ \parallel MB$，所以 $\dfrac{AQ}{MB}=\dfrac{AP}{BP}$，$\dfrac{y}{2y-15}=\dfrac{15-x}{x}$，$y=\dfrac{75-5x}{10-x}$ （$0\leqslant x\leqslant 7.5$）。

证法 6：如图 8，分别过点 Q 和点 C，作 $QN \parallel CM \parallel AP$，交 AD 延长线于点 N 和点 M。

因为 $NQ \parallel MC$，所以 $\dfrac{AQ}{AC} = \dfrac{AN}{AM}$，$\dfrac{y}{15} = \dfrac{AN}{24}$，$AN = \dfrac{8}{5}y$，则 $GN = \dfrac{8}{5}y - 8$。

因为 $AP \parallel QN$，所以 $\dfrac{AP}{QN} = \dfrac{AG}{GN}$，$\dfrac{15-x}{y} = \dfrac{8}{\dfrac{8}{5}y - 8}$，$y = \dfrac{75 - 5x}{10 - x}$ $(0 \leqslant x \leqslant 7.5)$。

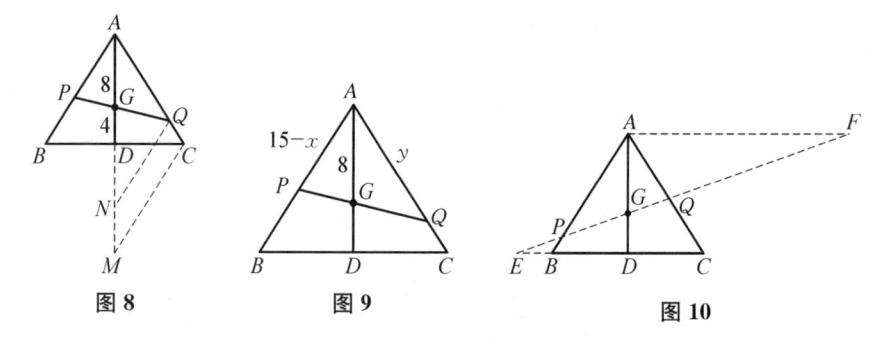

图 8　　图 9　　图 10

证法 7：如图 9，通过面积法求解。

$$S_{\triangle APQ} = \dfrac{1}{2} AP \cdot AQ \cdot \sin\angle BAC = \dfrac{1}{2} \cdot (15 - x) \cdot y \cdot \dfrac{24}{25}$$

$$S_{\triangle APQ} = S_{\triangle AGP} + S_{\triangle AGQ} = \dfrac{1}{2} \cdot 8 \cdot \dfrac{3}{5}(15 - x + y)$$

所以 $\dfrac{1}{2} \cdot (15 - x) \cdot y \cdot \dfrac{24}{25} = \dfrac{1}{2} \cdot 8 \cdot \dfrac{3}{5}(15 - x + y)$

$y = \dfrac{75 - 5x}{10 - x}$ $(0 \leqslant x \leqslant 7.5)$。

证法 8：如图 10，过点 A 作 $AF \parallel BC$，延长 PQ 交 AF 于点 F，延长 QP 交 CB 的延长线于点 E。

因为 $AF \parallel BC$，所以

$$\dfrac{AG}{GD} = \dfrac{AF}{DE},\quad \dfrac{PB}{AP} = \dfrac{EB}{AF},\quad \dfrac{CQ}{AQ} = \dfrac{EC}{AF}$$

根据重心定理我们知道 $\dfrac{AG}{GD}=2$，$AF=2ED$。

我们不妨设 $ED=k$，$AF=2k$，则 $BE=k-9$，$EC=k+9$。

由 $\dfrac{PB}{AP}=\dfrac{EB}{AF}$，可知 $\dfrac{x}{15-x}=\dfrac{k-9}{2k}$。

由 $\dfrac{CQ}{AQ}=\dfrac{EC}{AF}$，可知 $\dfrac{15-y}{y}=\dfrac{k+9}{2k}$。

两式相加可得 $\dfrac{x}{15-x}+\dfrac{15-y}{y}=1$，所以

$$y=\dfrac{75-5x}{10-x},\ \left(0\leqslant x\leqslant \dfrac{15}{2}\right)$$

证法9：如图11，过点 P 作 $PP'\perp AD$ 于点 P'，过点 Q 作 $QQ'\perp AD$ 于点 Q'。

当 $BP=x$ 时，$AP=15-x$，由于 $PP'\,/\!/\,BD$，所以 $PP'=\dfrac{4}{5}(15-x)$，$AP'=\dfrac{3}{5}(15-x)$，$P'G=8-\dfrac{3}{5}(15-x)$。

同理，$AQ'=\dfrac{4}{5}y$，$QQ'=\dfrac{3}{5}y$，$GQ'=\dfrac{4}{5}y-8$，因为 $PP'\,/\!/\,QQ'$，所以

$$\dfrac{PP'}{QQ'}=\dfrac{P'G}{Q'G}, 即$$

$$\dfrac{\dfrac{4}{5}(15-x)}{\dfrac{3}{5}y}=\dfrac{8-\dfrac{3}{5}(15-x)}{\dfrac{4}{5}y-8}$$

所以 $y=\dfrac{75-5x}{10-x}\ \left(0\leqslant x\leqslant \dfrac{15}{2}\right)$。

执教者引导学生继续小结和反思证法4的本质：过点 P 作 $PP'\perp AD$ 于点 P'，过点 Q 作 $QQ'\perp AD$ 于点 Q'，同一平面内添加同一条线的两条高是构造平行线的常规方法。这样可以构造基本图形X字形，而 $\triangle PP'A$ 和 $\triangle QQ'A$ 都是边长比为 $3:4:5$ 的直角三角形，所以很顺利就能想到用未知数 x 和 y 表示线段 PP' 和 QQ'，从而确定 y 与 x 的关系式。

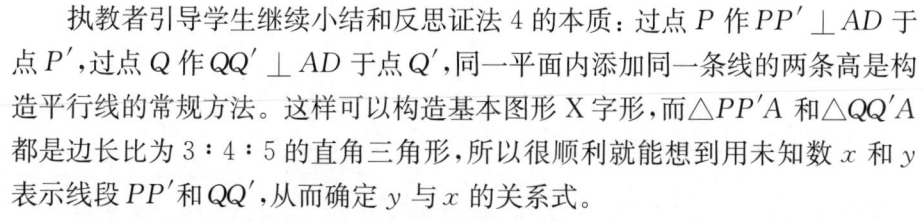

此时的习题讲评课堂一定不会是死气沉沉的，代而取之的是各种解题思

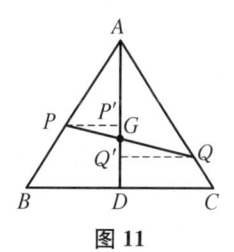

路如泉涌,思维与思维的碰撞,心灵与心灵的交流,说题和听讲的交融,反思与小结的并蓄。接下来的几种证法都是学生可以通过平行线联想出来的解法。

证法 10:如图 12,过点 G 作 $GM \parallel AB$ 交 BC 于点 M,过点 G 作 $GN \parallel AC$ 交 BC 于点 N,延长 PQ 交 BC 的延长线于点 E,易得 $GM=GN=5$,$GD=4$,$DM=DN=3$。

因为 $GN \parallel AC$,所以

$$\frac{CE}{NE}=\frac{CQ}{GN}, \frac{CE}{CE+6}=\frac{15-y}{5}, CE=\frac{90-6y}{y-10}。$$

因为 $GM \parallel AB$,所以

$$\frac{EM}{BE}=\frac{GM}{BP}, \frac{CE+12}{CE+18}=\frac{5}{x}, CE=\frac{90-12x}{x-5}。$$

所以 $\dfrac{90-6x}{y-10}=\dfrac{90-12x}{x-5}$,$y=\dfrac{75-5x}{10-x}\left(0 \leqslant x \leqslant \dfrac{15}{2}\right)$。

反思:抓住点 G 是三角形 ABC 的重心这个主要特征,得出 GD 与 AG 的比具有 1:2 的数量特征,所以过点 G 作 $GM \parallel AB$ 交 BC 于点 M,过点 G 作 $GN \parallel AC$ 交 BC 于点 N,延长 PQ 交 BC 的延长线于点 E,也可以构造基本图形 A 字形,列出与线段 CE 有关的等式,从而确定 y 与 x 的关系式。

证法 11:根据等腰三角形"三线合一"的特点容易找出 AD 是 $\angle BAC$ 的平分线,点 G 是这条角平分线上的一点,到角的两边距离相等,可以联想到高相等的情况下两个三角形的面积比等于底边长之比。再根据三角形的内角平分线性质定理将线段的比例进行转化,也可以确定 y 与 x 的关系式。

如图 13,过点 G 作 MN 平行于 BC 交 AB 于点 M,交 AC 于点 N。

显然,$\dfrac{S_{\triangle PMG}}{S_{\triangle NQG}}=\dfrac{MP}{NQ}=\dfrac{PG}{GQ}=\dfrac{AP}{AQ}=\dfrac{15-x}{y}$。

因为 $AM=10$,$AP=15-x$,$MP=AM-AP=10-(15-x)=x-5$,$AQ=y$,$AN=AM=10$,$NQ=AQ-AN=y-10$。

因为 $\dfrac{MP}{NQ}=\dfrac{15-x}{y}$,所以

$$\frac{x-15}{y-10}=\frac{15-x}{y}$$

$$y=\frac{75-5x}{10-x}\left(0 \leqslant x \leqslant \frac{15}{2}\right)$$

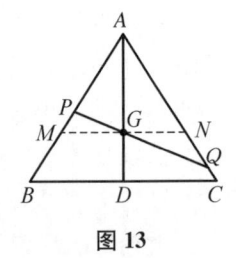

图 12

图 13

当然此题还有其他解法,如图 14、图 15、图 16 三个图或利用梅涅劳斯定理或者以点 D 为坐标原点,以射线 DC 为 x 轴正方向,以射线 DA 为 y 轴正方向建立平面直角坐标系利用一次函数解析式,也可以找到 y 与 x 之间的函数解析式。

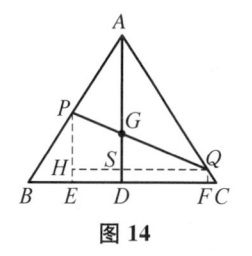

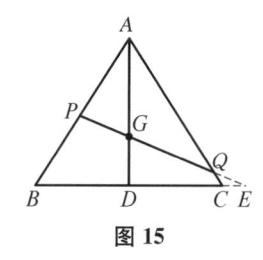

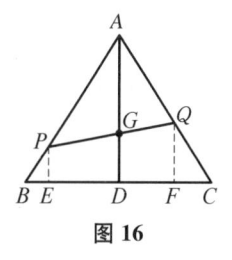

图 14　　　　　　　图 15　　　　　　　图 16

对于这道题目第 3 问的分析体现了一题多解的趣味性和艺术感。一题多解实际上是解题或证明定理、公式的变式,因为它的实质是以不同的论证方式反映条件和结论间的同一必然的本质联系,运用这种变式教学,可以引导学生对同一材料,从不同角度、从不同方位、用各种途径、多种方法思考问题,探求不同的解答方案,这样既可暴露学生解题的思维过程,增加教学透明度,又能够拓广学生思路,使学生熟练掌握知识的内在联系,使思维向多方向发展,培养思维的发散性。

为了巩固训练线段产生的函数关系问题的专题研究,为了夯实添加平行线寻找比例线段的基本方法,执教者还可以选择下面两题作为课后练习。

2015 年上海市黄浦区二模卷第 25 题　如图 17,直角三角形 ABC 中,$\angle C=90°$,$\angle A=30°$,$BC=2$,CD 是斜边 AB 上的高,点 E 为边 AC 上一点(点 E 不与点 A、C 重合),连接 DE,作 $CF \perp DE$,CF 与边 AB、线段 DE 分别交于点 F、G。

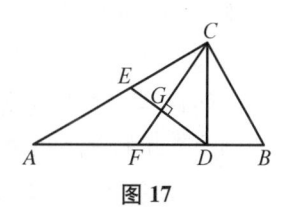

图 17

(1) 求线段 CD、AD 的长;

(2) 设 $CE=x$,$DF=y$,求 y 关于 x 的函数解析式,并写出它的定义域;

(3) 连接 EF,当 △EFG 与 △CDG 相似时,求线段 CE 的长。

2015 年上海市宝山区、嘉定区二模卷第 25 题　在直角三角形 ABC 中,$\angle C=90°$,$BC=2$,直角三角形 ABC 绕着点 B 按顺时针方向旋转,使点 C 落在斜边 AB 上的点 D,设点 A 旋转后与点 E 重合,连接 AE。过点 E 作直线 EM 与射线 CB 垂直,交点为 M。

(1) 如图 18,若点 M 与点 B 重合,求 $\cot\angle BAE$ 的值;

(2) 如图 19,若点 M 在边 BC 上,设边长 $AC=x$,$BM=y$,点 M 与点 B 不重合,求 y 与 x 的函数关系式,并写出自变量 x 的取值范围;

(3) 若 $\angle BAE=\angle EBM$,求斜边 AB 的长。

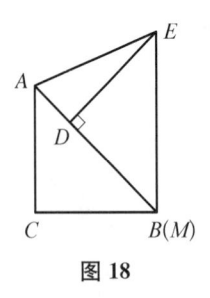

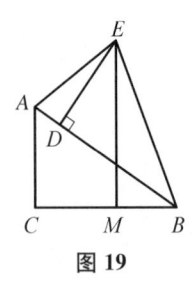

图 18

图 19

但是一题多解的目的绝不是炫耀和卖弄,而是将各种证法呈现在学生面前,之后继续引导学生关注隐藏在这些解法背后的数学知识和数学思想方法。在多达十几种证明方法之中,笔者认为适合学生最近发展区的基本思路基本有两个:一是利用中位线定理,其中包括梯形中位线定理和三角形中位线定理,二是添加平行线构造基本图形列出比例线段,初步感受构造法的魅力。这样才能让学生真正体会伴随着一题多解之后产生的一定是多解归一,一题多解是复习数学知识的途径和手段,多解归一是数学思想方法的提炼和小结。教师应在日常教学中重视两者的先后顺序,引导学生体会两者的有机结合。

1. 一题多解和多解归一有助于将人见人厌的复习课重新点燃思维的火花,有助于提高学生对习题讲评课的兴趣,有助于学生的数学思维品质的提升,有助于学生数学思维能力的发展。一题多解的过程主要强调对于同一个问题用不同的方法和途径来解决,有利于沟通各种知识的内涵和外延,强化知识体系,深化知识网络,培养学生的发散性思维和创造性思维;多解归一,有利于提炼分析问题和解决问题的通性和通法,从中择优,培养聚合思维,侧重思维的严谨性。

2. 一题多解和多解归一有利于调动学生的学习积极性,有利于激活学生的思想,使得数学课堂成为同学们合作、争辩、探究和交流的场所,极大提高学生的学习兴趣。

3. 一题多解和多解归一有利于锻炼学生思维的灵活度,活跃思路,让学生能够根据题目的已知条件,结合已经掌握的数学知识和解题方法,灵活地选择解题的切入点。

4. 一题多解和多解归一有利于培养学生的创新思维,使学生不仅仅满足于得出一道习题的答案,而是去追求更加独特、更加快捷的其他解题方法。

5. 一题多解和多解归一有利于学生积累解题经验,丰富解题方法,学会如何综合运用已有知识不断提高解题能力。

在课时有限的初三数学复习过程中很容易产生"滑过"的教学现象,也就是说,老师急急讲过,学生匆匆听过,看似教师完成了教学任务,学生完成了学习任务,但是下次碰到类似的题目甚至于同一道题目学生会觉得似曾相识但是还是有心无力。其实面对每一个知识点,每道有价值的题目,教师应在课前做好充分的准备,"以其昭昭,使其昭昭",教师在课堂上应该舍得花时间让学生想,让学生讲,让学生归纳,让学生反思,而学生则应该做好前课堂准备和后课堂复习整理,将上课所听所思所悟所得内化为自己的数学能力的提高。初三数学复习课上的各种数学题恰似茫茫数学沧海中的一颗颗月明珠,而师生互动和生生互动的课堂才能像蓝田日暖之下使美玉生烟。让师生携手积极反思,共同推陈出新,力争都能感受到解题方法的各显神通,欣赏到数学思想的多彩魅力!

参考文献

[1] 李玲.怎样上好数学习题评讲课[J].读与写:教育教学刊,2013(5):95.
[2] 张天定.浅谈如何上好高三数学试题评讲课[J].中学生数理化(学研版),2011(4):80.

第三部分
教育随笔

从《射雕英雄传》到"比例线段和为 1"

平行线分线段成比例定理是初三平面几何的一个重要定理,它是研究相似图形的最重要和最基本的理论。一方面,它可以直接判定线段成比例,另一方面,当不能证明要证的比例成立时,常用这个定理把两条线段的比转化成另两条线段的比。把平行线分线段成比例定理应用在三角形上,就得到了定理的一个重要推论,这个推论是判定三角形相似的理论基础。

在这部分内容的复习过程中学生经常觉得上课学习平行线分线段成比例定理内容很简单,但是题目中需要灵活应用却很难;教师讲述平行线分线段成比例定理内容很容易,但是试卷作业反馈效果却不如人意。究其原因,不是学生不用功"怎么教都教不会",也不是教师的专业水平不过关"自己都不会怎么教学生",而是对于基础图形以及基础图形的组合和变式的研究和拓展不够重视。

看过电视剧《射雕英雄传》的人都知道,剧中有东邪、西毒、南帝、北丐、中神通五位武林高手,那么他们和平行线分线段成比例定理的教学是如何存在某种联系的呢?

一、中神通——王重阳

中神通王重阳——"中央为土",王重阳原名"王喆",这姓名两个字皆具"土"形。"中央,色黄",王重阳是道教大师,而道士用黄冠束发,因此又被称作"黄冠"。

王重阳少年时曾大举义旗,与金兵对敌,甚至在抗金之前,动用数千人力,历时数年建成"活死人墓",在其中暗藏器甲粮草,作为起事之根本。由于义举失败,将士伤亡殆尽,王重阳愤而出家,自称"活死人",后来生平劲敌林朝英在墓门智激王重阳,二人化敌为友,携手同闯江湖。

林朝英对王重阳甚有情意,欲以身相许,但王重阳以国事为重,不谈私情,两人本已化敌为友,后来却又因爱成仇,约在终南山上比武决胜,斗了几千招,始终难分胜败。

最终林朝英和王重阳打赌,石头上刻字,如胜过王重阳,逼使他在出家为道士与跟她一起在古墓中长相厮守之间作一选择。但王重阳宁愿把自己所建的古墓让给她居住,自己另在古墓不远处盖了全真观,出家为道士。而后道书读得多了,大彻大悟,乃苦心潜修,功成丹圆后,前往山东布教,建立全真道,先后收马钰、孙不二、丘处机等七人为弟子,后世称"全真七子"。

王重阳得知林朝英在活死人墓中去世,想起她一生对自己情痴,悲痛万分,于是悄悄从密道进墓,见到两间石室顶上她的遗刻——《玉女心经》,招招克制全真武功,后精研这《玉女心经》的破法,但终未成功。

后来武林奇书《九阴真经》出现在江湖中,引起各路武林人士争夺。在华山论剑中,王重阳力压四强,成为天下第一,因此夺得《九阴真经》。他决意不练经中功夫,但为好奇心所驱使,禁不住翻阅一遍。一经过目,思索上十余日,即已全盘豁然领悟,后回到活死人墓,在最隐秘处刻下《九阴真经》的要旨,并一一指出破除《玉女心经》之法。

王重阳旧疾复发,为了在身死之后留下一个克制西毒欧阳锋之人,求段智兴传他一阳指,以先天功作为交换,后来王重阳假装病死,以一阳指破掉了欧阳锋的蛤蟆功,使得欧阳锋退回西域。王重阳也在此之后逝去。

王重阳和洪七公都有义举,曾抗击金兵,以国家为重。王重阳的武功第一缘于研究《玉女心经》,夺得《九阴真经》后,自己禁不住翻阅,有违当初华山论剑许诺不研习《九阴真经》武攻之嫌,虽然没传授全真七子相关武功,但是世界还算相对公平的,黄药师、洪七公、一灯大师都练过九阴真经或运用之疗伤来恢复功力,欧阳锋也逆练九阴真经,武功达到新高。虽然在《射雕英雄传》中,王重阳已经故去,对他的描写只是残存在部分人的回忆中,但是九阴真经的江湖地位无人质疑。

在日常教学中,提倡教师和学生尊重教材,分析教材,研究教材,整合教材,使用教材。同时强调"用教材教而非教教材"。上教版的教材应该是数学教学上的基础和出发点。以上海教育出版社出版的九年级第一学期数学书上第38页例题7为例来体现这套教材不输于《九阴真经》的重要的江湖地位。

如图1,矩形 $DEFG$ 的边 EF 在三角形 ABC 的边 BC 上,顶点 D,G 分别在边 AB、AC 上。已知三角形 ABC 的 BC 边上的高为 AH,求证:$\dfrac{DG}{BC}+\dfrac{DE}{AH}=1$。

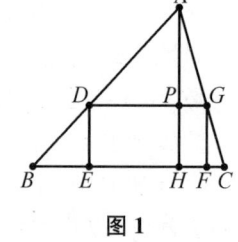

图1

证明：因为矩形 $DEFG$，所以 $DG \parallel EF$，$DE \parallel GF$，$DE \perp BC$，$\dfrac{DG}{BC}=\dfrac{AD}{AB}$。

因为 AH 是三角形 ABC 的 BC 边上的高，所以 $DE \parallel AH$，$\dfrac{DE}{AH}=\dfrac{BD}{AB}$。

所以 $\dfrac{DG}{BC}+\dfrac{DE}{AH}=\dfrac{AD}{AB}+\dfrac{BD}{AB}=1$。

从这道课本上的例题出发我们发现该题的结论中得到线段的比例和为1。联想其他类似简单练习，在烟波浩瀚的九年级数学几何题海中"线段比例和为1"的问题仿佛是闪闪发光的明珠，不仅熠熠生辉，而且随处可见。比较基础而又有代表性的三个模型如下。

模型1(两侧三角形模型)　如图2,已知 $EF \parallel AD$，$FG \parallel BC$，求证：$\dfrac{BE}{AB}+\dfrac{DG}{CD}=1$。

模型2(同侧三角形模型)　如图3,已知 $AB \parallel CD \parallel EF$，求证：$\dfrac{CD}{AB}+\dfrac{CD}{EF}=1$。

模型3(三角形内部模型)　如图4,已知 $DE \parallel AC$，$DF \parallel BC$，求证：(1) $\dfrac{CF}{AC}+\dfrac{CE}{BC}=1$；(2) $\dfrac{CF}{AF} \cdot \dfrac{CE}{BE}=1$。

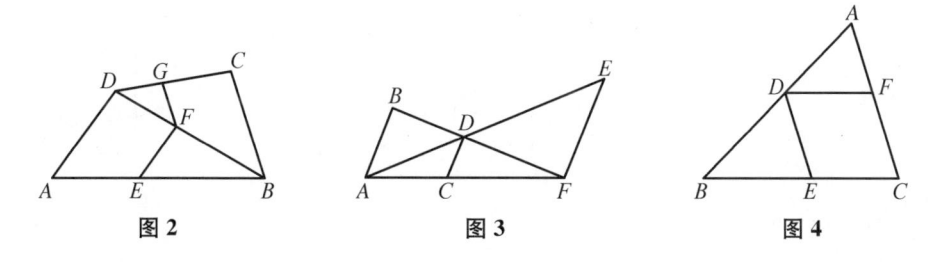

图2　　　　　图3　　　　　图4

这三个基础模型中都是由非常基础的两个A字形进行的组合而得到的组合图形，这样的基础模型能够启发巩固重现"求比例和为1"的结论。究其解题根源，无非寻求合适的A字形比例线段，利用中间比过渡求和。

二、东邪——黄药师

首先，这五大高手和五行有关，作者金庸在名字中都有暗示。"东为木"，黄药师三字表面看来似乎有"草"无"木",其实不然。金庸使用的是繁体字,"药"字的繁体字是"藥",一根巨木,赫然在下。

"正中带有七分邪,邪中带有三分正"的人物,是"桃花岛"的岛主,亦是桃花岛派武学创始人。"桃花影落飞神剑,碧海潮生按玉箫"是他一生武功的写照,武功造诣非凡,已臻化境,为金庸小说中武功绝顶的高手之一。黄药师上通天文,下通地理,五行八卦、奇门遁甲、琴棋书画,甚至农田水利、经济兵略等亦无一不晓,无一不精。

近年来作为人口导入大区,上海市浦东新区的许多数学教育理念和做法都值得我们学习。接下来我们将在 2014 年浦东新区二模卷第 25 题第 3 问中寻找"比例线段和为 1"。

如图 5,已知在 △ABC 中,AB = AC,BC 比 AB 大 3,$\sin B = \frac{4}{5}$,点 G 是 △ABC 的重心,AG 的延长线交边 BC 于点 D,过点 G 的直线分别交边 AB 于点 P、交边 AC 于点 Q。

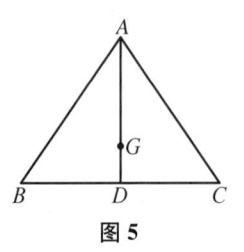

(1) 求 AG 的长;

(2) 当 ∠APQ = 90° 时,直线 PG 与边 BC 相交于点 M,求 $\frac{AQ}{MQ}$ 的值;

(3) 当点 Q 在边 AC 上时,设 BP = x,AQ = y,求 y 关于 x 的函数解析式,并写出它的定义域。

第 3 问解题方法一:如图 6,过点 B 作 BE // AD,过点 C 作 CF // AD,分别交直线 PQ 于点 E、F,则 BE // AD // CF。

因为 BE // AD,所以 $\frac{AP}{BP} = \frac{AG}{BE}$,即 $\frac{15-x}{x} = \frac{8}{BE}$,所以 $BE = \frac{8x}{15-x}$。

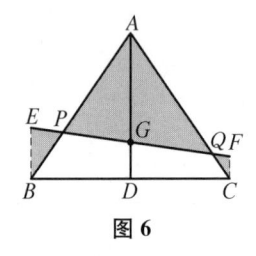

同理可得 $\frac{AQ}{QC} = \frac{AG}{CF}$,即 $\frac{y}{15-y} = \frac{8}{CF}$,所以 $CF = \frac{8(15-y)}{y}$。

因为点 G 是 △ABC 的重心,所以 $\frac{BP}{AP} + \frac{QC}{AQ} = \frac{BE}{AG} + \frac{CF}{AG} = \frac{2DG}{AG} = 1$,

$\frac{x}{15-x} + \frac{15-y}{y} = 1$。

所以 $y = \dfrac{75-5x}{10-x}$ $\left(0 \leqslant x \leqslant \dfrac{15}{2}\right)$。

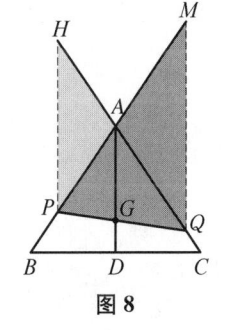

方法二：如图 7，过点 D 作 $DM \parallel AB$ 交 PQ 于点 M，过点 C 作 $CN \parallel AB$ 交 PQ 的延长线于点 N，

因为 $AB \parallel DM \parallel CN$，所以 $\dfrac{CD}{BD} = \dfrac{MN}{PM}$。

因为 $CD = BD$，所以 $MN = PM$。

根据 $DM \parallel AB$，可以得到 $\dfrac{DM}{AP} = \dfrac{DG}{AG}$，$GM = \dfrac{15-x}{2}$，

同理可以得到 $\dfrac{CN}{AP} = \dfrac{QC}{AQ}$，$CN = \dfrac{(15-x)(15-y)}{2}$，$BP + CN = 2DM$，即

$x + \dfrac{(15-x)(15-y)}{2} = 15 - x$。

所以 $y = \dfrac{75-5x}{10-x}$ $\left(0 \leqslant x \leqslant \dfrac{15}{2}\right)$。

方法三：如图 8，过点 P 作 $PH \parallel AD$ 交 CA 的延长线于点 H，过点 Q 作 $QM \parallel AD$ 交 BA 的延长线于点 M，则 $PH \parallel AD \parallel QM$。

因为 $\dfrac{1}{PH} + \dfrac{1}{MQ} = \dfrac{1}{AG}$，所以 $\dfrac{1}{\frac{8}{5}(15-x)} + \dfrac{1}{\frac{8}{5}y} = 1$。

所以 $y = \dfrac{75-5x}{10-x}$ $\left(0 \leqslant x \leqslant \dfrac{15}{2}\right)$。

2014 年浦东新区二模考试结束，对于这道压轴题有的学生爱之深，有的学生则恨之切，正如世人对于桃花岛主的落英神剑、玉箫剑法、玉漏催银箭和碧海潮生曲的复杂而纠结的情感一样。如今翻出各种解法细细品味，陈题多解，回味无穷！

三、西毒——欧阳锋

西毒欧阳锋——"西为金"，"锋"赖"金"利。作为音乐家的欧阳锋，常备乐器不是吉他，而是铁筝。仍是"金"制。"西，色白"，欧阳锋长居白驼山，欧阳锋、他的侄儿及部属皆作白衣装。

作为射雕时代中的头号反派人物，只想武功天下第一，使用毒蛇、灵蛇杖法、蛤蟆功等，因逆练郭靖乱改的九阴真经，第二次华山论剑中夺得天下第一。

215

但被黄蓉用计逼疯,跟自己的影子打斗,接着离开华山,后来与洪七公在华山比武,洪七公之功由正转逆,欧阳锋则反由逆转正,两人内力顿时合二为一,一人是在寒冷彻骨时,因对方内力传来而如沐春风,另一人是在全身炙热时,接受对方内力而顿感清凉,两人当下融为一幅"太极之图"。就在此刻,洪七公一跃而起,抱住欧阳锋,说"咱俩殊途同归,最后变成哥俩好"。欧阳锋霎时回光返照,心中一片澄明,与洪七公相拥大笑,两人在笑声中同时辞世。

在研究 2015 年上海市徐汇区一模卷第 22 题的过程中看似跟"线段比例和为 1"无关,但是如果将此题进行变式和拓展,不难发现又回到了"线段比例和为 1"问题上来。

如图 9,MN 经过 $\triangle ABC$ 的顶点 A,$MN \parallel BC$,$AM = AN$,MC 交 AB 于 D,NB 交 AC 于 E。

(1) 求证:$DE \parallel BC$;

(2) 连接 DE,如果 $DE=1$,$BC=3$,求 MN 的长。

解题如下:

(1) 证明:因为 $MN \parallel BC$,所以 $\dfrac{AM}{BC} = \dfrac{AD}{DB}$,$\dfrac{AN}{BC} = \dfrac{AE}{EC}$。

因为 $AM = AN$,所以 $\dfrac{AE}{EC} = \dfrac{AD}{DB}$。

所以 $DE \parallel BC$。

(2) 因为 $DE \parallel BC$,$DE=1$,$BC=3$,所以 $\dfrac{DE}{BC} = \dfrac{AD}{AB} = \dfrac{AE}{AC} = \dfrac{1}{3}$,$\dfrac{AD}{DB} = \dfrac{AE}{EC} = \dfrac{1}{2}$,$\dfrac{AN}{BC} = \dfrac{AE}{EC} = \dfrac{1}{2}$。

所以 $AN = \dfrac{1}{2} BC = \dfrac{3}{2}$,$MN = 3$。

完成这道题目之后进行反思,轻而易举地发现如果此题的图进行一些微小的变化,就能寻觅"比例和为 1"的倩影,尤其是模型 2 将反复出现,同侧三角形模型犹如江南水乡的撑伞姑娘,浑身散发着美丽和芬芳。

变式一:如图 10,已知 $MN \parallel BC$,$AM = AN$,连接 DE。

求证:$\dfrac{1}{AM(AN)} + \dfrac{1}{BC} = \dfrac{1}{DE}$ 或者 $\dfrac{2}{MN} + \dfrac{1}{BC} = \dfrac{1}{DE}$。

变式二:如图 11,已知 $AD \parallel BC$,AC 与 BD 相交于点 O,过点 O 作 $EF \parallel BC$ 交 AB 于点 E,交 CD 于点 F。

图 10

图 11

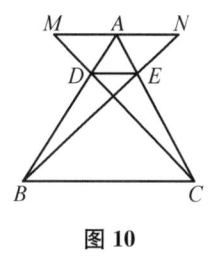

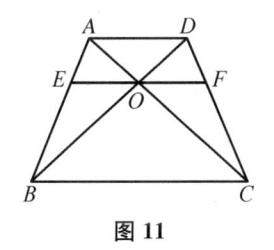

求证：(1) $OE = OF$；

(2) $\dfrac{1}{AD} + \dfrac{1}{BC} = \dfrac{1}{OE(OF)}$ 或者 $\dfrac{1}{AD} + \dfrac{1}{BC} = \dfrac{2}{EF}$。

变式三：如图 12，已知 $AD \parallel BC$，AC 与 BD 相交于点 O，过点 O 作 $MN \parallel BC$ 交 AB 于点 M，交 CD 于点 N，连接 BN 和 CM，BN 和 CM 相交于点 P，过点 P 作 $QR \parallel BC$ 交 AB 于点 Q，交 CD 于点 R。

求证：$\dfrac{4}{RQ} = \dfrac{1}{AD} + \dfrac{3}{BC}$。

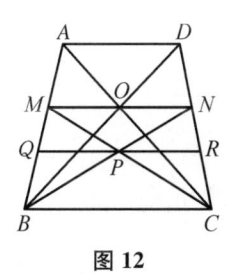

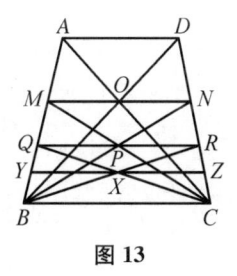

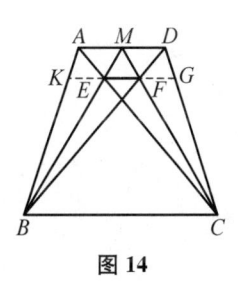

图 12

图 13

图 14

变式四：如图 13，已知 $AD \parallel BC$，AC 与 BD 相交于点 O，过点 O 作 $MN \parallel BC$ 交 AB 于点 M，交 CD 于点 N，连接 BN 和 CM，BN 和 CM 相交于点 P，过点 P 作 $QR \parallel BC$ 交 AB 于点 Q，交 CD 于点 R，连接 BR 和 CQ，BR 和 CQ 相交于点 X，过点 X 作 $YZ \parallel BC$ 交 AB 于点 Y，交 CD 于点 Z。

求证：$\dfrac{8}{YZ} = \dfrac{1}{AD} + \dfrac{7}{BC}$。

变式五：如图 14，已知 $AD \parallel BC$，M 是 AD 中点，连接 BM 和 AC 相交于点 E，连接 BD 和 CM 相交于点 F，连接 EF 并延长，交 AB 于点 K，交 CD 于点 G。

求证：(1) $\dfrac{1}{AM(DM)} + \dfrac{1}{BC} = \dfrac{1}{EF}$ 或者 $\dfrac{2}{AD} + \dfrac{1}{BC} = \dfrac{1}{EF}$；

(2) $KE=EF=FG$。

变式六:如图15,已知 $AD \parallel BC$,M 是 AD 中点,N 是 BC 中点,连接 BM 和 AN 相交于点 E,连接 ND 和 CM 相交于点 F,连接 EF 并延长,交 AB 于点 G,交 CD 于点 H,

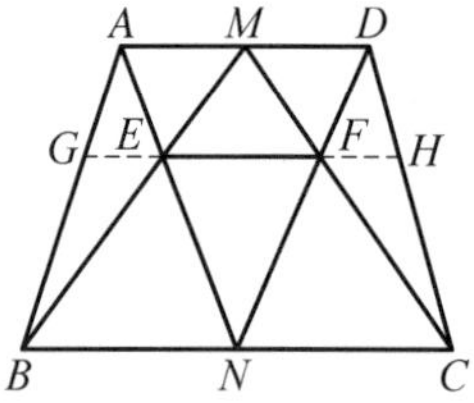

求证:(1) $\dfrac{1}{AD}+\dfrac{1}{BC}=\dfrac{1}{EF}$ 或者 $\dfrac{1}{AM(MD)}+\dfrac{1}{BN(NC)}=\dfrac{2}{EF}$;

(2) $GE=FH=\dfrac{1}{2}EF$。

图 15

回顾变式和拓展的过程,就像第二次华山论剑的风云变幻。在完成最基本的任务后,教师引导学生进行进一步的拓展、反思和小结。"线段比例和为1"如蛤蟆功,又如灵蛇拳法:手臂犹似忽然没了骨头,在许多看似没有线段和的问题中揭开问题的面纱也能发现线段比例和为1的本质,犹如变了一根软鞭,打出后能在空中任意拐弯。

四、南帝——段智兴

南帝,真名段智兴,天龙八部中主角段誉的孙子,大理国的皇帝,后因故出家,法号一灯,出自《法华经》中的"以一灯传诸灯,终至万灯皆明"。"南为火",一灯大师之"灯"待"火"点燃。其秘技为"一阳指",而太阳是最大的一个火球。"南,色赤","灯"与"阳"皆作赤红色。

第一次华山论剑,黄药师、欧阳锋、段智兴、洪七公、王重阳五个人大战七天七夜,全真教创始人王重阳夺得天下第一,天下武林奇书《九阴真经》被王重阳夺得。后为避免天下武林大乱,防止自己死后无人能阻欧阳锋,王重阳在第一次华山论剑的第二年来到大理,用先天功交换了段智兴的一阳指。却不料和王重阳同来的老顽童周伯通和段智兴深爱的妃子刘瑛有染,并诞下私生子。之后某一日铁掌帮帮主"铁掌水上漂"裘千仞潜入皇宫并袭击瑛姑之子,瑛姑因而向段智兴求医。而段智兴本欲施救,待打开婴儿襁褓时看到锦帕上刺着"鸳鸯织就欲双飞"字样,知道瑛姑心里仍惦记着周伯通,因而醋意大发,加上他即将参加华山论剑,而救人将消耗大量功力,犹豫之间,未救而致其子死亡。后因心怀愧疚,万念俱灰之下段智兴出家为僧,法号"一灯"。

后来黄蓉身受重伤来到一灯大师住处寻求救治。一灯大师为黄蓉疗伤,因使用了含有先天功的一阳指以致元气大伤,后瑛姑来此寻仇。郭靖假扮一灯挡住一刀后,瑛姑才觉悔意。后一灯大师出现,瑛姑则羞愧远去。随后一灯大师与师弟一起翻译了《九阴真经》总纲中的梵文部分,也借助《九阴真经》所载的疗养法门,终得复原功力。

我们知道,互相垂直且有公共原点的两条数轴构成平面直角坐标系。如果坐标系中两条坐标轴不垂直,那么这样的坐标系称为"斜坐标系"。

2012 年上海市宝山区一模卷第 25 题 如图 16,P 是斜坐标系 xOy 中的任意一点,与直角坐标系相类似,过点 P 分别作两坐标轴的平行线,与 x 轴、y 轴交于点 M、N,若 M、N 在 x 轴、y 轴上分别对应实数 a、b,则有序数对(a,b)叫作点 P 在斜坐标系 xOy 中的坐标。

(1) 如图 17,已知斜坐标系 xOy 中,$\angle xOy=60°$,试在该坐标系中作出点 $A(-2,2)$,并求点 O、A 之间的距离;

(2) 如图 18,在斜坐标系 xOy 中,已知点 $B(4,0)$、点 $C(0,3)$,$P(x,y)$ 是线段 BC 上的任意一点,试求 x、y 之间一定满足的一个等量关系式;

(3) 若问题(2)中的点 P 在线段 BC 的延长线上,其他条件都不变,试判断上述 x、y 之间的等量关系是否仍然成立,并说明理由。

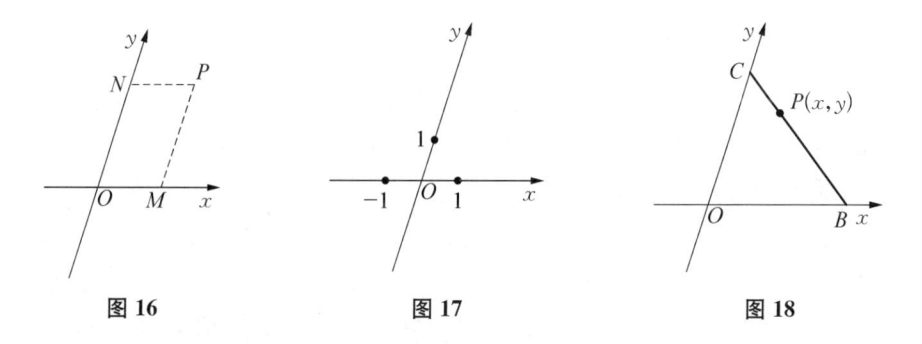

图 16   图 17   图 18

第 2 问解答如下:如图 19,过点 P 分别作两坐标轴的平行线,与 x 轴、y 轴交于点 M、N,则 $PN=x$,$PM=y$。

由 $PN \mathbin{/\mkern-6mu/} OB$,得 $\dfrac{PN}{OB}=\dfrac{CP}{CB}$,即 $\dfrac{x}{4}=\dfrac{CP}{CB}$。

由 $PM \mathbin{/\mkern-6mu/} OC$,得 $\dfrac{PM}{OC}=\dfrac{BP}{BC}$,即 $\dfrac{y}{3}=\dfrac{BP}{BC}$。

所以 $\dfrac{x}{4}+\dfrac{y}{3}=\dfrac{CP}{CB}+\dfrac{BP}{BC}=1$,即 $3x+4y=12$。

第 3 问解答如下:如图 20,当点 P 在线段 BC 的延长线上时,上述结论仍然成立。

219

图 19   图 20

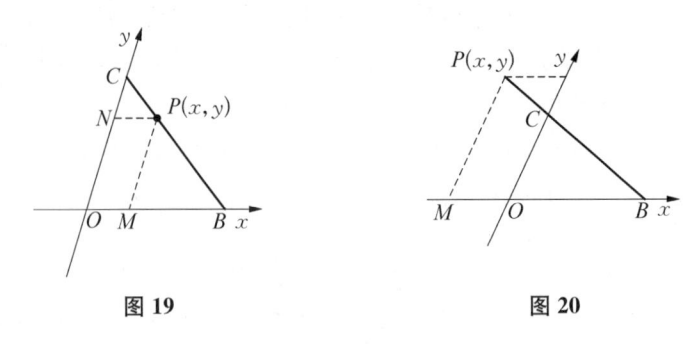

$PN=-x$，$PM=y$，与(2)类似，$\dfrac{-x}{4}=\dfrac{CP}{CB}$，$\dfrac{y}{3}=\dfrac{BP}{BC}$。

又因为 $\dfrac{BP}{BC}-\dfrac{CP}{BC}=1$，所以 $\dfrac{y}{3}-\dfrac{-x}{4}=1$，即 $\dfrac{x}{4}+\dfrac{y}{3}=1$。

不难看出，在这道题目的解答过程中，"比例线段和为1"这个结论再现江湖。无论点 P 的位置在线段 BC 上还是在 BC 的延长线上都可以套用模型3，用三角形内部的模型来解决问题。

五、北丐——洪七公

北丐洪七公，"北为水"，七公姓"洪"，果见洪水汤汤。"北，色黑"，书中不曾描写七公衣服颜色。但他作为丐帮老头子，估计不管衣服原色为何，上身之后，必将改造成唯一色调：黑色。

洪七公为丐帮帮主，为人正义且机智，生性贪吃，曾经因贪吃误事，自断其右手食指，故也称"九指神丐"，无论黑白两道都十分敬重他。在桃花岛，洪七公、黄药师、欧阳锋三人以音乐比试武功，黄药师吹箫，欧阳锋弹筝，洪七公没钱买乐器，只好鼓着两片腮帮子作"仰天长啸"状，实为艰苦朴素、廉洁自律之典范。洪七公和蔼正义，具有一切正派人物所应具有的优点，一直率领丐帮抗击金兵。其独门武学为"打狗棒法"及"降龙十八掌"。

洪七公一生最大的敌人为欧阳锋，曾被其暗算多次，几乎丧命。晚年与欧阳锋于华山比武，两人打了四日，总之是打得神困力倦，几欲虚脱，斗过棍棒，休息了一下，两人接着又比拼内力，结果竟战到奄奄一息。隔天两人又开始比起了纸上谈兵，比法是洪七公按招式逐一告诉杨过打狗棒法，杨过演示给欧阳锋看，欧阳锋再思考破解的杖法，两人拆解了三天，到第三日欧阳锋已破解打狗棒法的前三十五路，而打狗棒法的第三十六路"天下无狗"，这一式则让欧阳锋思考到一夜之间须眉尽白，似乎老了十多岁，这才将之破解。后比试内功，从《射雕英雄传》到"比例线段和为1"

耗尽功夫,欧阳锋恢复记忆,两人大笑,互相拥抱而逝。

丐帮为天下第一大帮,洪七公对外用降龙十八掌抗击金兵,对内用打狗棒劫富济贫,为人善良,就是面对欧阳锋遇到危险差点被火烧,也冒着生命危险去救他,满满的正能量。以同样2012年上海市嘉定区、宝山区二模卷第25题第3问为例再现"比例线段和为1"的精彩。

如图21,已知△ABC中,∠ACB=90°,点P到∠ACB两边的距离相等,且PA=PB。

(1) 先用尺规作出符合要求的点P(保留作图痕迹,不需要写作法),然后判断△ABP的形状,并说明理由;

(2) 设PA=m,PC=n,试用m、n的代数式表示△ABC的周长和面积;

(3) 设CP与AB交于点D,试探索当边AC、BC的长度变化时,$\dfrac{CD}{AC}+\dfrac{CD}{BC}$的值是否发生变化,若不变,试求出这个不变的值,若变化,试说明理由。

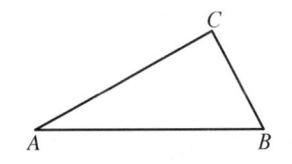

图 21

方法一:如图22,过点D分别作$DM \perp AC$、$DN \perp BC$,垂足为M、N,易得$DM=DN=CD \cdot \sin 45° = \dfrac{\sqrt{2}}{2}CD$。

由$DN \mathbin{/\mkern-6mu/} AC$得

$$\dfrac{DN}{AC}=\dfrac{DB}{AB} \qquad ①$$

由$DM \mathbin{/\mkern-6mu/} BC$得

$$\dfrac{DM}{BC}=\dfrac{AD}{AB} \qquad ②$$

①+②,得$\dfrac{DN}{AC}+\dfrac{DM}{BC}=\dfrac{DB+AD}{AB}$,即$\dfrac{DN}{AC}+\dfrac{DM}{BC}=1$。

221

所以 $\frac{\sqrt{2}}{2}\left(\frac{CD}{AC}+\frac{CD}{BC}\right)=1$，即 $\frac{CD}{AC}+\frac{CD}{BC}=\sqrt{2}$。

方法二：如图 22，过点 D 分别作 $DM \perp AC$、$DN \perp BC$，垂足为 M、N，易得 $DM=DN=CD \cdot \sin 45°=\frac{\sqrt{2}}{2}CD$。

又 $S_{\triangle ABC}=S_{\triangle ACD}+S_{\triangle BCD}$，$S_{\triangle ABC}=\frac{1}{2}AC \cdot BC$，所以

$$S_{\triangle ACD}+S_{\triangle BCD}=\frac{1}{2}AC \cdot DM+\frac{1}{2}BC \cdot DN=\frac{1}{2}(AC+BC) \cdot \frac{\sqrt{2}}{2}CD$$

$$\frac{1}{2}(AC+BC) \cdot \frac{\sqrt{2}}{2}CD=\frac{1}{2}AC \cdot BC。$$

所以 $\frac{(AC+BC)CD}{AC \cdot BC}=\sqrt{2}$，即 $\frac{CD}{AC}+\frac{CD}{BC}=\sqrt{2}$。

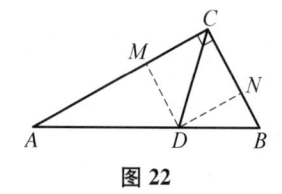

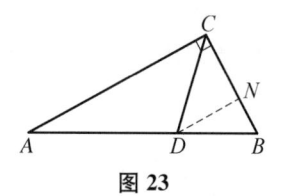

图 22

图 23

方法三：如图 23，过点 D 作 $DN \perp BC$，垂足为 N。

在直角三角形 CDN 中，$\angle DCN=45°$，$DN=CN=\frac{\sqrt{2}}{2}CD$。

由 $DN \parallel AC$ 得

$$\frac{DN}{AC}=\frac{DB}{AB} \qquad ①$$

$$\frac{CN}{BC}=\frac{AD}{AB} \qquad ②$$

①+②，得 $\frac{DN}{AC}+\frac{CN}{BC}=\frac{DB+AD}{AB}$，即 $\frac{DN}{AC}+\frac{CN}{BC}=1$。

所以 $\frac{\sqrt{2}}{2}\left(\frac{CD}{AC}+\frac{CD}{BC}\right)=1$，即 $\frac{CD}{AC}+\frac{CD}{BC}=\sqrt{2}$。

方法四：如图 24，过点 B 作 $BG \parallel DC$，交射线 AC 于点 G，易得 $\angle G=\angle ACD=\angle BCD=\angle CBG=45°$，$BG=\sqrt{2}BC=\sqrt{2}CG$。

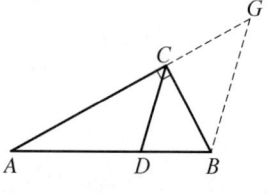

图 24

222

因为 $BG \parallel DC$，所以 $\dfrac{BG}{CD}=\dfrac{AG}{AC}$。

所以 $\dfrac{\sqrt{2}BC}{CD}=\dfrac{AC+BC}{AC}$，$\dfrac{(AC+BC)\cdot CD}{AC\cdot BC}=\sqrt{2}$。即

$$\dfrac{CD}{AC}+\dfrac{CD}{BC}=\sqrt{2}。$$

方法五：过点 A 作 CB 的平行线，交射线 CD 于点 K（见图 25），得 $CK=\sqrt{2}AC$，$DK=CK-CD=\sqrt{2}AC-CD$。

又因为 $\dfrac{CD}{BC}=\dfrac{DK}{AK}$，即 $\dfrac{CD}{BC}=\dfrac{\sqrt{2}AC-CD}{AC}$。

所以 $\dfrac{CD}{BC}=\sqrt{2}-\dfrac{CD}{AC}$，$\dfrac{CD}{AC}+\dfrac{CD}{BC}=\sqrt{2}$。

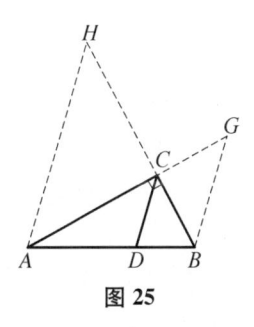

图 25

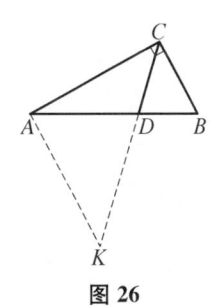

图 26

方法六：分别过点 A、B 分别作 CD 的平行线，交射线 BC 于点 H，交射线 AC 于点 G（见图 26）。得 $AH=\sqrt{2}AC$，$BG=\sqrt{2}BC$。

又因为 $\dfrac{CD}{BG}=\dfrac{AD}{AB}$，$\dfrac{CD}{AH}=\dfrac{BD}{AB}$，所以 $\dfrac{CD}{AH}+\dfrac{CD}{BG}=1$，即

$$\dfrac{CD}{\sqrt{2}AC}+\dfrac{CD}{\sqrt{2}BC}=1，\dfrac{CD}{AC}+\dfrac{CD}{BC}=\sqrt{2}$$

面对一模和二模的数学几何题时，如果能够比较熟练地掌握"线段比例和为 1"的几个基本模型，不仅能够增加对压轴题的了解和研究，还能够在分析问题的时候披荆斩棘，能够在解决问题的时候所向披靡。

以上海教育出版社的教材为"中神通"，挖掘课本上的例题和习题的教学

223

作用和价值,抽象概括出基本模型,配合四道各个区县的模拟考试题正如东邪、西毒、南帝、北丐四位武林高手华山论剑。刀光剑影中凸显"平行线分线段成比例定理"的教学价值和解题价值,辗转腾挪间强化"线段比例和为 1"在数学范围内的应用价值。

在初中竞赛当中毫无疑问各大杯赛是数学问题研究最具有代表性的"颜值担当"。而"定倒数和问题"无疑是比较具有代表性的一类问题。

例题 1:如图 27,已知 OC 是 $\angle AOB$ 的平分线,点 P 在 OC 上,且 $\angle AOB = 60°$,过点 P 的动直线交 OA 于点 D,$OP = 2$。

求:$\dfrac{1}{OD} + \dfrac{1}{OP} = $ ————。

例题 2:过 $\odot O$ 内定点 P 作任意弦 AB,又过 A、B 作两切线,自点 P 作两条切线的垂线 PQ 和 PR,垂足为 Q、R,求证:$\dfrac{1}{PQ} + \dfrac{1}{PR}$ 为定值。

图 27

而这一类"定倒数和问题"通过添加平行线都能够转化成三类基本模型,根据符合模型的条件直接应用模型的结论就可以顺利解决问题。就像南帝的"一阳指",看上去并没有什么巨大威力,实际上一通则百达。掌握这一招,不仅能够夯实基本技能的把握和基础知识的巩固,而且可以冲出考纲在自招和竞赛中小试牛刀。

数学作为所有理科的基础学科不仅要求培养学生正确快速的计算能力,而且要兼顾演绎推理和数学应用的融合。如果在课堂教学选择例题的时候能为物理等其他学科进行引入和铺垫,就会让数学课堂再次焕发夺目的光彩。下面我们来再次回顾和品鉴模型 2(同侧三角形模型):已知 $AB \parallel CD \parallel EF$(如图 28),求证 $\dfrac{CD}{AB} + \dfrac{CD}{EF} = 1$。

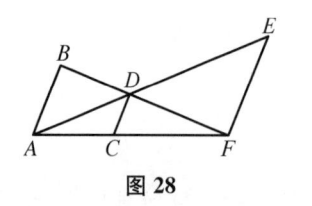

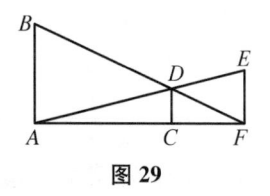

图 28

图 29

如果将这个同侧三角形模型的倾斜状况进行变化,得到图 29,再细细观察结论 $\dfrac{CD}{AB} + \dfrac{CD}{EF} = 1$,将其变形也就是 $\dfrac{1}{AB} + \dfrac{1}{EF} = \dfrac{1}{CD}$,不难发现从公式的表现形式而言恰好是物理学的光学部分中薄透镜物像方折射率相等时的物像距公式高斯形式 $\dfrac{1}{s}+\dfrac{1}{s'}=\dfrac{1}{f}$。

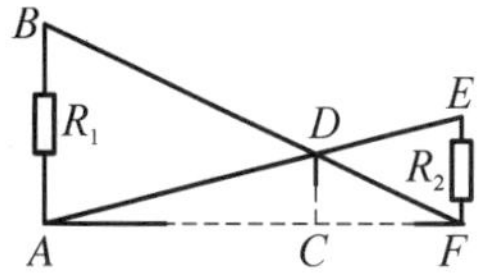

另外,同样物理的光学部分并联电路电阻计算公式也可以在图形和共识的呈现形式上找到影子(如图30):$\dfrac{1}{R}=\dfrac{1}{R_1}+\dfrac{1}{R_2}$。

图 30

一个好的数学教学题材,能够凸显数学的重要的基础地位,可以将数学知识迁移到其他的学科教学;一个好的数学教学题材,会让我们的备课过程苦心经营,会让我们的数学课上得有声有色,会让学生听讲听得津津有味;一个好的数学教学题材,会让教学效果事半功倍,会让数学教学研究工作散发勃勃生机。

在日常教学中,对同类型题的整理进行一定的归类整理,不需刻意过多,但是需要教师有一颗善于归纳整理的心,需要教师有一双寻找发现的眼睛。对于教材中出现的经典例题,归其类,识其形,析其法,究其因,终将能得其果。以一个个知识点为背景连成一串知识点,用一道道有代表性的例题串成一组题组,这无疑是促进学与教的一个有效可行的途径。这样既可达到复习的效果,又可提升解题能力。

正如《射雕英雄传》的主题曲所唱:

问世间是否此山最高,

或者另有高处比天高,

在世间自有山比此山更高……

例谈建模思想在初三数学复习课中的运用

　　数学建模就是建立数学模型的过程,数学模型是近似表达现象特征的一种数学结构。也就是说,数学建模是将某一领域或者某一问题,经过抽象、简化、明确变量和参数,根据某种规律建立变量和参数间的一个明确的数学模型,然后求解该问题,并对此结果进行解释和验证。简单地说数学建模就是用数学作工具来解决现实生活中的实际问题的过程。

　　进入 20 世纪以来,随着数学以空前的广度和深度向一切领域渗透,以及电子计算机的出现与飞速发展,数学建模越来越受到人们的重视。各领域的各种问题都可以归结为数学问题的求解,其求解大都依靠数学模型的建立,研究数学建模对解决数学应用性问题有着重要的意义。

　　在一般工程技术领域,数学建模仍然大有用武之地。在以声、光、热、力、电这些物理学科为基础的诸如机械、电机、土木、水利等工程技术领域中,数学建模的普遍性和重要性不言而喻。

　　在高新技术领域,数学建模几乎是必不可少的工具。数学建模、数值计算和计算机图形学等相结合形成的计算机软件,已经被固化于产品中,在许多高新技术领域起着核心作用,被认为是高新技术的特征之一。高技术本质上是一种数学技术。

　　数学迅速进入一些新领域,为数学建模开拓了许多新的处女地。随着数学向诸如经济、人口、生态、地质等所谓非物理领域的渗透,一些交叉学科如计量经济学、人口控制论、数学生态学、数学地质学等应运而生。一门科学只有成功地运用数学时,才算达到了完善的地步。

　　数学建模对数学教学的意义在于,开展数学建模活动是促进数学教育改革,实现从应试教育向素质教育转变的切实可行的改革之路,是培养学生应用意识和创新精神的有效途径;是人类探索自然和社会的运行机理中所运用的有效方法;是数学应用于数学和社会的最基本的途径;是提高数学课堂效率提升学生数学思维品质的有效手段。新的课程标准中对各年段数学课程的教学要求都专门列出了问题解决能力的标准,并特别强调了数学建模作为问题解决的一个侧面的重要性。而这种重要性对初三毕业班的学生来说显得尤为突出!

数学模型方法的操作程序如图1所示。

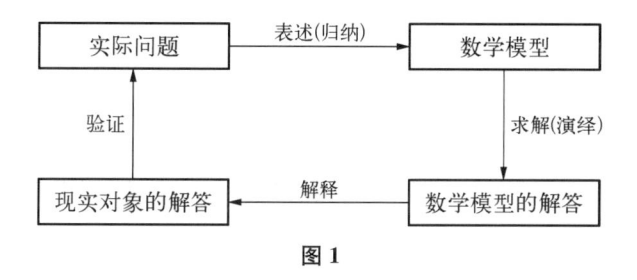

图1

实际问题是复杂多变的,数学建模需要较多的探索和创造性,下面仅以初中数学应用性问题常见的建模方法规律进行归纳总结。数学常见的建模方法有:涉及图形的位置性质,建立几何模型;涉及对现实生活中物体的测量,建立解直角三角形模型;涉及现实生活中普遍存在的等量关系(不等量关系),建立方程(不等式)模型;涉及现实生活中的变量关系,建立函数模型;涉及对数据的收集、整理、分析,建立统计模型等。

一、建立几何模型

诸如台风、航海、三角测量、边角余料加工、工程定位、拱桥计算、皮带传动、坡比计算,作物栽培等传统的应用问题,涉及一定图形的性质,常需要建立相应的几何模型,转化为几何或三角函数问题求解。

例题1:2014年浙江省绍兴市中考卷第16题　把标准纸一次又一次对开,可以得到均相似的"开纸"。现在我们在长为$2\sqrt{2}$,宽为1的矩形纸片中,画出两个小矩形,使这两个小矩形的每条边都与原矩形的边平行,或小矩形的边在原矩形的边上,且每个小矩形均与原矩形相似,然后将它们剪下,则剪得的两个小矩形纸片周长之和的最大值是_____。

【解题思路】

本题考查了多边形相似问题,解题的关键是通过构图做出周长之和最大的两个矩形。本题应从相似的角度来寻找与原矩形相似的且图形形状尽量大的并且与原矩形边平行(或在原矩形边上),来构造相似矩形,这样当且仅当一个矩形的边与原矩形一条边重合,也只能是小矩形,故构造出如图2所示的矩

形 $ABGH$ 与矩形 $CGFE$，再根据相似形的性质求出这两个矩形的边长，即可求得所剪得的两个小矩形纸片周长之和的最大值。

【解答过程】

解：如图2，矩形 $ABCD$ 中，$AB=1$，$AD=2\sqrt{2}$，矩形 $ABGH \backsim$ 矩形 $CGFE \backsim$ 矩形 $BCDA$，设 $CG=x$，$CE=a$，则 $BG=2\sqrt{2}-x$，由相似形的性质可得

$$\begin{cases} \dfrac{x}{2\sqrt{2}}=\dfrac{a}{1} \\ \dfrac{2\sqrt{2}-x}{1}=\dfrac{1}{2\sqrt{2}} \end{cases}, \text{解得}$$

$$\begin{cases} a=\dfrac{7}{8} \\ x=\dfrac{7\sqrt{2}}{4} \end{cases}$$

所以矩形 $ABGH$ 与矩形 $CGFE$ 的周长之和 $=2(x+2\sqrt{2}-x+1+a)=4\sqrt{2}+2+2a=\dfrac{15}{4}+4\sqrt{2}$，故答案为 $\dfrac{15}{4}+4\sqrt{2}$。

此类问题容易出错的地方是易受题目中"开纸"的诱导，找不到解题的切入点，导致解题时无从下手。正确理解题意，本着在符合条件下的所剪矩形形状尽量大这个角度去考虑问题，就不难发现所剪得的两个小矩形纸片周长之和的最大值的图形，这就是思维正迁移之效果，但不能受"开纸"之诱导，在对折上纠缠不清，否则就会陷入解题困境。

例题2：2014 年湖南省娄底市中考卷第 17 题

如图3，小明用长为 3 cm 的竹竿 CD 做测量工具，测量学校旗杆 AB 的高度，移动竹竿，使竹竿、旗杆顶端的影子恰好落在地面的同一点 O，此时 O 点与竹竿的距离 $OD=6$ m，竹竿与旗杆的距离 $DB=12$ m，则旗杆 AB 的高为 _____ m。

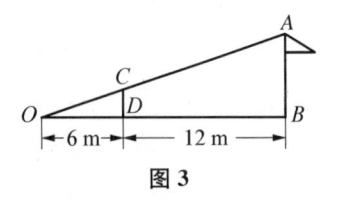

【解题思路】

本题考查了相似三角形的性质与判定，解题的关键是运用相似三角形的对应边成比例列式。观察图形，图3 是两三角形相似中的基本图形，运用相似三角形的对应边成比例可求旗杆 AB。还可以根据 $\angle O$ 是直角三角形 OAB

和直角三角形 OCD 的公共锐角，所以应用锐角三角函数中的正切函数来求 AB。

【解答过程】

解法一：因为 $CD \parallel AB$，所以 $\triangle OCD \backsim \triangle OAB$，$\dfrac{CD}{AB} = \dfrac{OD}{OB} = \dfrac{6}{6+12} = \dfrac{1}{3}$，$AB = 3CD = 9 (\text{m})$，即旗杆 AB 的高为 $9\,\text{m}$。故答案填 9。

解法二：因为 $\angle CDO = \angle ABO = 90°$，所以 $\tan\angle O = \dfrac{CD}{OD} = \dfrac{AB}{OB}$，即 $\dfrac{3}{6} = \dfrac{AB}{6+12}$，得 $AB = 9 (\text{m})$。即旗杆 AB 的高为 $9\,\text{m}$。故答案填 9。

此类问题容易出错的地方是：忽视"使竹竿、旗杆顶端的影子恰好落在地面的同一点 O"这一重要条件，即满足 $\triangle OAB$ 与 CD 在同一平面内和同一时刻下的中心投影这一前提，否则两种解法都不能成立。此类问题通常运用三角形的相似或锐角三角函数求解，用锐角三角函数求解在得出数量关系上更为直接快捷，如解法二，它只需在直角三角形的条件下就可以直接列式。

例题 1 和例题 2 取材于学生身边常见的生活现象，以相似三角形、锐角三角比、解直角三角形知识为主体而设计探索题，通过它把学习与自然、生活结合在一起，能自觉地唤起学生学习思考的兴趣，增强探索大自然的信心。

二、建立直角坐标系与函数模型

当变量的变化具有近似函数关系，或物体运动的轨迹具有某种规律时，可通过建立平面直角坐标系，转化为函数图像问题讨论。

例题 3：2014 年浙江省嘉兴市中考卷第 22 题　实验数据显示，一般成人喝 $250\,\text{g}$ 低度白酒后，$1.5\,\text{h}$ 内其血液中酒精含量 $y(\text{mg}/100\,\text{mL})$ 与时间 $x(\text{h})$ 的关系可近似地用二次函数 $y = -200x^2 + 400x$ 刻画，$1.5\,\text{h}$ 后（包括 $1.5\,\text{h}$）y 与 x 可近似地用反比例函数 $y = \dfrac{k}{x}(k > 0)$ 刻画（如图 4 所示）。

(1) 根据上述数学模型计算：

① 喝酒后几时血液中的酒精含量达到最大值？最大值为多少？

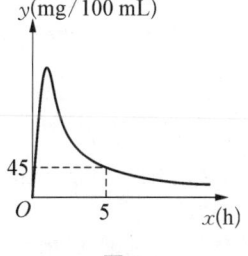

② 当 $x = 5$ 时，$y = 45$，求 k 的值。

图 4

(2) 按国家规定,车辆驾驶人员血液中的酒精含量大于或等于 20 mg/100 mL 时属于"酒后驾驶",不能驾车上路。参照上述数学模型,假设某驾驶员晚上 20 时在家喝完 250 g 低度白酒,第二天早晨 7 时能否驾车去上班?请说明理由。

【解题思路】

本题考查了二次函数和反比例函数的实际综合问题,解题的关键是确定函数解析式和实际问题中自变量的取值范围。第 1 问的解法是:① 先求出二次函数的对称轴,与 $x=1.5$ 比较,然后确定抛物线顶点纵坐标是否为酒精含量最高值;② 直接把 $x=5$,$y=45$ 代入 $y=\dfrac{k}{x}$ 求出 k 的值。第 2 问结合(1)中求得的反比例函数,把 $y=20$ 代入反比例函数的解析式,根据对应的自变量的值,进行时间比较。

【解答过程】

解:(1) ① 当 $x=-\dfrac{b}{2a}=1$,$y=200$。

所以喝酒后 1 h 血液中的酒精含量达到最大值,最大值为 200 mg/100 mL。

② 把 $x=5$,$y=45$ 代入反比例函数 $y=\dfrac{k}{x}$,解得 $k=225$。

(2) 把 $y=20$ 代入反比例函数 $y=\dfrac{225}{x}$,解得 $x=11.25$。

喝完酒后 11 个小时 25 分为第二天早上 7 时 15 分。

所以第二天早晨 7 时 15 分以后才可以驾车,7 时不能驾车去上班。

此类问题容易出错的地方是计算过程中对较大数据和符号计算失误。主要考查形式可以抽象为函数问题的生活中的实际问题,解决此类题型常用的方法是结合已知确定函数解析式,然后根据自变量(或函数值)求出相应的函数值(或自变量)。

例题 4:2014 年浙江省绍兴市中考卷第 13 题 如图 5 所示的一座拱桥,当水面宽 AB 为 12 m 时,桥洞顶部离水面 4 m。已知桥洞的拱形是抛物线,以水平方向为 x 轴,建立平面直角坐标系,若选取点 A 为坐标原点时的抛物线解析式是:$y=-\dfrac{1}{9}(x-$

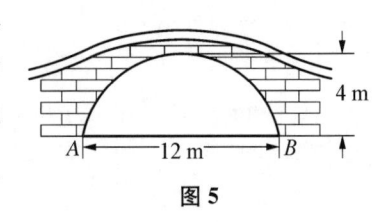

图 5

$6)^2+4$,则选取点 B 为坐标原点时的抛物线解析式是_____。

【解题思路】

本题考查了二次函数解析式的求法,解题的关键是选取点 B 为坐标原点时的直角坐标系下抛物线的顶点坐标的确定。先由题意画出以点 B 为坐标原点、AB 所在直线为 x 轴的平面直角坐标系,再确定抛物线的顶点坐标,最后根据抛物线的顶点式写出该抛物线的解析式即可。

【解答过程】

解:易知以点 B 为坐标原点、AB 所在直线为 x 轴的平面直角坐标系下,该抛物线的顶点为 $(-6,4)$,而由题意知抛物线的形状、大小及开口方向没有改变得 $a=-\dfrac{1}{9}$,故答案为 $y=-\dfrac{1}{9}(x+6)^2+4$。

此类问题容易出错的地方是对抛物线解析式的顶点式不太熟悉而写不出二次函数的解析式。如果知道抛物线经过已知三点,则设一般式进行求解,此时得到 a、b、c 的三元一次方程组,只要将三点坐标代入抛物线的一般式就得到此方程组,解之即得抛物线的解析式;如果知道抛物线的顶点坐标,那么设顶点式比较简便;如果知道抛物线与 x 轴的两个交点坐标,那么设交点式更为简单。解决此类问题时,要善于选择函数表达方式,并建立二次函数模型求解,找准解题的突破口。

三、建立方程(不等式)模型

对现实生活中广泛存在的大量等量关系和不等量关系,如投资决策等可挖掘实际问题隐含的数量关系,转化为不等式组的求解式,目标函数在闭区间的最值问题等等。

例题5:2014年山东省德州市中考卷第20题 目前节能灯在城市已基本普及,今年山东省面向县级及农村地区推广,为响应号召,某商场计划购进甲、乙两种节能灯共1 200只,这两种节能灯的进价、售价如表1所示。

表1

	进价(元/只)	售价(元/只)
甲型	25	30
乙型	45	60

(1) 如何进货,进货款恰好为46 000元?

(2) 如何进货,商场销售完节能灯时获利最多且不超过进货价的30%,此时利润为多少元?

【解题思路】

本题考查了一次函数的应用及一元一次方程的应用,解题的关键是找出等量关系列方程,以及利用一次函数 $y=kx+b$ 的性质,当 $k>0$ 时 y 随 x 增大而增大,$k<0$ 时 y 随 x 增大而减小。(1) 设商场购进甲型节能灯 x 只,则购进乙型节能灯 $(1200-x)$ 只,根据两种节能灯的总价为 46 000 元列出方程求解即可;(2) 设商场购进甲型节能灯 t 只,则购进乙型节能灯 $(1200-t)$ 只,商场的获利为 y 元,由利润=(售价-进价)×售量,建立 y 关于 t 的函数关系式,再利用函数的增减性求解。

【解答过程】

解:(1) 设商场应购进甲型节能灯 x 只,则乙型节能灯为 $(1200-x)$ 只。

根据题意得,$25x+45(1200-x)=46000$,解得 $x=400$,所以乙型节能灯为:$1200-400=800$。

答:购进甲型节能灯 400 只,乙型节能灯 800 只时,进货款恰好为 46 000 元。

(2) 设商场应购进甲型节能灯 t 只,商场销售完这批节能灯可获利 y 元。

根据题意得,$y=(30-25)t+(60-45)(1200-t)=5t+18000-15t=-10t+18000$。

因为商场规定在销售完节能灯时利润不得高于进货价的 30%,所以 $-10t+18000 \leqslant [25t+45(1200-t)] \times 30\%$,解得 $t \geqslant 450$。

又因为 $k=-10<0$,y 随 t 的增大而减小,所以 $t=450$ 时,y 取得最大值,最大值为 $-10t+18000=13500$(元)。

答:商场购进甲型节能灯 450 只,乙型节能灯 750 只,销售完节能灯时获利最多,此时利润为 13 500 元。

此类问题容易出错的地方是在讨论一次函数的增减性时出错。关注以下几个(不)等量关系:① 利润=(售价-进价)×售量。② 一次函数 $y=kx+b$ 的增减性:当 $k>0$ 时 y 随 x 增大而增大,$k<0$ 时 y 随 x 增大而减小。

例题 6:2014 年云南省昆明市中考卷第 21 题 某校运动会需要购买 A、B 两种奖品,若购买 A 种奖品 3 件和 B 种奖品 2 件,共需 60 元;若购买 A 种奖品 5 件和 B 种奖品 3 件,共需 95 元。

(1) 求 A、B 两种奖品的单价各是多少元?

(2) 学校计划购买 A、B 两种奖品共 100 件,购买费用不超过 1 150 元,且

A 种奖品的数量不大于 B 种奖品数量的 3 倍,设购买 A 种奖品 m 件,购买费用为 W 元,写出 W(元)与 m(件)之间的函数关系式,求出自变量 m 的取值范围,并确定最少费用 W 的值。

【解题思路】

本题考查了一次函数的性质的运用,二元一次方程组的运用,一元一次不等式组的运用。解题的关键是求一次函数的解析式是关键。

(1) 设 A 奖品的单价是 x 元,B 奖品的单价是 y 元,根据条件建立方程组求出其解即可;(2) 根据总费用=两种奖品的费用之和表示出 W 与 m 的关系式,并由条件建立不等式组,从而求出 x 的取值范围,由一次函数的性质就可以求出结论。

【解答过程】

解:(1) 设 A 种奖品每件 x 元,B 种奖品每件 y 元,依题意得

$$\begin{cases} 3x + 2y = 60 \\ 5x + 3y = 95 \end{cases}, 解得$$

$$\begin{cases} x = 10 \\ y = 15 \end{cases}$$

答:A 种奖品每件 10 元,B 种奖品每件 15 元。

(2) 设 A 种奖品 m 件,则 B 种奖品 $100-m$ 件,依题意得

$$\begin{cases} m \leqslant 3(100-m) \\ 10m + 15(100-m) \leqslant 1\,150 \end{cases}$$

解得 $70 \leqslant m \leqslant 75$。

所以 $W = 10m + 15(100-m) = -5m + 1\,500 (70 \leqslant m \leqslant 75)$。

因为 $-5 < 0$,所以 W 随 x 的增大而减小。所以当 $m = 75$ 时,$W_{最小} = 1\,125$。

答:购买 A 种奖品 75 件,B 种奖品 25 件时,最少费用 W 的值为 1 125 元。

此类问题容易出错的地方是对"不大于""不超过"理解不准确造成列出的不等式错误。借助一次函数确定最大值或最小值,常见的类型有以下几种:
① 用一次函数性质探究最大值或最小值,用不等式或不等组确定范围,再根据一次函数的性质求最佳方案(最大值或最小值)的方法是一种常用的方法;
② 用自变量范围讨论最大值或最小值,当构建的一次函数解析式为两个时,先求出两函数图像交点横坐标,然后根据自变量取值范围情况确定最大值或

最小值；③ 综合各种因素预测最大值或最小值，确定范围要用到各方面的知识，同时要求也比较隐蔽，求最佳方案时可依据一次函数的性质，也可以分别求出一次函数的各个值，再加以比较的方法来解决。

四、建立统计概率模型

由于客观事物内部规律的复杂以及人们认识程度的限制，无法分析实际对象内在的因果关系，所以需要建立符合机制规律的数学模型。其方法是通过对数据的统计分析，找出与数据拟合程度最高的统计概率模型，对统计模型结果进行分析，从而解决实际问题。

例题7：2014年山东省济宁市中考卷第18题 山东省第二十三届运动会将于2014年在济宁举行。下图是某大学未制作完整的三个年级省运会志愿者的统计图，请你根据图6中所给信息解答下列问题。

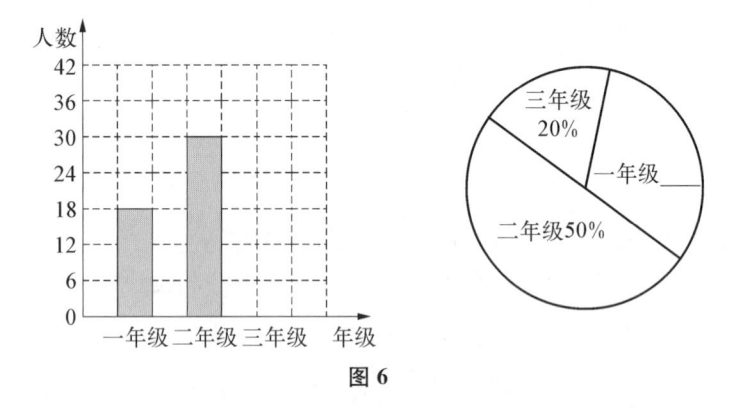

图6

(1) 请你求出三年级有多少名省运会志愿者，并将两幅统计图补充完整；

(2) 要求从一年级、三年级志愿者中各推荐一名队长候选人，二年级志愿者中推荐两名队长候选人，四名候选人中选出两人任队长，用列表法或树形图，求出两名队长都是二年级志愿者的概率是多少？

【解题思路】

本题考查了条形统计图、扇形统计图及概率等知识，解题的关键是读懂统计图，从不同的统计图中得到必要的信息。

(1) 先利用二年级志愿者的人数和它所占的百分比计算出志愿者的总人数为60人，再用60×20%得到三年级志愿者的人数，然后用1分别减去二年级和三年级所占的百分比即可得到一年级志愿者的人数所占的百分比，就可以把两幅统计图补充完整。

(2)用 A 表示一年级队长候选人，B、C 表示二年级队长候选人，D 表示三年级队长候选人，利用树状图展示所有 12 种等可能的结果，再找出两人都是二年级志愿者的结果数，然后利用概率公式计算。

【解答过程】

解：(1) 三个年级省运会志愿者的总人数 $=30÷50\%=60$（人），所以三年级志愿者的人数为 $60×20\%=12$（人）；一年级志愿者的人数所占的百分比 $=1-50\%-20\%=30\%$。具体统计数据如图 7 所示。

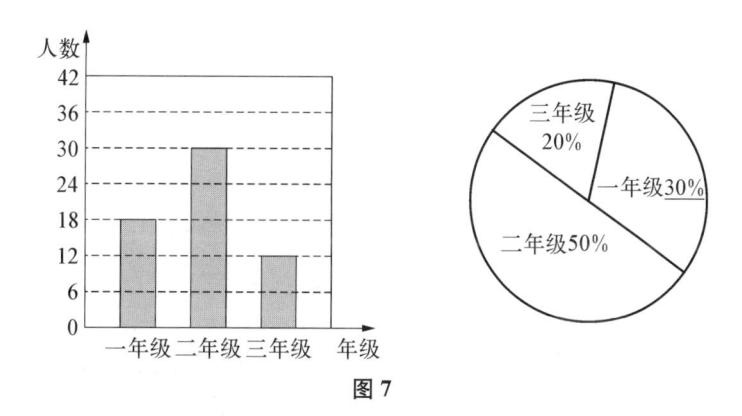

图7

(2) 用 A 表示一年级队长候选人，B、C 表示二年级队长候选人，D 表示三年级队长候选人，树形图如图 8 所示。

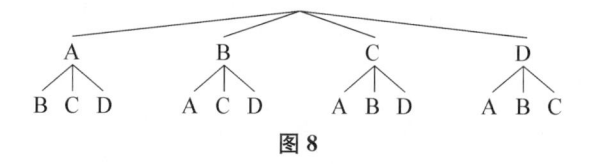

图8

共有 12 种等可能的结果，其中两人都是二年级志愿者的情况有两种，所以 P（两名队长都是二年级志愿者）$=\dfrac{2}{12}=\dfrac{1}{6}$。

此类问题容易出错的地方是不能正确读图，不理解题意，不知道扇形面积占圆面积的百分比就是该项目占总体的百分比。

统计与概率问题是中考试题中的必考题型之一。对于双统计图的问题，首先要从两张统计图中找出具体量都知道的某个项目，然后根据这两个数据先求出总量，然后根据某项目在一个统计图中出现的量，求出在另一个统计图中残缺的量。对于概率计算，通常采用列表法或者树状图法加以

235

解决。但是在列表时要注意是"放回"还是"不放回"的模型,否则可能会出错。

例题8:2014年内蒙古通辽市中考卷第25题 "初中生上网"的现象越来越受到社会的关注,某校利用今年"五一"假期,随机抽查了本校若干名学生家长对"初中生上网"现象的四种看法,统计整理制作了如图9所示的统计图,请回答下列问题。

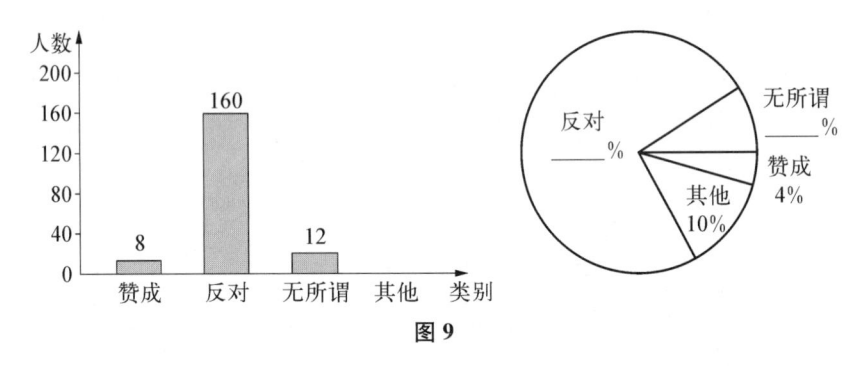

图 9

(1) 这次共调查了多少名家长?请补全条形统计图和扇形统计图;

(2) 若学校采用随机抽取的方式找家长谈话,那么抽到持"无所谓"态度的家长的概率是多少?其所对应的圆心角是多少度?

(3) 某校在"初中生上网"问题的调查中惊奇地发现,有一部分同学利用假期不仅合理利用网络丰富了自己的业余生活,增长了见识,而且提高了自己的学业成绩,于是,学校打算让这些同学进行经验交流,引导教育那些有"网瘾"而荒废学业的同学们拥有健康向上的网络生活。但一个班只有一个名额,某班却有 A、B 两个同学表现突出都想去,为了公平起见,班长提议采取抽签方式决定:准备 3 张完全相同的卡片分别标有 1、2、3 三个数,卡片洗匀数字朝下放置,其中 A 同学抽到一张放回洗匀后再让 B 同学抽,若 A 同学抽到的数比 B 同学大则 A 同学去,否则 B 同学去。请用列表法或树形(状)图的方法列出所有可能的结果,这种抽签方式对 A、B 双方公平吗?为什么?若不公平,请你帮班长设计一个公平的抽签方式。

【解题思路】

本题考查了扇形统计图、条形统计图和概率的求法,综合应用扇形统计图和条形统计图的信息是解题的关键。

(1) 从条形统计图中可以看出"赞成"初中生上网的人数有 8 人,占总人数的 4%,根据"总人数=赞成初中生上网的人数÷4%"便可计算出调查的总人数,据此可以补全条形统计图和扇形统计图。

(2)分析条形统计图可知持"无所谓"态度的家长的人数有12人,总人数有200人,由概率计算公式为 $P(A)=\dfrac{\text{事件 }A\text{ 可能发生的结果数}}{\text{所有等可能结果的总数}}$ 可计算出持"无所谓"态度的家长的概率,根据"扇形统计图中每个对象所占的圆心角=360°×该对象所占的百分比"即可计算出。

(3)利用树状图或列表先确定有多少种等可能的结果,再确定所要研究的事件包含的可能结果,由概率的计算公式即可求解。

【解答过程】

解:(1) $8\div 4\%=200$。

答:这次共调查了200名家长。条形统计图和扇形统计图如图10所示。

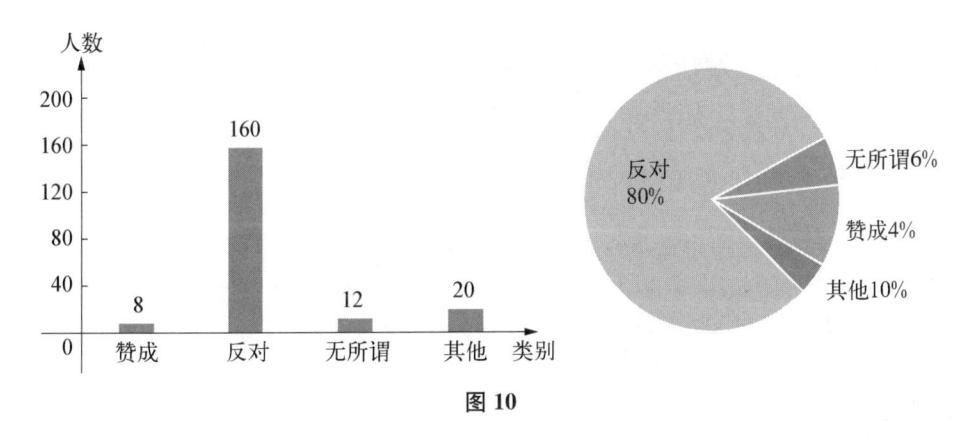

图10

(2) $12\div 200=0.06$,$0.06\times 360°=21.6°$。

答:抽到"无所谓"态度的家长的概率是0.06,其所对应的圆心角为21.6°。

(3)列表或树状图,如表2和图11所示。

表2

	1	2	3
1	1,1	1,2	1,3
2	2,1	2,2	2,3
3	3,1	3,2	3,3

图 11

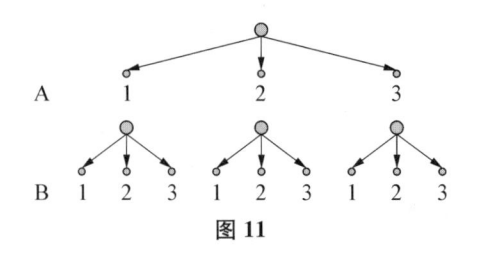

可能的结果有(1,1)、(1,2)、(1,3)、(2,1)、(2,2)、(2,3)、(3,1)、(3,2)、(3,3)，P(A同学抽到的数比B同学抽到的数大)$=\dfrac{3}{9}=\dfrac{1}{3}$，所以这种抽签方式不公平，可改为A同学抽出后不放回(答案不唯一)。

研究此类问题过程中概率的求法关键是要找准两点：① 全部情况的总数；② 符合条件的情况数目。两者的比值就是其发生的概率。注意概率的简单应用——公平性。

这两道例题将统计、概率知识应用于解决日常生活中的问题，培养学生观察、思考问题的能力，体现数学的价值。

五、建模在实际问题中的应用

例题9：2014年山东省威海市中考卷第21题　端午节期间，某食堂根据职工食用习惯，用700元购进甲、乙两种粽子260个，其中甲种粽子比乙种粽子少用100元。已知甲种粽子单价比乙种粽子单价高20%，乙种粽子的单价是多少元？甲、乙两种粽子各购买了多少个？

【解题思路】

本题考查了二元二次方程组的实际应用以及建模思想，解答本题的关键是根据题中的等量关系建立数学模型。设乙种粽子的单价是 x 元，乙种粽子购买了 y 个，根据共用700元购进甲、乙两种粽子260个，其中甲种粽子比乙种粽子少用100元，列出方程组解答即可。

【解答过程】

解：设乙种粽子的单价是 x 元，乙种粽子购买了 y 个。根据题意，得

$$\begin{cases} 2x(260-y)+xy=700 \\ 2x(260-y)+100=xy \end{cases}$$

解得 $\begin{cases} x=2.5 \\ y=160 \end{cases}$，$260-y=260-160=100$。

答：乙种粽子的单价是 2.5 元，甲种粽子购买了 100 个，乙种粽子购买了 160 个。

此类问题容易出错的地方是不会适当的设未知数，根据题意列出方程组解答。

例题 10：给你一桶水，洗一件衣服，如果我们直接将衣服放入水中就洗；或是将水分成相同的两份，先在其中一份中洗涤，然后在另一份中漂洗一下，哪种洗法效果好？答案不言而喻，但如何从数学角度去解释这个问题呢？

分析：我们借助于溶液的浓度的概念，把衣服上残留的脏物看成溶质，设那桶水的体积为 x，衣服的体积为 y，而衣服上脏物的体积为 z。

第一种洗法中，衣服上残留的脏物为 $\dfrac{yz}{x+y}$。按第二种洗法，第一次洗后衣服上残留的脏物为 $\dfrac{yz}{\dfrac{x}{2}+y}$，第二次洗后衣服上残留的脏物为 $\dfrac{y^2 z}{\left(\dfrac{x}{2}+y\right)^2}$，显然有 $\dfrac{y^2 z}{\left(\dfrac{x}{2}+y\right)^2} < \dfrac{yz}{x+y}$。这就证明了第二种洗法效果好一些。事实上，这个问题可以进一步引申，如果把洗衣过程分为 k 步（k 给定），那么怎样分才能使洗涤效果最佳？学生对这个问题的进一步研究，无疑会激发其学习数学的主动性，且能开拓学生创造性思维能力，养成善于发现问题，独立思考的习惯。

综上所述，数学建模是数学学习的一种新的方式，它为学生提供了自主学习的空间，有助于学生体验数学在解决实际问题中的价值和作用，体验数学与日常生活和其他学科的联系，体验综合运用知识和方法解决实际问题的过程，增强应用意识；有助于激发学生学习数学的兴趣，发展学生的创新意识和实践能力。数学应用和建模能力也是一项专门的能力，它与学习、掌握纯粹数学的能力有密切关系，但并不等价，应用的意义、技巧、方法、能力也需要有一个培养锻炼、提高的过程。而初三年级是整个初中阶段的最高年级，初三的学生已经基本掌握了初中数学的各类基本知识和基本技能，为初三数学复习课中贯彻建模思想和落实建模思想提供了基础和保障。在开展素质教育的同时，在大力挖掘数学课程中的核心价值观的新潮流中，大力渗透建模教学必将为数学课堂教学改革提供一条新路，也必将为培养更多更好的"创造型"人才提供一个全新的舞台！

参考文献

[1]　姜启源.数学模型[M].北京：高等教育出版社,1993.
[2]　沈文选.数学建模[M].长沙：湖南师范大学出版社,1999.
[3]　胡炯涛,张凡.中学数学教学纵横谈[M].济南：山东教育出版社,1997.
[4]　周以宏.例说数学在理化生中的应用[J].数学通讯,2003(13)：21-22.
[5]　黄立俊,方水清.增强应用意识,培养建模能力[J].中学数学,1998(5)：6-8.

重视教学设计　促进课程改革

当前社会是科技社会、数字社会、信息社会、教育社会,最需要的人才是富有开拓创新思想的人才。而在传统模式教育下的学生已经远远不能满足当前社会发展的需要,因此学校和教师急需改变传统教育模式,进行新课程改革,培养适应当前社会需求的人才。

教育教学是课程实施的主要途径,教学设计是教师将自己的教学理念转化为教学行为的关键环节,是影响课堂教学效果的重要因素。为了促进学生全面、持续、健康地发展,根据数学本身具有严谨性、抽象性和应用性的特点,遵循初中生的身体情况和心理特征,数学课堂教学设计强调从学生已有的生活经验和认识基础出发,让学生亲身经历将实际问题抽象成数学模型并进行解释与应用的过程,进而使学生获得对数学理解的同时,在思维能力、情感态度与价值观等多方面得到进步和发展。下面结合2016年笔者受邀请到江苏宜兴公开展示的苏科版八年级第1册第5章第1节"物体位置的确定"一课为例谈一谈如何进行教学设计,促进课程改革。

一、加强文本研读,更新教学理念

文本研读是数学教师教学过程中的一个重要环节。国家课程和地区教材对具体的课程实施起到宏观把控的作用。通过研读各种不同版本的教材、相对应的教学参考、期刊上的教学论文等文本,教师通过与编者进行思想的交流对话,了解不同版本的教材特点并根据这些特点在充分了解学生学情的基础上做出内容丰富,结构合理的教学设计。在已有教材的基础上变更、重组、改造课程和教材可以使得在原有的基础上适当增加一些灵活性、趣味性、思考性和可操作性。在国家课程和地区教材校本化成为学校教材,学校教材生本化成为生本教材的过程中充分体现教师的教学特色和个人思考。

对比各种不同版本的教材,笔者发现沪教版和人教版的教材没有专门的一个章节学习"物体位置的确定",沪教版的教材只是在第1节"平面直角坐标系"的新课内容中用几个实例来引出平面直角坐标系,人教版教材是用"有序数对"作为这一章的起始课,但是人教版的教材曾经在四年级下册中出现根据方向和距离确定物体的位置的内容。北师大版的教材中"位置的确定"由经纬定位法、极坐标定位法、区域定位法过渡到直角坐标定位法。而西师版的教材中"物体位置的确定"是六年级的教学内容,和方位角、比例尺等内容结合在一起。

根据苏科版的八年级数学教材,"物体位置的确定"安排在第 4 章"实数"之后,体现了苏科版教材体系的系统性、连续性和开放性。教材将八年级第一学期的第 4 章"实数"安排第 5 章"平面直角坐标系"之前是引导学生从一根数轴上的点和实数的一一对应关系顺利迁移到平面直角坐标系上的点和有序数对一一对应。作为章节起始课的"物体位置的确定"起到了承上启下的过渡作用,教学设计中教学环节突出平面上点的确定这一问题和第 4 章实数中数轴上的点和实数一一对应这一概念的后继延伸,并应当适时指出将来在三维空间中研究点的位置确定的过程中有序数对的个数相应增加这一事实。

教材中创设的一个情境是根据 2002 年 5 月 15 日,我国海军舰艇编队自青岛基地起锚首航全球:穿台湾海峡、马六甲海峡,过苏伊士运河、巴拿马运河,越印度洋、大西洋,经太平洋回国。历时 132 天、航行 33 000 多海里。按照舰艇编队环球航行简图,请根据以下路径画出舰队首航全球的大致航线。设计意图是在进行爱国主义教育的同时,引导学生思考:在茫茫大海中海军舰艇队怎样随时向基地报告舰艇的准确位置?这个情景能够引导学生用"有序数对"来确定"点"的位置,在进行爱国主义教育的同时体会数与形的内在联系。由于事件发生距今已经 17 年,而且现阶段的时政要闻就有许多素材可供选择,如十九大报告中提到的热点词"一带一路",所以选取 21 世纪海上丝绸之路的线路替代这个情景,相比原教材内容而言这个情景的时政性更强,应用性更广。

为了落实课程改革,教师可以在理解课标和教材的基础上对教材内容进行微调,进行顺序和调整或素材的增删。在不断更新自己的教学理念的基础上,笔者研读课程标准、理解教材意图,对教材进行了二次开发,这节课的教学设计将时政新闻和教材内容进行整合,使之成为学生深度学习的有效载体。

二、以学生发展为本,关注学科育人

数学思想和数学方法是人们获得概念、法则、性质、公式、公理、定理等所必不可少的奠基性的成分,是数学知识转化成数学能力的桥梁。只有清楚解释隐藏在数学知识内部的数学思想方法,充分挖掘数学学科的育人价值,才能让学生的学习更加有效,才更顺应学生成长发展的要求。学生关注的往往是数学知识和知识之间的联系。有效的课堂教学需要教师挖掘隐藏在这些知识之间的深层关系(数学思想方法),并且对于知识的产生、探索的历程、数学史,以及数学文化的深度解读与恰当运用,引导学生逐渐形成严谨求实的科学精神和学会数学建模的生活技能。

在"物体位置的确定"的尝试环节中笔者创设了另一个情境——"在地图上描出台风中心移动的路径"。学生通过表格中提供的经纬度描出台风中心移动的路径这一教学过程,让学生根据数量描出图形的过程中体会"台风中心不断移动"这种位置变化是用数量来描述的,从而进一步确定"数量"和"位置"之间的密切联系。第4章的一维数轴上的点与实数一一对应中学生已经经历过一次"数"与"形"相结合的过程,在"物体位置的确定"一课中再次经历能够促进学生对数形结合的数学思想的感悟和体会。

"物体位置的确定"的教学设计中完成了"给例子—找属性—举例子—下定义"四个环节。让数学课堂上的概念教学从生活中来,引导学生找出平面上物体的确定需要两个有顺序的数对这一数学属性,再让学生回到生活中去,发挥想象自行举出类似的例子。从生活到数学,数学到生活,两次往返形成了数学概念。后期继续进行数学概念的同化,把新知识和学生原有的生活经验和数学现实(一根数轴)联系起来,突出建模思想,将文字语言和图形语言自主融合,有利于学生提高概括能力,同时形成新的认知结构——平面上的点和有序数对一一对应。

教学设计中安排这样的环节,从学生熟悉的各种生活场景出发,引导学生抽象概括出物体位置的确定需要两个数字有顺序的表示,让学生能够亲身感受事物在变化过程中存在不变因素,寻找不变的方法解决变化的问题,领悟"数"与"形"的相互转化,经历两次概括和抽象的过程,体会学数学的必要性和合理性。数学教学正是借助这些经验和体会才得以顺利开展,而这些经验和体会逐渐成长为适应学生未来需要的理性求真的思维方式。

三、转变学习方式,重视合作探究

数学教学不仅要教给学生数学知识,而且还要揭示获取知识的思维过程,后者对发展学生能力更为重要。教学设计引导学生通过感性认识,独立思考,逐步形成判断和推理。只有经历多种学习方式,学生才能把所学的知识内化为自己的能力,学会合作,学会交流,逐步形成正确的价值观。

笔者在本课的设计的交流环节安排了两个探索性问题,引导学生在小组合作中关注数量变化与位置变化关系。

1. l 是线段 BC 的垂直平分线,点 A 沿着直线 l 自上而下运动的过程中,图中的一些线段、角的大小也随着变化。

(1) $\angle BAC$ 的大小是如何变化的?

(2) 点 A 在什么位置时,△ABC 是等边三角形? 点 A 在什么位置时,△ABC 是直角三角形? (如图1)

2. 点 P、Q 在直线 l 外,在点 O 沿直线 l 从左向右运动的过程中,形成了无数个三角形: △O_1PQ,△O_2PQ,…,△O_nPQ,△$O_{n+1}PQ$……

图1

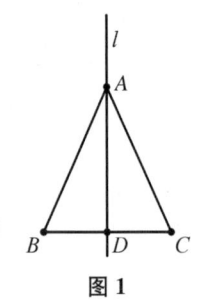

(1) 观察这些三角形的周长是如何变化的。

(2) 由此可以发现:在这样的运动变化过程中,这些三角形的周长先由大变小,然后由小变大。这无数个三角形的周长有没有最小值? 有没有最大值? 如果有,试确定点 O 的位置。(如图2)

笔者引导学生观察图形变化的全过程,进行探索,随着点 O 沿着直线 l 从左向右运动,△OPQ 的周长是如何发生变化的? 全过程的观察、分析、猜测、研究中学生自主发现变化规律,从变化规律中提出问题,进一步分析问题和

图2

解决问题,增强问题意识。数学教学就是思维的教学,关注学生思维的健康生长是课堂教学的重要内容。课堂教学中通过两次动感体验,随后提出一系列问题串,通过图形变化和分析探究中发现学生思维的增长点,采用独立思考、小组合作和交流展示等多种学习方法,有效地引导学生由表及里的思考数学问题,进一步促进学生通过图形运动体会数量变化与位置变化之间的关系,从而内化成数学思想的建构过程,不断促进数学思维快速生长。通过发现、分析、思考、比较、归纳使学生思维逐渐清晰化、条理化、系统化,让数学思维由点及线、由线及面、由面及体的形成。

在课程改革中,教师应该潜心研究,静心思考,精心设计,不断更新先进科学的教学观念,强化实事求是的理性思考,加强关注表达的合作交流。坚持对教学设计的重视,使数学课堂上不仅具有数学知识的理解、数学概念的抽象、数学问题的研究,还能够让师生共同感受数学思想的碰撞、数学文化的呈现、理性精神的弘扬,切实促进课程改革。

从"王者荣耀"到教学设计

"王者荣耀"是席卷中国的一款手机游戏,尤其在青少年间大受欢迎,甚至小学生都是它的主要玩家。面对这样的情况,社会一片愤慨之声,一片声讨之势!作为唯一获利的游戏公司,这款游戏拥有2亿用户,日活跃用户峰值高达8 000万。身为教育工作者的一线教师们与其酸溜溜地对学生说"只要拿出玩游戏的一半态度去学习,肯定不止现在这个成绩",不如向游戏设计师学习,并将综合心理学的游戏设计理念用于日常教学设计,让学生像喜欢游戏一样喜欢数学学习。

在科学发展观的思想指导下基于新课程实施中的数学课堂教学设计对教师的专业化水平提出了较高的要求,对于教学质量内涵的认识应具有与时俱进的提高。只有经过精心设计的教学才可能营造和谐共进的数学课堂,才可能对学生的发展产生积极的影响,才可能落实增效减负,打造高效的课堂。

世界顶级游戏研发总监简·麦格尼格尔说:"游戏公司一般会用四招来让玩家入迷,分别是:制定目标、遵守规则、反馈系统和自愿参加。"那么在准备课堂教学时教师按照这四个套路来设计是否能够强化数学概念学习,提升学生数学思维,提高课堂学习效率呢?

一、制定目标:具体、具体再具体

游戏中的目标都很明确,基本上是手把手教玩家怎么学习。游戏中的目标大多是"伸手就能够得着"的目标,让玩家非常容易达成,然后不断积累,出现更多目标,让人无法自拔。

但数学课上不是。教师常常给学生树立一些模糊又长的目标,比如"完成两道压轴题""期末考试要考95分",这就相当于学生只有木剑,却要直接跳到最后一关打"老怪"。

解决策略:分散难点,也就是将课程目标分散成阶段目标,将阶段目标分散成课时目标,将课时目标分散成一个个"伸手就能够得着"的小目标。根据

"脚手架"原理,给学生提供具体的实现路径,也就是里程碑,通过实现一个个小目标,最终完成大目标。

如何衡量目标是否具体呢？如果目标是可拆分、可量化的,那才是具体目标。以"期末考试要考 95 分"这个目标为例,就可以分解成"每天半小时预习""每天半小时复习""每天整理三道错题"等一个个小目标。

结合数学的教学设计而言,不能简单地把课程目标等同于课堂教学目标。不是想着一下子要搞定某一件事情,而是找到实现它的路径,然后逐个搞定。小目标完成好了,大目标水到渠成。

片段

在一次听课活动中,浙教版教材的一元二次方程的解法(3)只有一个例题 6,于是教师在讲完配方法的一般程序和归纳之后,接着进行同类题操练,掌握用配方法解一元二次方程的技能。

教学内容结束时还有约 15 分钟时间,老师补充了下列问题。

(1) 多项式 $x^2 + y^2 - 6x + 8y + 7$ 的最小值为_____。

(2) 怎样的整数满足不等式 $a^2 + 3b + 6 < 2ab - 8b$。

(3) 说明代数式 $2x - 2x^2 - 1$ 的值恒小于 0。

由于这 3 个问题形式新,学生又是初学配方法,有一定难度,所以学生独立解决时出现了困难。教学中老师对这些问题分别进行了分析并给出了解答。

我在听课过程中仔细观察了学生的反应,觉得他们对这些问题解决的思考途径是很迷惑的,不知解法的所以然。这样的教学从思想方法的渗透上来说是不够的,学生灵活应用配方法解决问题的迁移能力得不到提高。

点评

执教教师能够意识到配方法的重要性,根据教学实际,对配方的技能作适当的延伸和拓展,这种设计应该值得肯定。为了使学生更好地掌握拓展的变式问题的解法,教师应对配方法的本质有深入的认识,并向学生介绍。实际上配方法就是利用完全平方公式对代数式进行恒等变形,再利用非负数的特性进行解题的方法,它的本质是恒等变形和非负性。

基于这样的认识,教学设计中配方法的拓展可尝试做如下调整：在掌握了配方法解方程后,引导学生对配方的变形练习做出小结——配方变形实际上是把方程的未知数变形在一个完全平方式中,再用直接开平方法,也就是利用平方根的意义求得未知数的值。配方变形在其他问题中也会经常应用,例如(补充一个较简单的问题如上面的第 3 小题),讲清配法能解决此类问题的理论依据后,再做适当的拓展,拓展不在多而在精。拓展内容能够起到夯实基础灵活思维的作用,这个片段的教学设计效果就会更好了。

二、遵守规则:简单、简单再简单

网络游戏中的规则有两个特点:一是简单。大多数游戏的规则一句话就能说清楚,如消消乐,就是 3 个相同形状的连在一起就能消失。二是不容逾越。否则,就是"BUG"(漏洞)了。所以玩家只需要按这个规则玩就可以了。

而现实课堂上中,有的教师视规则为儿戏,用于建立规则、打破规则、再建立规则上的精力太多了。

解决策略:说好的规定,坚决执行。在课堂上要给学生建立一些简单的规则,并坚决执行,变成仪式。一旦把规则变成习惯、仪式,学生就少了很多杂念,不容易分心。

片段

在另一次听课活动中,内容是浙教版教材的一元一次方程。为了完善教学目标中的"理解一元一次方程的概念",教师设计了两个活动环节,第一个环节在请两位同学做自我介绍,追问生 1 年龄,追问生 2 出生年份,求其年龄,第二个环节先猜测老师年龄,然后根据师生对话求老师年龄。两个活动后进行了一系列列方程的操练。接下来展示了这样两组题目。

(1) 自己制定一个分类依据,把这 6 个方程分分类。

① $3x = 5.4 + x$ ② $40 + 5y = 100$ ③ $2m + 1.2n = 10.8$

④ $x^2 + 20x = 1\,125$ ⑤ $7.8 - 0.006x = -2.1$ ⑥ $\dfrac{x+14}{2} + 11 = x$

(2) 下列各式中,哪些是方程?哪些是一元一次方程?

① $5x = 0$ ② $1 + 3x$ ③ $y^2 = 4 + y$

④ $3m + 2 = 1 - m$ ⑤ $\dfrac{3}{x} = 4 - x$ ⑥ $3x - 2y = 1$

点评

通过两个活动环节,让学生感悟在数量关系相对复杂的情况下,相比列算式,列方程显得更直接、更自然,体现方程的价值,从而引出课题"方程"。通过

247

提出将六个方程分类,归纳得到一元一次方程概念;通过辨析加深对一元一次方程特征的理解,借此巩固一元一次方程概念。在分类和辨析的过程中通过"元、次"来提升学生对方程的认知,渗透解方程的基本思想和方法,为后续的方程学习起到铺垫和引领的作用。

新授课中的数学概念教学要注重知识的"生长点"与能力的"延伸点",处理好局部与整体知识的关系,感受数学的整体性。学生获取概念的方式有两种:一种是对于同类事物中若干不同例子进行感知、分析、比较和抽象,归纳概括出这一类事物的本质特征属性,从而获得概念;另一种就是学生根据已有的知识和经验,从数学知识的联系入手,重在推进式展示概念的方式。

本课学生对于"一元一次方程"这一数学概念的获得毫无疑问属于第一种。教师在进行课堂设计的时候针对学生获得概念的方式进行了精心设计比较准确地找到了学生思维的生长点。两个活动的设计不仅创设了问题情境,吸引学生的注意力,也调动了学生的求知欲,在计算和方程的比较中体会方程的优势,这样设计引入课题比较自然,可以顺理成章地引入方程的概念。

于概念交汇处,在类比推理中寻找一元一次方程概念的延伸点。课堂设计通过出示两组方程,引导学生按照"未知数的个数"和"未知数的次数"等不同的分类标准进行分类再第二组方程中找出一元一次方程,在相关概念的辨析中强化"元"和"次"的概念,进一步深刻理解"一元一次方程"这一重要概念。重视"规则",从大量同类事物的分析比较抽象中获得一元一次方程这一概念是"规则"的形成,关注一元一次方程这一数学概念中的"元"和"次"是对于"规则"的理解,后面研究一元一次方程的根是对于"规则"的应用。重视规则教学,强化规则意识,就能使得数学概念对于学生来说相对轻松而又易于理解。

三、反馈系统:及时跟进

游戏的反馈机制及时且具体,离通关还有多远、离升级还差多少分,这种反馈是量化的,容易把握。当玩家看到这些反馈会暗示自己,最终目标是可以达到的,成功势在必得。玩家如果成功了,会立即得到奖励,比如新武器、新技能、新关卡,这可以让玩家不断积累成就感和满足感,充满积极的情绪去继续进行游戏。玩家如果失败了,系统会说:"没有关系的,再来一次!"所以在游戏世界里,玩家从来不害怕失败,失败可以重来,甚至让玩家更加全力以赴。

数学课堂中很多的事情都没有及时、具体的反馈机制。一个班 40 多人,老师很难贴心到奖励学生的每一次小小的进步,比如连续预习了一周、连续两次主动发言、单元测试进步了三名等等。正面行为得不到反馈,学生就难以坚持不懈。相反,一旦犯了错误、成绩下降,立刻挨批,学生难免沮丧、泄气。久而久之学生对数学学习的兴趣降低,逐渐失去促使自己进步的内驱力。

解决策略:完善评价系统。课堂评价应该形式多样,做精做细。审题后可以评价,分析题目也可以评价,从中发现学生的点滴进步,并及时给予鼓励。

片段

听过一节内容是沪教版六年级"扇形的面积"的公开课,教师设计了切生日蛋糕的情景引入该课的课题后设计了动手操作环节,让学生实际体会扇形的形状,推导出扇形面积的两个不同的表达式之后提出了一个问题。

黑板上展示着扇形面积的两个公式:$S_{扇形} = \frac{1}{2}lr$,$S_{扇形} = \frac{n}{360}\pi r^2$。

师:请问这两个公式有没有联系?

学生不解,片刻后有的学生回答:"有关系!"有的学生回答:"没有关系。"更多的学生表情困惑。

师继续追问:大家还记得弧长公式是什么?

生:$l = \frac{n}{180}\pi r$。

师板书:$S_{扇形} = \frac{1}{2}lr = \frac{1}{2}\frac{n\pi r}{180}r = \frac{n\pi}{360}r^2$,很快完成了两个公式之间的转化。

点评

章建跃老师曾说过:推理是数学的命根子,运算是数学的"童子功"。思维训练的载体就是推理和运算。但是在日常教学中,尤其是公式的推导证明环节里存在一定的问题,为了赶进度加难度,经常出现轻视概念教学、让概念教学走过场甚至于用解题教学替代概念教学的情况。教师也没有引起充分的注意,常常采用"一个定义、三项注意"的简单粗暴的教学方式,在概念的背景引入上着墨不够,没有给学生提供充分的概括本质特征的机会,没有吃透概念的内涵和外延。长时间大面积的错误做法严重偏离数学的正轨。学生在数学上耗费大量时间和精力,结果可能对数学的内容、方法和意义知之甚少。实际上,概念教学可以提升教学效能,帮助学生理解数学原理和形成理性思维,高效解决一些疑难题目。因为概念是反映事物本质属性的思维形式。正确的概念是科学抽象的结果。新课程标准特别重视引导学生经历体验数学概念发现和创造的过程。

解决策略：

基于这样的认识，我们不妨用课堂评价把对这个教学环节进行微调：

黑板上展示着扇形面积的两个公式：$S_{扇形}=\frac{1}{2}lr$，$S_{扇形}=\frac{n}{360}\pi r^2$。

师：请问这两个公式有没有联系？

学生不解，片刻后有的学生回答："有关系！"有的学生回答："没有关系。"更多的学生表情困惑。

师：你为什么觉得这两个公式没有关系？

师：你为什么觉得这两个公式有关系？

生（没关系）：公式里面牵涉的字母不同，所以没有关系。

师：有没有同学对这个观点进行评价？对吗？为什么？

生（有关系）：因为 $l=\frac{n}{180}\pi r$，所以 $S_{扇形}=\frac{1}{2}lr=\frac{1}{2}\frac{n\pi r}{180}r=\frac{n\pi}{360}r^2$。

师：其他同学对于这个推导过程怎么看？

师：这两种不同的观点区别在哪里？得到不同结果的分歧在哪里？

像这样的一系列问题可以引发学生一连串的自我评价和互相评价，引起学生的深度思考和课堂争论。在师生互评和生生评价的过程中，在及时跟进和及时反馈之后，数学课堂气氛逐渐活跃，数学思维逐渐提升，数学能力逐渐提高，数学素养也逐渐增强。课堂中应当立足数学的本质特征，注重知识的产生和发展过程，用好师生评价、自我评价和生生评价才能真正落实数学学科德育。

四、原则：自愿参与

游戏从来不强迫玩家，但总是诱惑玩家。现实生活中，总是老师、家长给学生下任务，而学生被迫参与。有没有办法把任务变成学生自己的任务？让学生做自己喜欢做的事情？或者让学生按照自己喜欢的方式搞定任务？

解决策略：通过多种教学形式增强学生的"参与感"。

从"要我做"到"我要做"，这是学生一个心态上的调整。所有的数学功课、任务，不是给老师、家长做，而是给自己做。数学教学课堂活动不能简单地依赖于记忆和模式，要以更好地促进学生的发展为中心，在教学中教师要善于培养学生自主探究意识，通过教学方式和学习方式的转变，使学生能够主动参与、不断探究，获得自主探究能力，不断地积累知识，发展智慧。教学活动应该坚持以"自觉、自主、自愿"为原则,体验与感受数学活动的过程,更好地促进学生自主探究意识的培养。

片段

一次听课活动的内容是人教版教材八年级"平行四边形及其性质"。执教者设计了"温故知新,揭示课题""回顾思考,理解概念""引路指津,探索性质"等六个教学环节。教师开门见山地引导学生回忆已经系统的学习过的三角形,理顺总结三角形所研究的问题、线索及方法。类比三角形的研究,引导学生勾画四边形将要研究的问题、过程及方法。(如图1)

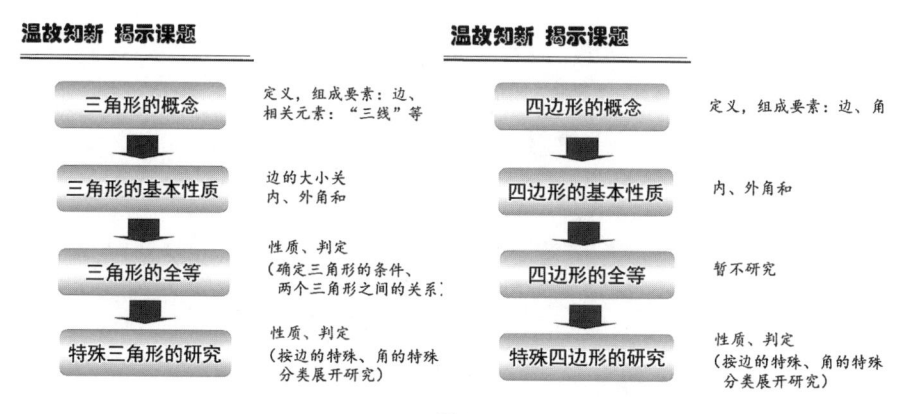

图1

点评

李邦河院士曾说过:数学根本上是玩概念的,不是玩技巧的。技巧不足道也!概念教学是"数学育人"的核心载体。概念教学的核心是概括,也就是说:将凝结在数学概念中的数学家的思维打开,以典型丰富的实例为载体,引导学生展开观察、分析各种事例的属性、抽象概括共同本质属性,归纳得出数学概念。

重视数学概念课,尤其是章节起始课。在章节起始课上,通过类比三角形研究的问题、过程及方法,让学生对"四边形"这一章节的内容有一个整体认识。通过对于三角形的属性的分析、比较和综合,类比到四边形的相关概念,有利于培养学生几何研究的"基本套路"思考问题的自觉习惯,有利于加强各个零散的几何知识的整体性和系统性,有利于学生在后续研究中能"见木见林",自主进行类比学习,有利于增强自主数学学习的主动性。

从已有的知识基础出发,为学生的数学思维发展搭建"脚手架",学生有路可走,有章可循,有平台可以施展,当然就会自愿参加和主动探究了。

通过简单的分析游戏设计原理,不难发现学生不是喜欢打游戏,而是希望在游戏中寻找数学课堂得不到的快乐。要让学生回到现实,不是重置 wifi,没收手机、剪断网线,而是尊重学生的学习体验,把数学课堂变得和游戏世界一样有趣。数学教师不如学着游戏设计的四大原理,给学生设计一套套的"数学游戏",让数学课堂因为具有独特的设计感而更加精彩,让学生在数学里游戏,在游戏里学数学!

参考文献

[1] 苗俊凤.谈数学教学中的游戏设计[J].动动画世界·教育技术研究,2012(9):67.
[2] 庄玉婷,马茂年.数学游戏与课堂教学设计[J].教学月刊(中学版),2006(10):27-29.

几何画板提高初三数学教学的有效性

《新课程标准》指出:"现代信息技术要改变学生的学习方式,使学生乐意并有更多的精力投入到现实的、探索性的数学活动中去。"过去的几何教学一直过分强调演绎推理,却忽视了几何的"图形"特征。新课改的最大亮点,便是恢复了几何的"图形"特征,使初中几何重新焕发生机。

由于数学是集严密性、逻辑性、精确性、创造性和想象力于一身的学科,数学教师在黑板上的作图、证明、解题的过程本身就是一个不可缺少的示范教学过程,同时数学是一个相对完备、封闭的"王国",对数学定义来不得半点拓展,对定理来不得半点变动,无论是概念教学的新课还是阶段复习课都不能存在似是而非的因素。而几何画板辅助教学进入课堂,可使抽象的概念具体化、形象化,尤其是计算机能进行动态的演示,弥补了传统教学方式在直观感、立体感和动态感等方面的不足,利用这个特点可处理其他教学手段难以处理的问题,并能引起学生的兴趣,增强他们的直观印象,为教师化解教学难点、突破教学重点、提高课堂效率和教学效果提供了一种现代化的教学手段。

一、运用几何画板进行数学概念的复习

数学概念是人脑对事物本质属性具有数学特征的概括反映,由于数学是研究显示世界数量关系和空间形式的科学,"具有数学特征的概括反映"应该表现在"数量关系和空间形式"上。李邦河院士说:"数学玩的是概念,而不是纯粹的技巧。"在数学教学中,概念教学是日常教学中最为重要的,也是困难的。让学生理解对某一数学概念的界定,有时要比他们学会一个具体的解题技巧不知困难多少倍。数学概念离不开抽象思维及严谨的数学语言表述,而抽象与严谨正是学生疏远数学的原因。利用几何画板来创设教学情境并让学生主动参与却可以缩短数学与学生的距离,有助于学生理解抽象的数学概念。

以沪教版九年级数学第二学期中"27.1圆的确定"为例来说明几何画板如

何帮助数学概念的生成。数学概念是人们对事物本质的认识。生活中所见到的太阳的形状、车轮的外形、铁丝或麻绳围城的圆圈等都只是"圆"的现实原型,经过提炼才能成为数学意义上的图形;而封闭曲线、光滑对称、周长和面积有限也只是图形的非本质属性;只有"平面上"和"到定点的距离为定长"才是"圆"的本质属性。

利用几何画板出示需要师生共同探究的问题。

如图1,已知线段 AB 和点 C,$\odot C$ 经过点 A,如图2,点 M 为线段 AB 的中点。

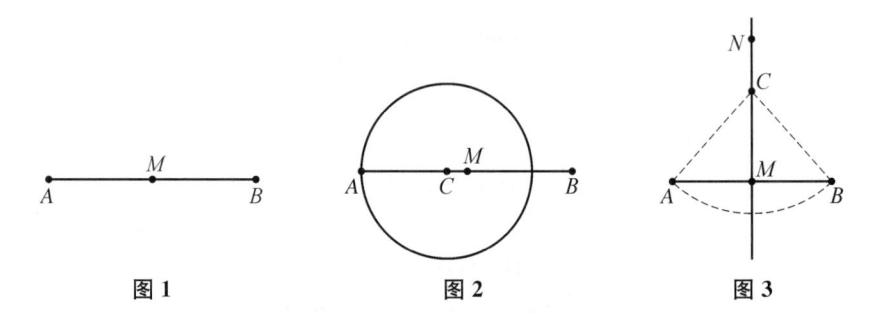

图1　　　　　图2　　　　　图3

(1)根据如下所给点 C 的位置,判断点 B 与 $\odot C$ 的位置关系。

① 点 C 在线段 AB 上,且 $0 < AC < \frac{1}{2}AB$;

② 如图3,点 C 在线段 AB 的垂直平分线 MN 上。

(2) 若 $\odot C$ 也经过点 B,点 C 会出现在什么位置?

解答步骤如下:

(1) ① $\odot C$ 经过点 A,则 $\odot C$ 的半径为线段 CA 的长,而 $0 < AC < \frac{1}{2}AB$,且由点 M 为线段 AB 的中点可知:$AM = BM = \frac{1}{2}AB$,则 $AC < BM < BC$,BC 的长即为点 B 到 $\odot C$ 的圆心 C 的距离,故点 B 在 $\odot C$ 外。

② 因为点 C 在线段 AB 的垂直平分线 MN 上,所以 $CA = CB$ 即点 B 到圆心 C 的距离等于 $\odot C$ 的半径 CA 的长,故点 B 在 $\odot C$ 上。

(2) 由于 $\odot C$ 同时经过 A、B 两点,则 $CA = CB$(都为半径),故点 C 在线段 AB 的垂直平分线上(垂直平分线性质定理的逆定理)。

"圆的确定"作为一节典型的数学概念课,传统教学中教师采用的都是"一个定义,三项注意"式的抽象教学。对于这样一节内容相对分散的课,若老师的直接讲授,学生并没有参与概念的形成与发展,无法将新旧知识进行建构。

基于这种事实,运用几何画板进行两个问题的以"圆"为载体的教学分析与决策的主题探究活动(如图4)。通过几何画板的动画制作和交互功能的使用,不仅提高了和圆有关的新旧知识之间的关联度,有助于强调教学重点、分散教学难点,而且引导学生积极主动参与概念的形成与发展,调动了学生探索数学概念之间相融关系和不相融关系的积极性和主动性。

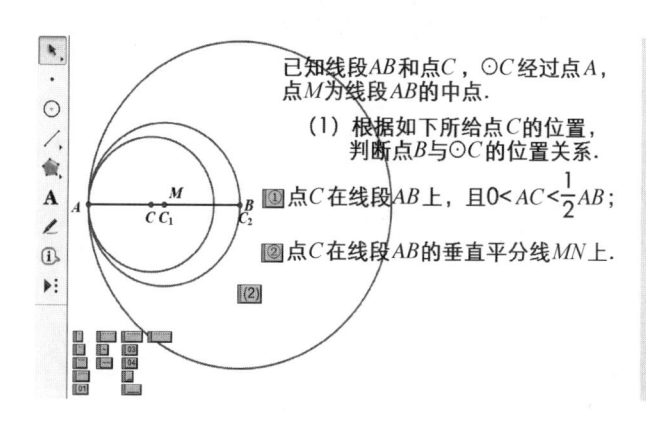

已知线段AB和点C,⊙C经过点A,点M为线段AB的中点。
(1) 根据如下所给点C的位置,判断点B与⊙C的位置关系。
①点C在线段AB上,且$0<AC<\frac{1}{2}AB$;
②点C在线段AB的垂直平分线MN上。

第(1)题的两个问题都能由作图直观地得到结论,因而当学生在思考上遇到障碍时,可以借助几何画板制作动画图形给予帮助,然后再反思推理的过程。

而第(2)题设在前一个问题的基础上,起承上启下的作用。

图 4

在九年级的概念课的教学中,几何画板能够帮助教师迅速找准学生的认知起点,有利于细化教学过程,有助于学生把握概念的本质属性,让技能获得与性质探究自然而然地"水到渠成"。

二、运用"几何画板"进行专题的复习

数学是一门综合性学科,既有缜密性又具有灵活性。而模拟考试和中考对于初三学生的逻辑思维和抽象思维的能力要求比较高,更加需要教师科学有效地组织专题复习。都说中考是一场没有硝烟的战争,《孙子兵法》云:"知己知彼,百战不殆。""己"是学生已经具有的学习经验和对数学知识的掌握程度,那么"彼"就应该是教材。纵观近几年来各地中考卷,不难发现相当数量的基础题始于教材、源于教材,即使综合题也是基础知识的组合、拓展和延伸。无论中考题型如何变化,考试方法如何改革,但是有一点始终不会发生变化,那就是试题在书外,方法在书中。所以在初三年级的专题复习课中通过落实对教材的复习,引导学生精读深钻教材,立足教材中的概念、定理、公理、推论、例题以及其中所蕴含的数学思想方法和推导过程,明确知识结构的基本框架,领悟其本质,掌握其规律。

下面以沪教版九年级第一学期教材第25页24.4(2)例题1为例来说明如

何利用几何画板进行专题复习课,分散源于教材例题的压轴题这一难点。

例题1:如图5,已知四边形 $ABCD$ 的对角线 AC 与 BD 相交于点 O,$OA=1$,$OB=1.5$,$OC=3$,$OD=2$,求证:$\triangle ODA$ 与 $\triangle OBC$ 是相似三角形。

图5

将教材上的这道例题进行变式就可以产生如图6所示的第一组变式题组。

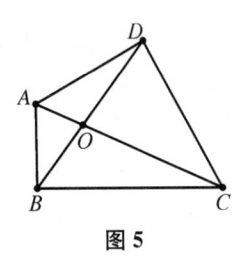

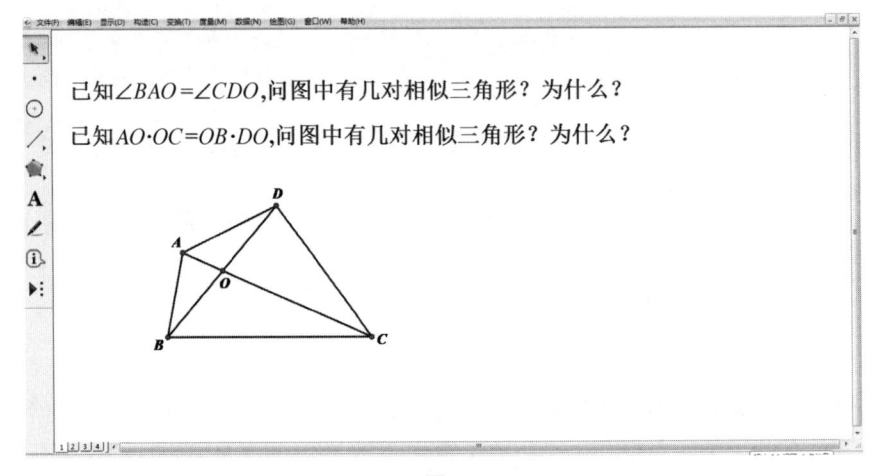

已知 $\angle BAO=\angle CDO$,问图中有几对相似三角形?为什么?

已知 $AO \cdot OC = OB \cdot DO$,问图中有几对相似三角形?为什么?

图6

利用几何画板拖动点 A 将上述图形变为 $\angle BAC=90°$,$\angle BDC=90°$,就可以将教材上的例题1继续变式成如图7所示的第二组变式题组。

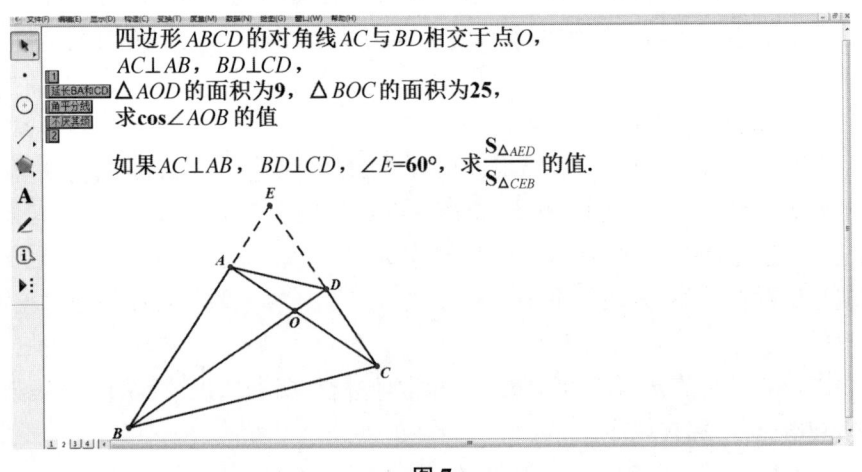

四边形 $ABCD$ 的对角线 AC 与 BD 相交于点 O,
$AC \perp AB$,$BD \perp CD$,
$\triangle AOD$ 的面积为 **9**,$\triangle BOC$ 的面积为 **25**,
求 $\cos\angle AOB$ 的值

如果 $AC \perp AB$,$BD \perp CD$,$\angle E=60°$,求 $\dfrac{S_{\triangle AED}}{S_{\triangle CEB}}$ 的值.

图7

利用几何画板的现实和隐藏功能键出示角平分线，可以产生第三组变式题：

如图8，在△EBC中，$BD \perp EC$，$CA \perp EB$，垂足分别为D、A，连接AD，∠BEC的平分线交AD于点M，交BC于点N。

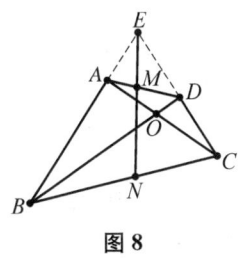

(1) 求证：△AEC∽△DEB。

(2) 求证：$EM : EN = AE : EC$。

利用几何画板产生的第四组变式题就是2016年上海市浦东新区一模卷中第25题(如图9)。从图中线段长度的测量数据和比值中可以发现，随着动点E的位置变化，线段DE和CG的长度一定发生变化，但是无论这两条线段长度如何变化，他们的比值在数量上是不变的，有利于学生在直观的基础上对第1问进行图形分析和数量研究。我们可以在四边形ABGE中研究第2问。

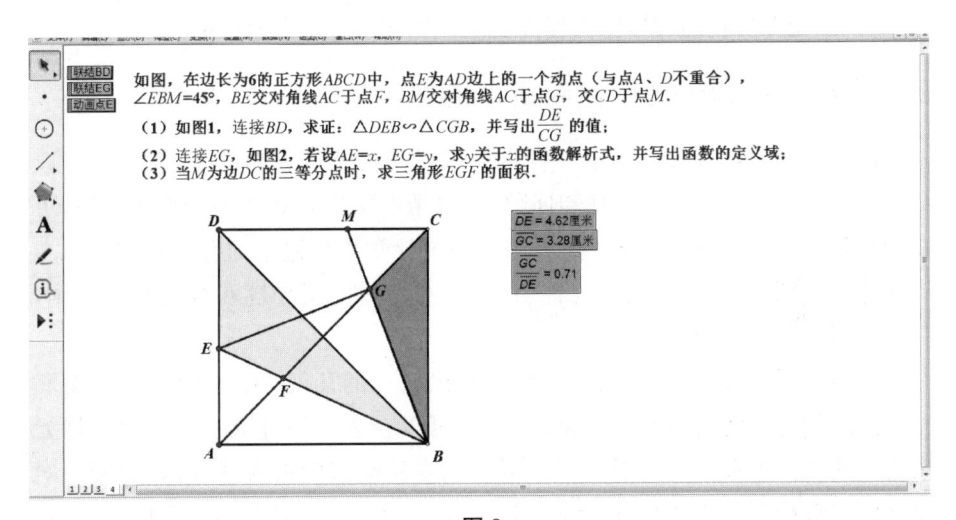

图9

因为∠EAF=∠FBG=45°，∠EFA=∠GFB，所以△EAF∽△GBF。所以 $\dfrac{EF}{FG} = \dfrac{AF}{BF}$。

连接EG，又因为∠EFG=∠AFB，所以△EFG∽△AFB。所以∠GEF=∠FAB=45°，△EGB是等腰直角三角形。

所以 $EG = \dfrac{\sqrt{2}}{2} EB$。

因为 $AE=x$，所以 $EB=\sqrt{x^2+36}$，$EG=\frac{1}{2}\sqrt{2x^2+72}$，即 $y=\frac{1}{2}\sqrt{2x^2+72}$ $(0<x<6)$。

关心中学数学教育的各界人士都在尝试探讨与研究如何使学生走出"题海"，有效地掌握数学知识、发展数学思维。几何画板几秒钟就能实现动画效果，还能动态测量线段的长度和角的大小，通过拖动鼠标可轻而易举地改变图形的形状。利用画板让学生做数学实验，或进行数学验证，就可以动态地再现解题要点。这样在问题解决过程中理解和掌握抽象的数学概念，使得学生获得真正的数学经验，进一步收获一些抽象的数学结论。

运用几何画板的隐藏功能和动画功能，让学生直观地观察到图形的变化过程，让学生感悟到动态几何的研究策略"动中取静，以静制动"，使抽象的数学思维转化为形象的图形演示，使得"图形变化"和"数据变化"同步进行，揭示"变"与"不变"的内在联系，切实提高初三专题复习课的课堂效率。

三、运用几何画板进行试卷讲评的教学

试卷讲评课是日常教学中一种常见的教学方式。成功的试卷讲评，可以帮助学生系统地进行知识梳理和回顾，可以帮助学生有效地进行查漏补缺，可以帮助学生及时地深化数学思想方法。一节让学生普遍感到有所收获的试卷讲评课一般都体现及时性、突出性、目的性、针对性、指导性和激励性等原则，狠抓典型试题，进行发散和变化。

几何画板不仅可以快捷、准确地绘制出任意的几何、函数图形，进行关联度较强的例题之间的切换和变化，而且还可以在运动的过程中动态地保持元素之间的几何关系。几何画板可以帮助学生从动态中去观察、探索和发现对象之间的数量变化关系与空间结构关系，使学生通过计算机从"听数学"转变为"做数学"，对于试卷讲评课中对于典型试题的发散和变化有极大的帮助。

下面以 2016 年上海市嘉定区一模卷第 25 题为例，演示几何画板如何辅助试卷讲评课的教学。（如图 10）

如图 11，已知在 Rt△ABC 中，∠ABC=90°，$\tan\angle BAC=\frac{1}{2}$。点 D 点在 AC 边的延长线上，且 $DB^2=DC\cdot DA$。

(1) 求 $\frac{DC}{CA}$ 的值；

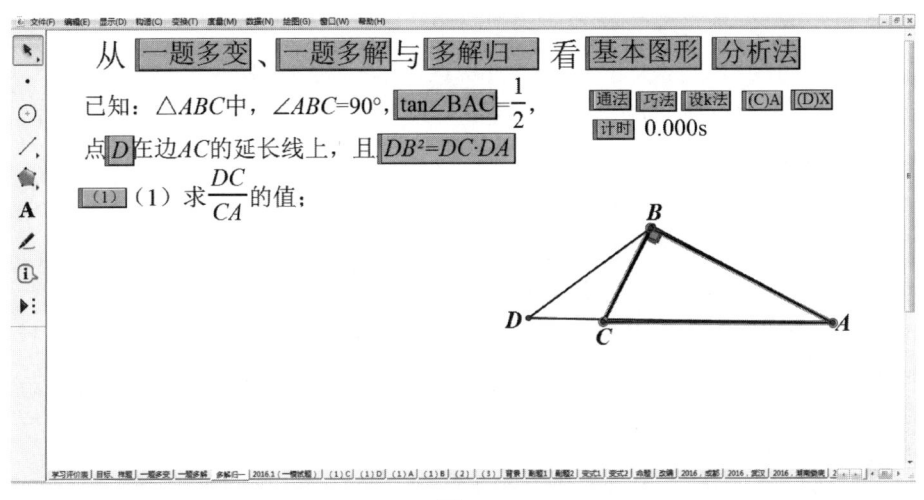

图 10

（2）如果点 E 在线段 BC 的延长线上，连接 AE。过点 B 作 AC 的垂线，交 AC 于点 F，交 AE 于点 G。

① 如图 12，当 $CE=3BC$ 时，求 $\dfrac{BF}{FG}$ 的值；

② 如图 13，当 $CE=BC$ 时，求 $\dfrac{S_{\triangle BCD}}{S_{\triangle BEG}}$ 的值。

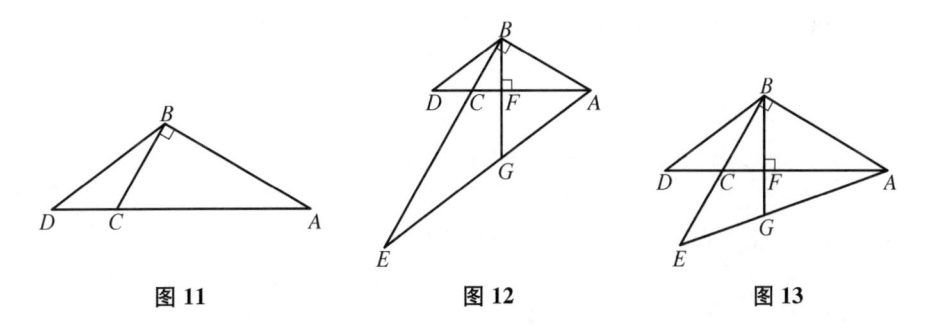

图 11 图 12 图 13

根据几何画板的隐藏显示功能可以有选择地将综合题的题干部分的条件进行变化，可以将阅卷过程中发现学生的各种解题方法加以展示，可以将讲评课的主题加以突出，可以将不同添加辅助线方法加以比较。

几何画板的动画功能和测量功能不仅更加适合在图形的变化问题过程中区分变量和不变量，而且能够直观地找出变量的各种变化规律，为由"猜测"到"验证"奠定了坚实的实验基础。由于几何画板强大的图形处理功能，教师可以引导学生更好地尊重教材和使用教材。将上述图形进行旋转之后,取消直角这一特殊条件,不难发现这个基本图形来自九年级第一学期教材第 25 页 24.4(2)的例题。

例题 2:如图 14,已知点 D 是 $\triangle ABC$ 的边 AB 上的一点,且 $AC^2 = AD \cdot AB$。求证:$\triangle ACD \backsim \triangle ABC$。

这样的试卷讲评课不仅能够让学生追本溯源,了解这一基本图形的"前世今生";而且还能让学生自主探索其他的变式题组,与这一基础图形"缘定三生"(如图 15、图 16)。通过各种图形的变化进行变式练习,强化基础图形的分析问题方法,切实做到增效减负。

图 14

已知:$\triangle ABC$ 中,$\angle ABC=90°$,$\tan\angle BAC=\dfrac{1}{2}$。
点 D 在边 AC 的延长线上,且 $DB^2=DC\cdot DA$。

(1)求 $\dfrac{DC}{CA}$ 的值;

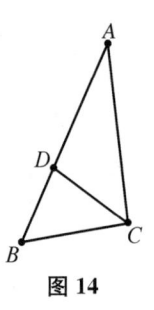

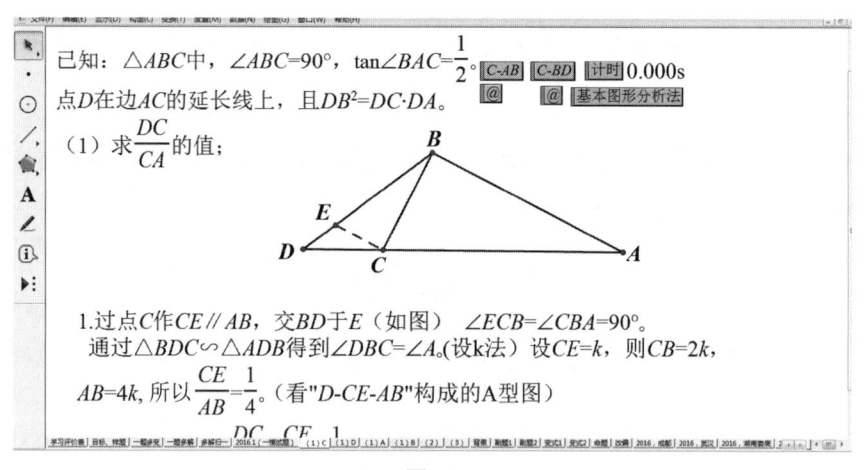

1.过点 C 作 $CE \parallel AB$,交 BD 于 E(如图) $\angle ECB=\angle CBA=90°$。
通过 $\triangle BDC \backsim \triangle ADB$ 得到 $\angle DBC=\angle A$。(设 k 法)设 $CE=k$,则 $CB=2k$,$AB=4k$,所以 $\dfrac{CE}{AB}=\dfrac{1}{4}$。(看"D-CE-AB"构成的 A 型图)

图 15

例谈基本图形与基本图形分析法

变式 1.在 $\triangle ABC$ 中,$AB=AC$,$\angle BAC=90°$

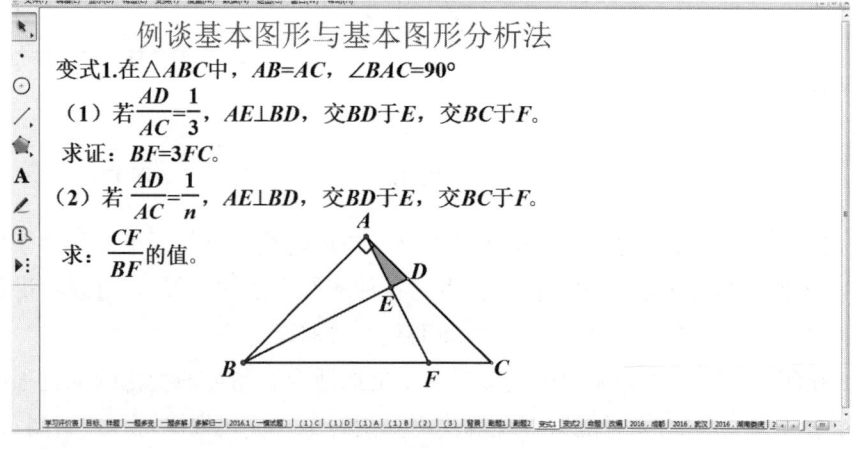

(1)若 $\dfrac{AD}{AC}=\dfrac{1}{3}$,$AE \perp BD$,交 BD 于 E,交 BC 于 F。
求证:$BF=3FC$。

(2)若 $\dfrac{AD}{AC}=\dfrac{1}{n}$,$AE \perp BD$,交 BD 于 E,交 BC 于 F。
求:$\dfrac{CF}{BF}$ 的值。

图 16

在试卷讲评的过程中,学生很可能产生一些"奇思妙想"。几何画板交互性强,修改方便,就给了学生参与的机会,可以让学生自己动手操作,实现自我学习;使学生的想象力得到充分发挥,也成为一个真正的"研究者"。易于修改的几何画板帮助教师真正实现"以学定教"的讲评课教学设计。

四、结束语

闻、见是所有教学的基础。几何画板的出现将数学的"闻"与"见"合为一体,使向来难上的数学试卷讲评课的教学焕发出前所未有的光芒,激发出蓬勃生机。借助几何画板教学能调动学生的视觉功能,通过直观的形象、生动的感官刺激,让学生最大限度地发挥潜能。借助几何画板教学,能让学生在有限的时间里,全方位地感知更多位置关系和数量关系的信息,提高教学效率、激活学习内因。将几何画板辅助教学的方法真正落到实处,不仅可以辅助教学,还可以促进教学。

人民教育出版社编审章建跃博士在提出"三个理解"(理解数学、理解学生、理解教学)之后又特别指出,"现在要加一个理解,那就是'理解技术'"。什么是"理解技术"?笔者认为"理解技术"应当是指日常教学中,不仅要善于运用多种教学手段和教学媒体为教学服务,更要充分认识到每一种技术手段的功能与特点、优势与不足。在此基础上结合具体教学内容的分析,让几何画板辅助教学工具的使用切时切需,适当适时,各显神通,优势互补。

运用几何画板参与的教学活动,其进程遵循一种新型教学结构,其特点就是在教师的指导下,或在教师所创设情境的帮助下,由学生主动进行探索式、发现式和协作式学习,也就是既发挥教师主导作用又充分体现学生主体作用的"主导——主体交错结构"。这种结构与传统的教学结构相比,其教学质量与教学效率都有显著的提高,充分体现了新型教学结构的优越性。由于这种结构的实施离不开几何画板,所以这就要求教师熟练地进行几何画板辅助初中数学教学的一般操作,实现几何画板与初中数学的有效整合与应用,为提高初三数学教学的有效性提供更好的服务。